U0362496

为什么
孩子不爱学习

回避性动机与
学生学习

华东师范大学出版社
·上海·

姜　怡◎著

图书在版编目（CIP）数据

为什么孩子不爱学习：回避性动机与学生学习/姜怡
著．—上海：华东师范大学出版社，2023
ISBN 978 - 7 - 5760 - 4168 - 2

Ⅰ.①为… Ⅱ.①姜… Ⅲ.①学习动机－研究
Ⅳ.①G442

中国国家版本馆 CIP 数据核字（2023）第 176867 号

为什么孩子不爱学习
回避性动机与学生学习

著　　者　姜　怡
策划编辑　彭呈军
责任编辑　吴　伟
责任校对　陈梦雅　时东明
装帧设计　卢晓红

出版发行　华东师范大学出版社
社　　址　上海市中山北路 3663 号　邮编 200062
网　　址　www.ecnupress.com.cn
电　　话　021 - 60821666　行政传真 021 - 62572105
客服电话　021 - 62865537　门市（邮购）电话 021 - 62869887
地　　址　上海市中山北路 3663 号华东师范大学校内先锋路口
网　　店　http://hdsdcbs.tmall.com

印 刷 者　上海商务联西印刷有限公司
开　　本　787 毫米×1092 毫米　1/16
印　　张　18
字　　数　280 千字
版　　次　2023 年 10 月第 1 版
印　　次　2024 年 10 月第 2 次
书　　号　ISBN 978 - 7 - 5760 - 4168 - 2
定　　价　62.00 元

出 版 人　王　焰

前　言

　　作为一名家长或老师，您可能曾经问过自己：为什么我的孩子总是回避学习？为什么我的学生对课堂上的内容没有兴趣？为什么他们似乎总是找借口逃避作业？孩子的学习从来都不是一个轻松的话题。我相信绝大多数的家长和老师都会在某个阶段感觉到自己的孩子或学生开始丧失学习动力，变得没有那么喜欢学习了。本书的目的就是要帮助那些对孩子的学习发展充满关怀和热情的家长以及教育工作者理解为什么孩子会变得不爱学习，以及如何改变这一现状。

　　在过往近十年的教学和实践工作中，我有幸接触到众多学生、家长以及教育工作者，他们向我分享自己的经验和挑战。这些经历不仅丰富了我的知识，也启发了我对学生学习行为背后的心理机制进行更深入的思考。这本书是我这些年在学习动机领域探索和研究的过程性总结，也是我对如何帮助孩子克服学习困难、激发学习热情的热切愿望的体现。从构思到着笔再到修订，这本书的创作过程也是一场我内心的思考和探索之旅。如何用通俗易懂的语言来介绍纷繁复杂的理论和研究，如何在确保科学性的前提下提高可读性？直至完稿，我依然在思索这个问题。动机是一个复杂而内隐的现象，想要将它娓娓道来确实不易，我努力尝试将自己积累的一些浅显经验分享给读者，如有不恰当之处还请大家海涵和不吝赐教。

　　无论您是一名关切孩子学习的家长，还是一位教育工作者，我希望本书能为您提供一些有价值的见解和实用的工具，让孩子能够更愿意、更有动力地学习。当然，我更想对家长和老师们说的是，学习固然重要，但不应该是孩子生活的全部。绝大多数情况下，孩子的学习动机和状态其实体现的是他们与家长和老师的关系是否融洽。因此，家长和老师们的角色至关重要，因为你们是孩子学习旅程中的引导者和支持者。聪明的家长和老师要学会当孩子学习的"脚手架"。

　　本书得以出版，要感谢华东师范大学教育学部的经费资助；感谢我的研究生张琳嘉、李岳、徐瑜卿、李诗媛、陈书雨和施昕奕投入了极大的时间精力一起设计、整理和完善初稿，并在后期对书稿进行了仔细的校阅；感谢本书的责任编辑华东师范大学出版社的吴伟老师细致的校对和专业的设计建议，能够让本书以更具吸引力的样子和读者见面；感谢我的家人一直给予我无私的支持和体谅，特别是我的爱人刘影，她默默地挑起家庭的重担，让我能够安心地应对工作和写作；感谢我的两个孩子，你们永远是我生活、工作和思考的动力源泉。

姜怡

2023 年 10 月 10 日

目　录

第一章 动机与学习

◈ 学习动机的概念厘清 ◈

　　动机是人类行为背后的驱动力,控制着行为的持续性以及发展方向。在日常生活中,我们会发现自己不断受到各种动机的影响,比如渴望获得奖励、避免惩罚、满足自我实现的需要,等等。这些动机不仅影响我们的行为,还会影响我们的情绪和决策。在教育情境中,学习动机通常被定义为一系列策划和维持目标导向学习的心理机制。学习动机能够影响学生的学习态度,学习策略的使用,学习过程中的自我调控以及学习成绩(Schunk 等,2008)。具有良好学习动机的学生能够形成一个良性的学习循环,比如上课精神集中、认真预习、复习学习资料、有效设定学习目标,以及在遇到困难和挫折时维持良好心态并保持努力等(Zimmerman, 2000)。这些良好的学习习惯和策略是学生学习进步并取得优良成绩的重要保证。反之,学习动机不良的学生则容易陷入不良的学习循环中,如上课精神涣散、拖延,产生各种回避行为(Urdan, 2004)。这些不良的学习习惯和行为则会极大地损害学生的学习成绩和学业发展。

　　学习动机的重要性不言而喻,但是目前人们对于学习动机这一概念的认知仍然存在很大的模糊性和偏见。一讲到学习动机,很多人的直觉反应就是学习动机等同于学习兴趣,就是学生想不想学习。一方面这些想法并没有错,因为学习动机的确包含了解释说明学生学习兴趣和动力的成分;但另一方面这些想法也是片面的,因为学习动机所涵盖的范围要远远大于学习兴趣和动力。人们之所以会形成这样的认知偏差,很大程度上是因为动机这个概念的内隐性和复杂性。首先,动机不是一个可以直观量化的概念,它很大程度上体现的是一个人的主观信念,具有很强的个体性差异。此外,动机并不仅仅受到外在的物质奖励或社会地位等显性因素的驱动,还包含了内隐性的因素,例如个体的价值观、信仰、个性和情感状态等。动机的复杂性则体现在它涉及多种因素的交互作用。例如,一个人的内在信仰和价值观可能会影响其对某个目标的动机,但这个目标的实际价值、可达性、外部奖励等因素也会对动机产生影响。此外,一个人的情感状态也可能随着时间的推移而改变,从而影响其动机和行为。正因如此,普通人对动机的理解大多也是基于自己生活的经验和感受,所以每个人对于动机的理解和解读也就不尽相同,很难达成所谓的"社会共识"。其实不仅是普通人,学界对动机概念的界定也不尽相同,不同的领域甚至相同领域的不同理论取向,对动机都有各自不同的定义。对这些不同取向的一一梳理并不是本书的重点,感兴趣的读者可以关注上海社会科学院出版社出版的《动机心理学》一书(法尔克·莱因贝格著,王晚蕾译)。

学习动机一直是教育心理学领域关注的重点议题。长久以来,众多教育学理论一直在探索和研究学习情境中的动机现象,如强化学习理论、需求理论、归因理论、自我效能理论、自我决定理论、期待—价值理论、成就目标理论、兴趣理论、自我调控理论等。正如之前所提到的,不同的理论会根据自己独特的研究视角,从不同的角度对动机的概念进行解构。在众多与学习动机相关的术语中,内在动机应该是目前辨识度最高、流传度最广的一个。内在动机的概念源于自我决定理论(Deci 和 Ryan, 1980),它采用了人本主义取向,从心理需求的角度来解释学生在学习过程中可能出现的动机现象。自我决定理论探讨人类内在动机和自主行为的本质。该理论认为,人类天生具有一种内在的驱动力，能够促使我们去追求自我实现、自我成长以及自我表达。这种内在的驱动力被称为自我决定性。自我决定性包括三种不同的需求：自主性、能力感和归属感。自主性是指人们对于自由选择和控制自身行为与环境的需求；能力感是指人们感到自己有能力完成任务和达到目标的需求；归属感是指人们希望与他人建立紧密联系的需求。自我决定理论认为，当这三种需求得到满足时，人们便会产生较高的内在动机，更愿意参与活动，并且表现出更高的自我满足感和幸福感。另一方面，如果这些需求受到威胁或限制，人们就会表现出更低的内在动机，更低的参与度，以及更多的负面情绪。例如，在学习情境中，如果一个学生感觉到自己的自主性受到限制，如被迫执行不愿意完成的学习任务，或者缺乏足够的自主权利来做出决策，他可能就会感到无助和压力，从而降低自身的内在动机和参与度。同样地，如果学生感到他们与父母、老师和同伴之间缺乏紧密的联系，或者缺乏支持；或者能力感不足，比如缺乏必要的能力和资源来完成学习任务，他们也可能感到失落和沮丧，从而降低自身的内在动机和学习参与度。此外，当学生感觉到自己的需求受到威胁或限制时，他们可能会表现出一些负面情绪，如愤怒、沮丧、焦虑等，这些情绪可能会进一步降低他们的内在动机和参与度。

内在动机这一概念的优势在于它抓住了诱发人类行为的核心心理要素，能够很好地解释学生在学习过程中出现的各种行为背后的根本性原因，而且具有跨文化、跨情境、跨时间和跨学科的兼容性。但是，内在动机的概念同样存在比较明显的短板，即它的溯源性有很大的局限性。因为内在动机采用的是人本主义取向，所以它强调整体性，关注的是所有可能的因素整合之后在个体心态和行为上所表现出来的最终结果。而动机作为一个复杂的构念，很多时候和实际行为的匹配程度有限，甚至会出现动机与实际行为背道而驰的情况。所以仅仅基于内在动机这一个概念无法精细化地解读复杂的动机现象背后所蕴含的多样化的微观机理。正是基于这样的考虑，当代的动机心理学理论更多地采用社会认知取向，即在认知层面对复杂的动机现象进行了维度上的细分，以进行更为精细化的研究。

社会认知取向的理论方法强调思想、信仰和期望在塑造人类行为和选择方面的重要性。这种方法认为动机是由个人对自己的目标、达成目标的能力以及实现这些目标的价值的有意识或无意识的评估所引发的。许多基于社会认知取向的理论主宰了动机心理学最近半个多世纪的研究，并随之产生了许多有关学习动机的核心构念。比如社会认知理论及其核心动机变量——自我效能感（Bandura，1989），期待价值理论及其核心动机变量——成功期待和任务价值（Eccles 等，1983），成就目标理论及其核心动机变量——学习目标（如 Dweck 和 Leggett，1988），等等。社会认知取向的优点是精细化分析不同动机变量对学生学习发展的影响，拓展了我们对学习动机全方位的了解；缺点则是动机的概念被碎片化，每一个单独的维度虽然都有其鲜明的特征和独特的功能，但是单个的维度通常不足以支撑起动机这一整合的概念。为破解这一困局，美国教育心理学家保罗·宾特里奇（Paul Pintrich）在 2003 年将与学习动机相关的诸多概念整合为五个互相联系的概念集合，包括：效能感和能力认知（efficacy and competence beliefs）；归因和控制认知（attribution and control beliefs）；兴趣和内在动机（interest and intrinsic motivation）；成就价值（achievement value）；成就目标（achievement goals）。这是一个目前学界普遍认可的基本维度框架。

❧ 学习动机的核心构念 ❧

当代的学习动机研究主要聚焦在分析学生对于能力、价值以及目标这三大核心维度的认知。学生在这三个核心维度上的认知能够帮助我们全面地捕捉和了解其有关学习动机的心理机制。首先，能力认知能够帮助我们了解学生是否相信自己能成功，而对成功的期待是驱动学生学习的最为关键的要素。一些重要的与能力认知相关的概念包括自我效能感(self-efficacy)、成功期待(expectation)和成长型思维(growth mindset)。其次,价值认知则能够帮助我们了解学生想不想学习。因为如果缺少价值驱动,学生则很难产生动力去学习。典型的价值认知包括自我价值(attainment value)、兴趣价值(interest value)、有用价值(utility value)。除此以外,价值通常是通过成本效益分析得到的,所以现在许多研究者也开始强调成本认知(perceived cost)对学习的影响。最后,目标认知则能够帮助我们了解学生是为什么而学习。正确了解学生学习的目标能够让教育学者更好地了解学生们不同的行为模式。学生在学习环境中的目标通常可以分为学习目标(也称为掌握目标,mastery goals)和表现目标(performance goals)两大类。学习目标聚焦于提升能力,而表现目标则聚焦于证明能力。

能力认知:我能不能学好?

与能力认知相关的变量中,自我效能感是最为核心的一个。自我效能感的概念是由心理学大师阿尔伯特·班杜拉(Albert Bandura)提出的,它指个人对自己是否具有克服困难、完成某项工作,或者达到某个目标的能力的判断(Bandura, 1977)。在学习动机研究领域,自我效能感通常被定义为学生对自己能否成功完成某一既定学习目标的判断(Schunk, 1991),即学生认知中对于"我是否能学好"这个问题的判断。经大量研究证明,具有高水平自我效能感的学生通常也会有较高的内在学习动机水平,他们学习更加努力,更乐于寻求挑战,遇到困难时不会轻易放弃,也会对自己的学业成绩更加满意(Pajares, 1996)。此外,自我效能感与学业成绩之间存在非常强的正相关。基于国际学生评估项目(Programme for International Student Assessment, PISA)的研究数据,研究者比较了十五个包括个人特征、学习动机和学习策略等在内的变量对学业成绩的预测力,结果发现自我效能感的预测力最强、最稳定(Lee 和 Stankov, 2013)。

也正是因为自我效能感与学生的学业成绩密切相关,它一直是学习动机研究中的一个核心概念。需要注意的是,自我效能感是一个高度情境化(context-specific)的变量。人们在不同领域、不同任务或者不同环境下的自我效能感水平是各不相同的。比如一个人对于演讲的自我效能感会因为演讲的主题、观众的水平、观众的人数,抑或是演讲使用的语言而发生改变。在学习情境中,学生对不同科目的自我效能感也会不同。即使是同一学科,学生在不同时间和不同情况下的自我效能感也会发生改变。

　　自我效能感的形成和发展主要受到四个因素的影响,分别是成功经验(mastery experience)、替代性经验(vicarious experience)、社会鼓励(social persuasion)、身心状态(physiological states)。通俗点说,这四大因素分别可以理解成学生在学习环境下的"所做""所见""所闻""所感"。首先,成功经验,即学生的"所做",是其自我效能感最重要的来源。最行之有效的提升学生自我效能感的方法就是创造机会让他们获得成功的体验,因为成功的经验和感受是学生增强自信心以及提高对未来成功期待的最直接且有效的因素。成功的经验能够帮助学生构筑良好的自我效能感;反之,失败的经验,尤其是如果学生处于对自身能力认知还不是很清晰的阶段,那么失败经验则会在很大程度上损害其自我效能感。自我效能感的第二个重要来源是社会模型(social model)所提供的替代性经验,即学生的"所见"。许多研究都曾证明,当观察者看到和自己相似的人成功时,他们的自我效能感也会有相应的提升。这是因为观察者有理由相信,如果和自己相似的人能成功的话,那么自己也同样能够获得成功。反之,如果观察者经常看到和自己相似的人失败,他们的自我效能感就会降低。在讨论替代性经验时,需要特别注意的一点是社会模型对观察者的影响很大程度上取决于观察者认为自己与社会模型之间的相似性。对青少年学生而言,他们的朋友和同学是最重要的社会模型。即当学生观察的模型是和自己相似的朋友或者同学时,他们的自我效能感会更容易受到来自模型成功或者失败的影响。反之,如果学生觉得观察的模型和自己并没有太多的相似之处,他们的自我效能感则不会受到来自这些模型表现的影响。然后是社会鼓励,即学生的"所闻",是另一个能够帮助学生构筑自我效能感的渠道。许多研究证明了当学生听到周边环境(家人或朋友)表达出对他们能够成功完成任务的信心时,他们会更加认真地投入到相应的任务中去,并且在遇到困难时也会表现出更强的坚韧性。反之,如果学生听到周边环境对他们的能力表示出怀疑和不确定,他们则相对更加容易放弃。对学生而言,父母和老师是他们学习生活中最为重要的两类成人角色,因此父母和老师对学生的信任和鼓励可以成为学生构建自我效能感的重要因素。最后是学生的身心状态,即"所感"也会影响自我效能感的水平。当学生处于兴奋、喜悦等正面的情绪状态中时,自我效能感会有所提升,反之当学生处于过度焦虑、不安等负面情绪状态时,自我效能感则会减弱。因此,如何有效地减少学生在学习环境下可能产生的不安和焦躁等负面情绪状态是教育学者需要关注的一个重要议题。

价值认知:我想不想学习?

学生的学习价值认知指学生们对于学习的重要性和价值的感知,是学生认知中对于"我是否想学习"这个问题的判断。学生对于学习价值的认知会对他们的学习行为产生直接且重要的影响。如果学生觉得某一样学习任务没有价值,那么即使他们觉得自己有能力很好地完成任务,也很可能选择放弃参与其中。心理学家认为,人们对价值的认知是决定他们各种选择以及后续行为的关键因素(Rokeach, 1973)。在学习动机领域,大多数关于学生学习价值的研究都基于期待—价值理论(Eccles 等,1983),它系统地分析了学习价值相关的认知对学生的学习选择行为、学习过程以及学习成绩的影响,是动机研究领域应用最为广泛的理论之一。和自我效能感一样,价值也是一个情境化的变量。针对不同的学科,学生的价值认知水平也会有所不同。期待—价值理论分析了四种不同的价值认知,包括自我价值、兴趣价值、有用价值和成本认知。首先,自我价值指的是在某一学科上取得成功对个人而言的重要性。自我价值融合了学生对自我属性的认知。比如,当学生认为数学所代表的逻辑科学性能够很好地表达自己的内在属性,或者认为自己是一个立志于投身数学科研的人时,他们就会认为数学学科十分重要并因此在数学学科方面产生很强的自我价值。其次,兴趣价值指的是学生是否对某一学科感兴趣并且享受学习的过程。当学生对某一学科的兴趣价值很高时,他们更容易全身心地投入到此学科的学习中并且在遇到困难时表现出更强的坚韧性。然后,与来自学生本身的兴趣价值不同,有用价值侧重的是学习的实用性。当学生认为学习某一学科对他们未来的学习生活会产生正面影响或者能帮助他们实现未来的生活目标时,他们就会认为这一学科有很高的有用价值。最后,与上述三种正面价值不同,成本认知反映的是学生认为的学习所连带的一系列负面结果,比如需要花费太多的精力,没有机会参与其他有趣的事情,如果失败会被别人评价为没有能力,以及由学习而引起的各种负面情绪状态等。

大量的研究已经证明,培养学生对学习的自我价值、兴趣价值和有用价值能够有效地提升学生的学习投入水平,促使其取得更好的学业成绩(Wigfield 和 Eccles,2000)。近年来,越来越多的学者开始强调成本认知对青少年学习发展的不利影响(Barron 和 Hulleman, 2015)。最新的研究也证明了成本认知是各种回避性动机的决定性因素并且会导致学生产生诸如拖延和无序学习等问题行为(Jiang 等,2020)。动机心理学家们认为,学生出现厌学等行为的根本原因并不是缺少学习能力或者认为学习没有价值,而是因为他们感知到了过高的学习成本。所以,如何帮助学生减少各种学习成本的认知与如何帮助学生提高学习能力与学习价值认知一样,都是帮助学生形成最佳学习动机的重要手段。

目标认知:我为什么学习?

学习目标认知指学生们所感知的各种学习行为的目的,即学生认知中对于"我为什么学习"这个问题的答案。20 世纪 80 年代，美国心理学家卡罗尔·德韦克（Carol Dweck）就学生对于失败的不同反应归类出了学习目标（或者叫掌握目标）和表现目标两大类目标。埃利奥特等人（Elliot 等，1999）根据目标的不同效价（valence），将表现目标进一步细分为表现趋近目标（performance-approach goals）和表现回避目标（performance-avoidance goals）。当学生追求学习目标时，他们学习的目的是不断提升自己的能力。追求学习目标的学生会更多地将注意力集中于发展自己的能力以及在学习过程中学会并掌握各种有用的知识和技能。当学生追求表现趋近目标时，他们学习的目的则是为了证明自己的能力比别人优秀。他们会更多地将注意力集中于如何取得比其他学生更好的成绩以及如何通过学习获得他人的赞扬。而当学生追求表现回避目标时，他们学习的目的则变成了掩饰自己能力的不足。他们会更多地将注意力集中于如何避免比其他学生表现得更差劲或显得能力不足，以及如何避免失去别人对自己能力的积极评价。我们可以看到不同的学习目标所奉行的行动纲领差异巨大，因此也会对学生的学习行为以及他们的情感和认知反应产生不同的影响。

　　基于大量的实证研究，研究者已经证明了追求学习目标的学生通常会表现出良好的学习态度和学习习惯，以及更高的学习兴趣，也更愿意为学习付出努力，更愿意挑战有难度的学习任务，并且能在相对枯燥的学习过程中坚持下来。相反，追求表现回避目标的学生通常会表现出不好的学习态度和习惯，并且他们的自信心、学习价值认知，以及学习成绩也都相对较低。相较于学习目标的积极影响和表现回避目标的消极影响，目前有关表现趋近目标对学生学习发展的影响还未形成一致意见。一方面，研究发现追求表现趋近目标的学生和追求学习目标的学生一样表现出了较高的自信心、学习价值认知，也取得了较高的学业成绩；另一方面，教育心理学家们认为，虽然表现趋近目标在短期内可能对学习产生一定的积极影响（比如能够提高学习成绩），但就长远来看并不能和学习目标一样有效地帮助学生建立良好的学习兴趣等内在学习动机（Senko 等，2011）。

❦ 中国青少年学生学习动机现状 ❦

根据一些大规模的国际学生评估项目研究报告(例如,Programme for International Student Assessment, PISA; Trends in International Mathematics and Science Study, TIMSS),尽管中国学生在阅读、数学和科学等方面的表现在国际上名列前茅,但是其学业自我效能感却相对低于德国、比利时、丹麦等西方文化背景下的学生。这一方面可能体现了中国学生特有的谦逊,另一方面也显示出我们的孩子对自己的学习能力仍然不够自信。也有学者提出,中国学生的自我效能感普遍偏低可能是因为他们并没有从大量的学习和考试过程中内化和提高自己的能力认知(Yu 等,2018)。中国学生经常会认为他们在考试中能取得好成绩是因为他们的持续练习和优秀的解题技巧。这些都可能导致中国学生并没有把他们优秀的学业表现和他们的学习能力水平做相应的关联。就学习价值而言,有学者认为,中国学生主要为社会责任而学习,因此更多地受外在动机的驱动,其学习兴趣与内在动机相对较低(Li, 2002)。一项基于 TIMSS 2007 调查结果的国际对比研究也发现,与欧美国家的学生相比,中国学生对物理和化学等科学学科的学习兴趣较低(Yu, 2012)。然而根据 PISA 2018 的报告,中国学生对阅读的兴趣要高于其他参与国家(地区)的学生,这印证了学习兴趣是一个学科情境化的变量,即学生对于不同学科的兴趣程度可能大不相同。针对学习目标,一些学者发现相较于西方文化背景下的学生,亚洲学生追求表现目标的比例要高很多(Guo 等,2022)。这很可能是因为亚洲社会普遍强调学业成就和社会竞争。一项基于 13 个不同社会文化背景的元分析研究发现,学生所追求的目标的差异在很大程度上可以通过其所在社会的价值取向来解释(Dekker 和 Fischer, 2008)。比如,中国属于典型的嵌入型(embeddedness)社会,它强调个体所在的社会与集体的价值判断,而欧美国家属于自主型(autonomy)社会,强调个体的自主性与独特性。相比于自主型社会,处于嵌入型社会的学生更容易形成表现目标导向。究其本质,嵌入型社会更强调社会关系与集体认可的重要性,因此处于嵌入型社会的学生更希望获得老师、家人或同伴的积极评价,从而将证明自己的能力作为首要目标。此外,因为高考这一选拔性的考试制度,中国目前的教育仍然非常重视竞争,父母和教师对学生学习过程中错误的容忍度也很低,这些都可能让学生更倾向于追求超越他人,而较少将掌握知识作为核心目标。

除了能力、价值和目标认知这三个核心的动机构念,我们还需要关注中国学生的学业情绪现状,因为情绪和动机是相辅相成、相互影响的。整体而言,中国学生考试焦虑水平较高,面临着较大的学业压力。一份梳理 2000—2015 年共 53 篇关于中国学生考试焦虑文献的元分析研究(黄琼,周仁来,2019)指出,在学段差异上,初高中学段的学生过度考试焦虑的发生率在 15 年间稳定在 30% 左右,即约三分之一的中学生因学业承受着高水平的焦虑;对于小学四年级至高中二年级的学生群体而言,年级可正向预测其考试焦虑水平,即随着年级升高,学生的考试焦虑会逐渐加重。正因为一直生活在高压、高焦虑的环境中,中国学生群体的抑郁发生率也令人担忧。《心理健康蓝皮书:中国国民心理健康发展报告(2019—2020)》指出,青少年抑郁患病率随着年级的升高而增加,青少年抑郁检出率为 24.6%,其中重度抑郁的比例为 7.4%,这意味着每 5 个孩子中就有一个可能正在受到抑郁的侵袭。导致抑郁的重要原因之一是"自我感的崩溃",也就是学生无法感知到自己存在的价值。对于中国学生来说,学习在他们生命中的占比很高。根据《国家学生体质健康标准》的调查,高中生每天平均睡眠时间不足 6 小时,超过 80% 的青少年学生每天在正常的上学时间之外还要花费 4 小时以上的时间在学习上。中国教育新闻网的一项调查显示,70% 的中学生在高考前都感到很紧张,30% 的学生因为考试压力出现抑郁症状。根据 PISA 2018 的调查,中国学生的消极情绪高于 OECD 平均水平,处于中等偏上水平,在参测国家(地区)中排第 33 位。与之相反,中国学生的生活满意度水平显著低于 OECD 国家平均水平,中国学生总体生活满意度水平由 2015 年的 6.83 下降至 2018 年的 6.64,在所有 71 个提供有效数据的参与调研的国家(地区)中排名第 64 位。

整体看来,虽然中国青少年学生的学习成绩一直非常优秀,但仍存在一些令人担忧的问题。自信心较低、由外在动机驱动、以表现目标为导向、焦虑水平偏高、幸福感偏低,所有这些因素都会导致学生的学习动机受到极大的消极影响,影响学生的积极心态和健康发展,进而出现"躺平"、厌学等状况。厌学,字面意义即不喜欢学习、不热爱学习。厌学心理主要是指学生对于学习产生了抗拒、排斥的心理。当学生感到学校的学习生活不能满足自己的基本心理需求(如感觉到能力的提升,体验到学习的快乐等),学生就会产生一种不快乐的情绪体验,从而厌烦学习生活。"躺平"一词被评为"2021 年度十大网络用语",近年来被频繁运用于新闻报道、网络视频和社交媒体。"躺平"源自互联网用语"躺平任嘲",意为"我放弃了,躺下来任你嘲讽"。而今,"躺平"已从单纯的字面意思——躺着平放自己的身体使之舒展,演化为精神上的颓废、放松甚至是自我放弃。更值得警惕的是,青少年学生群体中,"躺平"心理正快速泛化并成为一种亚文化表征(宋德孝,别杨杨,2022)。"躺平"逐渐从用于自嘲的词语衍生为在青年一代中引发强烈共鸣的价值取向,并导致学生形成放弃努力、不再奋斗、随遇而安的低动机或无动机状态。无论是厌学还是"躺平",这类心理都极易造成学生在学习认知上产生偏差、在情感上出现消极应对、在行为上逃避学习活动。一直以来,如何激发动机、实现高效学习都是教育领域关注的重点问题,关乎学生前途和国家发展。正因如此,我们更需要直面当代青少年学生群体中出现的动机缺失这一普遍现象,深入地挖掘和分析可能导致这种情况的诱因,并设计积极的应对措施。从动机的角度来说,厌学和"躺平"心理所诱发的诸如学习主动性下降、自我提升欲望降低、能力信念减弱、厌学情绪等都是回避性动机的典型表征。回避性是从方向性的维度对动机作出的一种细分,与之相对的是趋近性。接下来,我们更加详细地了解一下动机的方向性。

◈ 动机的方向性：趋近与回避 ◈

在日常生活中，个体通常会使用"好"或者"坏"这样一对两极的标准来评估他们遇到的绝大多数刺激（物体、事件或可能性）。这种评估过程的执行会通过潜意识自动化进行，因此人们在决策过程中会本能地表现出趋近或者回避的倾向（Bargh，1997）。这种接近自动化处理的心理机制也导致了个体会出现趋近性和回避性动机。在心理学中，趋近性动机和回避性动机这两个概念经常被提及。所谓趋近性动机，指的是个体被积极的刺激所吸引，主动接近或尝试获得积极的结果；而回避性动机指的则是个体对消极的刺激产生警觉，主动回避或避免不好的结果。这两个概念在不同的领域都被广泛运用，其核心区别是动机在诱发行为时所体现的方向性差异。无论是趋近性动机还是回避性动机，都是个体成功适应环境的关键因素：回避性动机有助于生存，而趋近性动机则有助于成长发展（Elliot，2006）。

趋近性动机和回避性动机不仅在人类的生活中扮演着重要角色，也在各种生物的适应性功能中也发挥着核心作用，因为决定选择趋近还是回避是有机体在进化历程中必须做出的基本适应性决策。所有的有机生命，从单细胞生物到高等生物，都配备了至少一种基本的趋近性和回避性的动机机制，以产生或调节趋近潜在有益刺激的运动和远离潜在有害刺激的反应。对于原生动物而言，区分趋近还是回避是其对环境刺激的最基本的反应，是所有后续反应的基础。与原生动物类似，人类对某些刺激也表现出本能的趋近和回避反应。例如，人类具有许多不同的无条件外部反射，通常被归类为定向反射（如看到美食的唾液反射）或防御反射（如遇到疼痛时的撤退和惊吓），其可以被视为趋近和回避动机的表现。比如，人们在受到惊吓时会本能地眨眼。这个眨眼反射是对如巨大噪声、强光或电击等强刺激的无意识反应,发生在个体接受到刺激后的 30 到 50 毫秒内,它具有保护眼睛免受伤害的防御功能(Bradley 和 Vrana, 1993)。

需要注意的是,积极和消极的刺激会产生不同的生理和躯体行动倾向,以准备接近或回避,但是我们观察到的行为可能与这种预设的行为相一致,也可能不一致。例如,一桌美味的食物会在生理和躯体层面自动诱发趋近倾向,但一个正在减肥的人则可能出现远离餐桌的行为。对于像人类这样具有灵活性、创造性以及自我调节能力的复杂生物(例如,延迟满足、冲动控制、目标设定),必须考虑到多个层次的趋近性和回避性动机的作用。在人类行为中,趋近性和回避性机制与过程是多方面的,涵盖了从基本反射到高级认知思维的过程。这种趋近性和回避性机制与过程的普遍存在,表明了趋近性和回避性动机在生存和适应中的核心作用。

虽然我们经常在日常生活中听到和接触到趋近性和回避性的心理与行为,但是有关趋近性和回避性动机,则很少有明确的定义,这两个概念与很多日常生活中常见的两极对立的概念也有重合,因此有必要对其定义的几个方面作进一步说明。第一,就动机层面的区别而言,趋近性和回避性动机都包含了行为的定向和激活两个方面。定向即我们所说的方向性。激活则是指初始的活动、激活或者行动的启动,支持生物体的基本活动定向。激活可以非常基础,比如单细胞生物倾向于朝着亮光的反方向定向;也可以更加复杂,比如人类在社会化过程中形成了一种追求成功的定向。重要的是,这里的激活并不意味着生物在被激活之前处于被动状态。相反,所有生物体通常都被视为一直处于主动状态,而被激活实际上是从一种定向方式转向另一种定向方式的功能性转变。第二,接近性和回避性动机的核心差异是个体心理或者身体行动的不同倾向。积极的刺激与趋近动机相关,引导个体接近刺激物(实际上或象征性地),而消极的刺激则与回避性动机相关,引导个体远离刺激物(实际上或象征性的)。但是前文中也有提及,虽然积极和消极的刺激会产生基于本能的肌体行为上的倾向,以接近或远离刺激物,但这种倾向可能不会转化为最终的行为,因为最初的接近或回避倾向有可能被更高层次的动机覆盖,甚至诱发相反的行为。第三,趋近和回避的直观区分隐含着一种观点,即个体的行为可以分为接近积极的刺激和远离消极的刺激这两种形式。但是趋近性动机既可以表现为出现接近行为以获得已经出现的积极刺激,也可以表现为保持当前的行为以确保能够接近未来可能出现的积极刺激。同样,回避性动机既可以表现为出现疏离行为以逃避已经出现的消极刺激,也可以表现为保持当前的行为以继续回避未来可能出现的消极刺激。因此,趋近性动机不仅包括促进新的积极情况,也包括维持和保持现有的积极情况;而回避性动机不仅包括逃离和纠正现有的消极情况,同时也包括预防新的消极情况。第四,以上所说的刺激可以指代具体、可观察的对象/事件/可能性,也可以指代抽象的、内部生成的对象/事件/可能性。

当有机体对某个刺激作出积极或消极的评价,便会产生接近或回避这个刺激的倾向和努力。在不同的背景下,"积极"和"消极"被认为有着不同的含义,包括有益/有害、喜欢/不喜欢和可取/不可取。正因如此,生活中许多不同的术语也曾被用于表示或形容动机的方向性,除了趋近—回避,主要还包括愉悦—痛苦(pleasure-pain)、趋近—疏离(approach-withdrawal)、喜好—厌恶(appetite-aversion)这三类。不同的术语体现了各自不同的侧重点。首先,愉悦—痛苦的划分体现了明显的享乐主义观点(Rozin, 1999)。愉悦指"寻求并努力维持积极经历状态",而痛苦则指"避免并努力减少或消除负面经历状态"。这种区分类似于趋近—回避的概念区分,但在概念的定义上较为狭窄。愉悦—痛苦的区分只强调了对"经历状态"的有意识的体验,而在趋近—回避的概念定义中,既包含有意识的体验,也包括了反射性的甚至是无意识的过程。第二种区分是趋近—疏离。这种区分体现了以具体行为作为划分基础的特性。趋近—疏离这一区分是由比较心理学家西奥多·施内尔拉(Theodore Schneirla)于1959年引入心理学领域的。施内尔拉认为对动机的分析应该以明显的行为与行动为基础,以使其适用于低级和高级生物。因此,他将趋近和撤退动机的概念化归结为对刺激的可观察行为。这种区分相比于趋近—回避的区分也更为狭窄一些,因为趋近—撤退侧重于可见的行为水平上的激活问题,而趋近—回避的概念不仅涵盖了可见的行为层面的表征,同时也涵盖了不可见的心理和思维过程中的方向和能量问题。第三种喜好—厌恶的区分则聚焦于情感和反射行为,体现了明显的生理本能特征。在当代心理学领域,彼得·朗(Peter Lang)和他的同事基于喜好—厌恶的区分对情感和反射行为做了系列研究(Lang, 1995)。在他们的研究中,情感被定义为调节行动准备状态的类似于动机的调节状态,并且发现了情感的形成基于两个基本的大脑系统,即喜好(消耗)和厌恶(防御)。不同的情感会进一步形成差异化的反射行为,喜好意味着完成和接近取向,而厌恶意味着防御和避免取向。从概念上来看,喜好—厌恶的区分与趋近—回避的区分十分相似,但喜好—厌恶的区分重点聚焦于反射行为层面,而趋近—回避的区分则涵盖了从反射行为到有意识行为等更多层面。

　　趋近性和回避性动机已经成为人类遗传进化的一部分,我们无论从身体还是心理上都无法脱离这两种类型的动机。相比于趋近性动机,在许多特定情况下,回避性动机无疑更具有适应性。例如,人类的知觉系统必须永远保持警惕,以防身体上遭受危害,否则我们的生命安全可能无法得到保障。因此,回避性动机在知觉系统的调配和运作上都会起到核心作用。然而需要强调的是,由于其本质,回避性动机的激活意味着将消极刺激作为调节活动的核心,因此也通常是令人不悦的。回避性动机很多时候会被体验为压力,因为即使最终的调节效果有效,其过程也可能会压抑积极情绪的产生,进而导致幸福感的下降。此外,从结构上看,回避性动机的局限性在于它的最优结果只能是避免消极刺激。相比之下,趋近性动机使用积极刺激作为调节活动的核心,其最优结果是获得积极刺激,其最差结果也只是没有获得积极刺激。因此,回避性动机的核心目的是确保安全,而趋近性动机的核心目的是促进发展。在当代的教育环境中,由趋近性动机组成的目标体系在大多数情况下是更为理想的。

　　在教育情境中,学生的学习动机同样能够通过趋近和回避这对方向性的维度作出最为基本的区分。当学生认为学习是具有吸引力的积极刺激时,其动机性质为趋近性。趋近性动机能够帮助学生维持有效的学习行为,并且在遇到挫折时保持积极的心态。相反,如果学生将学习视为厌恶的且不想去做的消极刺激,则会产生回避性动机,从而导致学生被动地应付学习活动,学习效率低下,形成拖延等逃避学习的不良习惯,最终诱发厌学等问题,损害学业发展。趋近性和回避性的特征在上一小节中提到的各种动机理论中都有体现。在人本主义取向的自我决定理论中,基本心理需求(自主性、关联性和能力感)的满足会诱发趋近性动机,而心理需求的受挫则会诱发回避性动机。在社会认知取向的各种理论中,趋近性和回避性在能力、价值和目标这三个核心动机的构念上也都有体现。能力认知中提到的成长型思维具有典型的趋近性特征,而与之相反的僵固型思维(fixed mindset)则体现了明显的回避性特征;价值认知中积极属性的兴趣价值、有用价值和自我价值都具有趋近性的属性,而成本认知则具有明显的回避性属性;在目标认知中,可以根据效价的区别将表现目标进一步区分为表现趋近目标和表现回避目标,趋近性和回避性的特征在目标认知的名称上就已经得到了充分的体现。本书接下来的章节中将基于自我决定理论、能力认知、价值与成本认知、目标认知和学业情绪这五大核心领域,分别从控制与被控制、自信缺失与僵固型思维、价值太低还是成本太高、自我怀疑与回避性目标、负面情绪与回避性动机这五个不同的角度深入剖析学习情境中的回避性动机及其不利影响,并逐一介绍具有针对性的教育或心理干预。

第二章　控制与被控制

　　小明一直很喜欢学数学，但总是因为粗心犯一些小错误。为了让小明认真对待考试，小明的父母答应他，如果他期中考试数学考到 95 分以上，就奖励他一台游戏机。期中考试成绩公布这天，小明在拿到成绩单的瞬间欣喜若狂，小明的同桌好奇地问他："你这么高兴，肯定是考得不错吧？"小明解释道："还行还行，不算高，不过达标了！"小明兴奋地看着成绩单上清晰的数字，"96"仿佛已经变成了一台游戏机正在向自己招手。他兴奋地带着成绩单回到家里，并且如愿得到了一台游戏机，他甚至有些期待下一次考试成绩优秀时可以换取的奖励。一转眼到了期末考试，小明的同桌看到小明只得了 85 分，便想安慰一下他："没关系的，下次努力！"然而小明却一点儿也不在乎，他摆摆手说："没事没事，考得不好又怎么样呢？这次考试就算我得了满分，我爸妈也不会再给我奖励了。"

　　从这个小故事中可以看出，奖励不一定总是能鼓励学生学习。20 世纪 70 年代，研究者用一系列实验进一步验证了这个观点，打破了人们对于奖励的固有认识。本章将基于"控制与被控制"的核心思想对自我决定理论的外延内涵及其相关实证研究进行系统梳理，并讨论在自我决定理论的视角下，学生为什么会产生回避性动机。

❧ 自我决定理论 ❧

"自主性是人类尊严和一切理性本质的基础。"——伊曼努尔·康德

纵观古今中外,无数仁人志士都在探索人类发展的本质与真谛。人类真正需求的是什么?人类身心发展最理想的状态是什么?外在环境如何影响人类的动机与行为?怎样才能实现真正的自我决定?基于上述问题,美国心理学家德西(Deci)和瑞安(Ryan)在 20 世纪 80 年代共同构建了当代极具影响力的动机理论之——自我决定理论(self-determination theory)。

自我决定理论是基于大量实证研究的、关于人类动机和人格发展的有机体理论。该理论认为,人类天生具有成长倾向和自我组织需求,会在发展过程中不断追求新奇事物,学习探索新知,积极拓展自身边界。然而事实证明,个体并非始终处于积极发展的状态,当其内在心理需求受挫时,也会产生疏离、沮丧、无助、缺乏动机的状态。因此,自我决定理论重点关注自然、社会和文化环境如何通过支持或阻碍个体基本心理需求的满足来促进或削弱其自我发展和幸福感。环境因素既扩大了人类动机和人格发展的个体内差异,又扩大了其个体间差异,即使面对相似的情境,不同个体也可能表现出迥异的适应性与能动性(Ryan 和 Deci, 2000)。

三种基本心理需求

自我决定理论认为,人类内在心理需求主要包括自主需求(autonomy)、能力需求

(competence)和归属需求(relatedness)。自主需求指个体对其经历与行为的自我调控需求,具有自愿性特点。这种自愿性不同于独立性,因为人类在寻求满足自主需求的同时,可以根据不同情境选择相互依赖或独立自主,而自主需求的核心在于个体行为与其兴趣、价值相符,不违背其主观意志。能力需求指个体体验效能感和胜任感的需求,近年来被广泛应用于心理学研究,被认为是动机领域的核心概念之一,主要表现为好奇、操控等一系列认知层面的动机(Deci 和 Moller, 2005),其应用场景十分广阔,对个体行为具有强大的推动作用。归属需求指个体希望与他人建立联系,感受他人支持的社会需求。个体归属需求通常在被他人关怀时得到满足,而这种关怀往往建立在给予他人关怀的基础上(Deci 和 Ryan, 2014)。从这个意义上,归属需求对于个体融入社会、服务社会、维护社会稳定具有重要意义。

　　这三种基本心理需求可以在很大程度上解释环境和人际交往情境对个体内在动机的影响。基于自我决定理论的相关实证研究也证实了这三种基本心理需求不仅对于人类动机有很强的解释力度,而且对于提升人类幸福感也具有重要影响(Blakeslee 等,2022)。基本心理需求的满足可以激发个体行为活力,而基本心理需求受挫则会引起个体动机衰退(Ryan 和 Deci, 2008),甚至引发心理疾病。因此,自我决定理论不仅关注环境和人际交往情境怎样通过满足个体的基本心理需求驱动个体行为,也关注个体在基本心理需求受挫时,如何通过成瘾、诉诸权力甚至暴力等一系列行为来弥补内在的缺失与不满足,即个体行为或人格的"黑暗面"。例如,自我决定理论认为,人类对于物质和社会地位的追求主要源于内心的不安全感,这种不安全感可能源于成长环境中缺乏父母关怀,屡屡被拒绝或受控制的心理状态等因素(Kasser 等,1995)。同理,如果父母的关心是有条件的,孩子必须得达成父母的某种期望才能获得关注,那么他就更容易产生自主需求与归属需求的冲突,从而导致一系列心理失调现象(Assor 等,2004)。这些例子都表明基本心理需求能在很大程度上揭示人类心灵的深层结构,并在此基础上产生次级动机、欲望和防御机制,最终产生复杂的行为与后果。

自我决定理论视域下的动机

自我决定理论将动机视作一个连续体(continuum),根据其自主性由弱到强分为无动机(amotivation)、外部动机(extrinsic motivation)和内在动机(intrinsic motivation)三个类别,其中内在动机与三种基本心理需求密切相关,是人类学习与创造天性的本质体现,亦是推动人类认知与社会发展的重要动力。然而,尽管内在动机对个体自我管理与发展至关重要,但是人们的很多行为却并非源于内在动机,特别是在童年之后,个体受制于社会压力,不得不做一些自己并不感兴趣的事情,或承担新的压力与责任(Ryan 和 La Guardia, 2000),由此便可能会产生外部动机。外部动机主要指个体为追求奖励或避免惩罚而从事某种活动,采取某种行为的倾向,其结果与行为本身是可分离的,也被定义为工具性动机(Ryan 和 Deci, 2000)。自我决定理论并不认为所有的外部动机都是不自主的,而是可以根据外部动机与自主需求的相关程度将其划分为不同类型。比如,学生做作业可能是为了自身未来职业发展,也可能是迫于父母的控制不得不做,两者都属于外部动机,而非基于个人兴趣,然而前者仍体现自我选择,但后者本质上却是个体对于外部控制的服从。不同于内在动机和外部动机,无动机是一种缺乏行动意图的状态。当个体处于无动机状态时,他们或者什么都不做,或者无目的地行动。一般而言,当个体认为一项活动没有价值、无法完成,或对其结果没有期待、出于反抗而拒绝某一行为时,更容易产生无动机状态(Ryan, 1995;Van Petegem 等,2015)。

自我决定理论的六个子理论

自我决定理论强调了自主、能力和归属需求对个体动机与人格发展的重要影响,将个体动机划分为无动机、外部动机和内在动机。在上述概念的基础上,自我决定理论发展出了六个子理论,分别是认知评价理论(Cognitive Evaluation Theory, CET)、有机整合理论(Organismic Integration Theory, OIT)、因果定向理论(Causality Orientations Theory, COT)、基本心理需求理论(Basic Psychological Needs Theory, BPNT)、目标内容理论(Goal Contents Theory, GCT)和关系动机理论(Relationships Motivation Theory, RMT)。

1. **认知评价理论**

也许大家都听说过这样一个小故事:

一个老人住在一条街道上,每天下午都会有一群吵闹的孩子来到他房子边的草坪上踢球,老人不堪其扰,于是想了一个办法。有一天,他将这群孩子叫到身边并告诉他们,自己很喜欢他们踢球时热闹快乐的声音,如果明天他们再来踢球,每个人就可以得到2块钱。第二天下午,孩子们如约而至,老人也按照约定给了每个人2块钱,并且许诺孩子们如果明天继续来还可以得到钱。第三天下午,孩子们果然又来了,老人告诉孩子们今天每人只有1块钱,孩子们有些失望但是依然踢完了球,并从老人那里领到了钱。第四天下午,老人告诉孩子们自己没有那么多钱可以分给他们了,他只能给每个人5角钱但还是希望孩子们能够每天过来踢球,可孩子们失望地离开了,并且之后再也没有出现在草坪上踢球。

从这个小故事中,我们可以得出一个有趣的结论——外部奖励可能会削弱内在动机。20世纪70年代,德西等人用一系列实验进一步验证了这个理论,打破了人们对于奖励的固有认识。由此,自我决定理论的第一个子理论——认知评价理论(Cognitive Evaluation Theory, CET)逐渐成熟起来。该理论不仅强调有机体具有探索未知、寻求挑战、积极创造的天性,还通过一系列实证研究阐述了这种天性易受外部控制的特点。因此,认知评价理论主要关注奖励、惩罚、评价、反馈及其他外在事件如何影响个体与生俱来的内在动机。根据认知评价理论,当孩子们来到草坪上踢球的原因不再是自己的兴趣,而被老人所给予的金钱奖励取代以后,他们踢球的内在动机(兴趣)就被相应地削弱了。

该理论既反映了内在动机的社会心理学视角,凸显了社会情境对于个体内在动机的作用机制及其动态发展的影响,又体现了内在动机的人格视角,阐述了不同个体内在动机发展的不同特点。具体而言,认知评价理论认为,社会环境中挫伤个体自主和能力需求的因素也会对个体内在动机产生负面影响;反之,其中支持个体自主和胜任需求的因素则会增强个体内在动机。因此,自主和能力需求的满足是激发和维持个体内在动机的必要条件。

认知评价理论最广为人知的发现就是打破了人们对于外部奖励的刻板印象,阐释了外部奖励对于个体内在动机的潜在削弱作用。在 1971 年的一篇论文中,德西提出了一个关键问题:如果个体本来就对一项活动感兴趣,随后又被施加金钱奖励,那么个体对于这项活动的内在动机会发生什么变化? 为了探究这个问题,德西在实验中设置奖励组和控制组,两组大学生被试分别进行有趣的索玛立方体(Soma Cube)智力游戏。奖励组会在每次成功完成任务后获得 1 美元奖励,但控制组没有金钱奖励。在自由选择阶段,所有被试既可以选择继续玩索玛立方体游戏,也可以选择其他有趣的活动。研究结果与很多人的认知截然相反,一直受到金钱奖励的被试在自由选择阶段反而更少选择玩索玛立方体游戏,也就是说,金钱奖励没有让被试更喜欢索玛立方体游戏,反而削弱了被试进行索玛立方体游戏的内在动机。

德西和瑞安使用弗里茨·海德(Fritz Heider)归因理论中"感知的因果关系点"(perceived locus of causality)解释这个现象,认为使用金钱奖励介入内在动机驱动的行为,会使个体感知的因果关系点从内部移向外部。也就是说,受到金钱奖励的个体更倾向于将自己进行某项活动的行为归因于自己希望获得奖励,而非该项活动本身的乐趣,从而逐渐忽略进行该项活动的乐趣,导致相应的内在动机被削弱。实际上,外部奖励削弱了个体行为的自主性，使个体认为其行为受到外部奖励控制，而非出于自身兴趣或基本心理需求。霍尔福特等人（Houlfort 等，2002）的实证研究就证明了外部奖励对个体自主感的削弱作用。如果用操作性条件反射理论解读这一现象，我们也可以看出强化物的介入和撤出很有可能使行为频率低于基准水平，而非高于基准水平（Ryan 和 Deci，2017）。

除外部奖励外，还有许多外部事件也可能使个体感知的因果关系点从内部移向外部，从而削弱个体的内在动机。德西和卡肖（Deci 和 Cascio，1972）发现惩罚威胁会削弱个体的内在动机。实验中，两组被试进行同样的趣味游戏，其中一组被告知如果他们没有在规定时间完成任务，就会听到刺耳的声音，另一组不做任何处理。研究发现，受到惩罚威胁的被试具有更低的内在动机。格罗尔尼克和瑞安（Grolnick 和 Ryan，1987）发现考试也会削弱个体的内在动机。实验中，两组被试共同进行阅读活动，其中一组被试被告知随后会有考试检验他们的阅读成果，另一组不做处理。研究发现，被告知会有考试的被试具有更低的内在动机。阿玛布丽等人（Amabile 等，1976）发现截止日期或时间限制也可能削弱个体的内在动机。实验中，实验组和控制组共同进行词汇游戏，其中实验组有时间限制，而控制组没有。研究发现，实验组在后续自由选择阶段进行词汇游戏的内在动机低于控制组。

因此，认知评价理论的第一个命题是：与行为的发生或调节相关的外部事件通过影响行为的感知因果关系点（perceived locus of causality）来影响一个人的内在动机。促进外部感知因果关系点或具有控制功能意义的事件将阻碍自主性并破坏内在动机，而那些促进内部感知因果关系点的事件将增加自主性并增强内在动机。

认知评价理论认为，外部事件不仅可以通过影响行为的感知因果关系点来影响个体的内在动机，还可以通过影响个体的能力感知来影响其内在动机。与物质奖励不同，许多实证研究发现，言语表扬或口头奖励可以满足个体的能力需求，从而增强其内在动机。这种口头奖励包括但不限于(1)表扬个体在任务中的表现；(2)承认个体在任务中表现出的能力;(3)评价个体在任务中的表现超越他人等。在德西早期的一系列实验中(1971;1972),研究人员会告诉完成任务的被试:"你在任务中表现得很好,很多参与者没能完成任务。"对于没有完成任务的被试,研究人员会说:"这个任务太难了,很多参与者没有完成任务,你的表现已经很好了。"研究发现,受到言语表扬和口头奖励的被试在自由选择环节更愿意继续进行之前的任务,其内在动机较对照组更高。

因此,认知评价理论的第二个命题是:外部事件通过影响一个人对该活动的能力感知来影响一个人对某项活动的内在动机。提升能力感知的事件会通过满足个体对能力的需求来增强其内在动机,而降低能力感知的事件则会削弱内在动机。

需要强调的一点是,认知评价理论并不反对所有的外部奖励。一方面,如果个体本身对于从事某项活动不感兴趣,外部奖励仍具有强化行为的作用。德西等人的实证研究主要基于个体对某一活动已经具有兴趣和内在动机的情况。此时,如果研究人员再对完成这项活动的个体给予金钱奖励,那么个体随后的内在动机会被金钱奖励削弱。另一方面,外部奖励对于不同个体存在不同影响,且同一个体在不同情况下对外部奖励也可能存在不同解读。外部奖励可能成为一种外部控制力量,也可能成为对个体能力的肯定,为个体行为赋予新的价值和意义。马里纳克和甘布里尔(Marinak 和 Gambrell, 2008)的一项研究旨在探索外部奖励对三年级学生阅读动机的影响。研究首先对比了"无奖励组"和"代币奖励组",发现相比于"无奖励组",收到代币奖励的学生的内部阅读动机被削弱。然而,研究进一步对比了"无奖励组"和"图书奖励组",却发现收到图书奖励的学生将奖励视作认可,反而在阅读中获得了更多价值感,他们的内部阅读动机也并没有因此减弱。因此,外部奖励对个体内在动机的影响也取决于奖励情境和个体对奖励的解读。

因此,认知评价理论的第三个命题是:与行为的发生和调节相关的外部事件有三个方面,每个方面都具有不同的功能意义。第一,信息方面(informational aspect)传达了关于自我决定能力的信息,促进了内部感知因果关系点和感知能力,从而支持内在动机。第二,控制方面(controlling aspect)迫使人们以特定的方式思考、感觉或行为,促进了外部的感知因果关系点,从而减少了内在动机。第三,无动机方面(amotivating aspect)意味着无法获得结果和/或结果缺乏价值,这会破坏内在和外在动机,并导致动机缺失。这三个方面对个体的相对突出程度,会受到人际环境和个人因素的影响,决定了事件的功能意义,从而决定了它对内在动机的影响。

在第二节"物质奖励的两面性:激励与控制"中,我们将会具体探索外部奖励与个体内在动机之间的联系。

2. 有机整合理论

有机整合理论(Organismic Integration Theory, OIT)突破了以往将动机模态二元对立的观点,将动机看作一个连续体,根据自主程度的不同分为无动机、外部动机和内在动机。如果说认知评价理论重点关注个体的内在动机,那有机整合理论则聚焦外部动机及其成因与影响。根据有机整合理论,外部动机或多或少与个体内在价值一致,或是可以内化成为自我的一部分,因此内化程度就反映了行为规范在多大程度上是自主或受控的,不同的动机类型反映了个体将其行为的价值内化(internalization)和整合(integration)的程度。内化主要指个体从任务中吸纳、获取价值和规范的过程,是个体在社会化过程中将社会文化、道德判断与行为规约转化为自身价值观的一种内在心理过程。如果个体在缺少外部监控的情况下就不会依照社会规范行事,那这种社会化是不完全的。只有当个体将社会价值内化成为自身价值,才真正完成了社会化。从这个意义上讲,内化对于个体人格发展同样至关重要。如果个体无法认同社会价值,却不得不遵从社会规范,那么其行为则更多地受到外部控制,自主程度下降,不利于其人格发展。然而,内化也存在黑暗面,社会规约中本身存在的偏见、恶意与仇恨也可能使个体变得自私、好斗甚至暴力(Fiske 和 Rai, 2015)。

根据有机整合理论,有机体整合的过程就包括个体在重要他人的引导下将外部动机内化成为自身动机的一部分,其内化程度取决于外部动机调控的感知因果关系点及行为的自主程度。鉴于外部动机的复杂性,有机整合理论根据内化程度的不同将外部动机调控划分为外部调控(external regulation)、内摄调控(introjected regulation)、认同调控(identified regulation)、整合调控(integrated regulation)四种类型。

当一个行为受外部奖励或惩罚驱动,甚至完全依赖于奖惩机制,我们可以称其为外部调控,这种外部调控常见于操作性条件反射理论与相关研究。当然,个体行为可能直接受外部力量控制,也可能受内摄调控,即个体受外部控制影响,但又不完全受控于外部力量。个体在内摄调控作用下往往会受内疚、羞愧以及对否定的恐惧等因素影响,这种影响主要源自人类希望得到自我和他人的肯定以及寻求自我扩张(self-aggrandizement)的本能,因此内摄调控也是个体将外部价值规范内化的过程(Ryan,1982)。外部调控与内摄调控虽然都体现了控制性动机,但其内涵有所不同:外部调控高度依赖奖励与惩罚的一致性和及时性,而内摄调控可以在没有奖励或惩罚的情况下驱动个体行为,主要受个体内在压力、紧张和冲突影响。相比于外部调控,内摄调控的作用更加持久,因为内摄调控主要基于个体内在情感协调性与价值判断协调性的影响,而非直接受外部奖励或惩罚控制。

除外部调控和内摄调控外,认同调控可以进一步增强外部动机的自主性,即个体在受外部控制的情况下有意识地认同和接受外控行为的价值,是比内摄调控更稳定、持续的调控形式。然而,认同调控并没有实现完全整合,整合调控是外部动机内化的最终形式,也是四种调控中自主程度最高的调控形式。当个体对于外控行为的认同被整合为其内在价值和信念,其行为自主性则会达到外部动机调控的最高程度。

我们可以用一个例子简单区分四种外部动机调控。如果小明扶老奶奶过马路是为了得到学校为"好人好事"设置的10元奖励,那这种行为主要受外部调控;如果小明扶老奶奶过马路是因为这种行为会得到老师和父母的表扬,而不帮助老奶奶会让他感到内疚,那他的行为主要受内摄调控;如果小明认为扶老奶奶过马路有助于构建美好社会,鼓励助人为乐的行为,让社会弱势群体受到更多关注,他的内心真正认同接受了帮助他人的价值与意义,那他的行为主要受认同调控;如果小明将这种认同整合为个人信条,能够真正与弱势群体共情,设身处地为他人着想,那这种行为主要受整合调控。

外部动机的内化同样是一个从他律调控到自主调控的连续体。如图 2-1 所示,外部调控在四种外部动机调控中自主程度最低,其感知的因果关系点主要是外控的,其调控形式主要受外部奖励与惩罚影响。相比于外部调控,内摄调控自主程度较高,其感知的因果关系点部分外控,主要受到自我控制、自我介入及自我奖惩等因素影响。比内摄调控自主程度更高的是认同调控,其感知的因果关系点部分内控,主要受个体有意识的价值判断影响。四种外部动机调控中自主程度最高的是整合调控,其感知的因果关系点是内控的。在整合调控下,个体能将外部控制完全内化整合为自我价值与信念的一部分,因而最接近于内部调控。总而言之,当外部动机调控的自主程度逐步提升,外部调控也会越来越接近于内部调控。

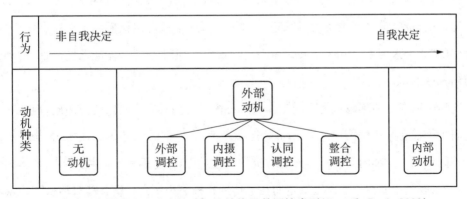

图 2-1 自我决定理论中的动机连续体及其调控类型(Ryan 和 Deci, 2000)

3. 因果定向理论

认知评价理论和有机整合理论更侧重于描述社会环境因素对于个体内在动机及

外部动机内化的影响,而因果定向理论(Causality Orientations Theory, COT)则将重点放在不同动机类型的个体差异上。换言之,即使面对相似的社会环境,不同个体也可能产生不同的动机类型,从而做出不同的选择,而这种个体差异是相对稳定、有迹可循的。因此,因果定向理论主要关注个体如何感知、认识、解读和应对其所处社会环境及环境对于其基本心理需求的满足或阻碍程度。德西和瑞安在1985年提出三种因果定向:自主定向(autonomy orientation)、控制定向(controlled orientation)与非个人定向(impersonal orientation)。高自主定向的个体往往对其所要参与的任务感兴趣,并在任务中感知到更高的自主程度,发现更多的选择空间,并在很大程度上将参与该任务视作自我决定行为。高自主定向的个体更倾向于使用认同调控和整合调控使外部动机不断内化,且在任务过程中更容易产生内在动机。高控制定向的个体更倾向于关注社会环境中的控制性因素,往往受奖惩、报酬、自我卷入和他人控制影响,而忽略其自身兴趣和内在动机。高控制定向的个体更倾向于使用外部调控和内摄调控,在任务过程中较少产生内在动机。具有高非个人定向的个体更容易关注社会环境中阻碍其目标实现的因素,更易感受到焦虑和无能为力,认为自己无法控制和改变所处环境与所遭遇的事件,更易产生无动机状态。"非个人"这个概念主要来源于海德在1958年提出的"非个人因果"(impersonal causality)概念,常用来描述个体缺乏意向性、能动性与内归因的状态。

尽管因果定向理论认为不同个体对三种因果定向具有不同的选择倾向,但这并不代表个体仅有某一种因果定向。事实上,每一种因果定向都是相对独立的,与环境因素共同作用于个体内在动机与外部动机的内化过程,三种因果定向共同影响个体的动机水平,区别主要在于不同因果定向在个体动机模态中所占权重及其对动机变化影响的程度不同。换言之,每个个体可能在一定程度上通过自主定向看待环境与事件,同时在一定程度上受到控制定向影响,并在某种程度上还受到非个人定向影响。不同个体受三种因果定向的影响程度不同,对相似社会环境或事件的解读也不同。比如,前文回顾了众多关于外部奖励可能削弱内在动机的研究,但事实上,实证研究同样发现,具有不同因果定向的个体面对相似的情境和外部奖励时,做出的选择和受到的影响也不同。哈格和查齐萨兰提斯(Hagger 和 Chatzisarantis, 2011)发现,不同个体在进行有趣的活动并受到外部奖励时,高控制定向组被试的内在动机会被外部奖励削弱,而高自主定向组被试的内在动机没有显著下降,说明自主定向一定程度上弥补了外部奖励对内在动机的负面影响。

4. 基本心理需求理论

基本心理需求理论(Basic Psychological Needs Theory, BPNT)是自我决定理论的核心。该理论认为满足个体对于自主、胜任和归属的基本心理需求是增强个体内在动机,促进外部动机内化与整合的关键环境因素,是促进个体人格及认知结构完善的必要条件。这三种心理需求是具有普适性的,是个体与生俱来的。该理论刻画了社会环境因素以基本心理需求为中介对个体动机、人格、行为与心理健康产生作用的机制。

基本心理需求理论认为,仅有主观的快乐并不能称为幸福或福祉(well-being),快乐仅仅是幸福的一种表现,而不能代表幸福本身。反之,不快乐也不能用来形容精神病理。真正的幸福是实现人类价值与美德,是做真正值得做的事(Ryan 和 Huta, 2009),是真正考虑以怎样的方式和过程能够使人真正焕发活力与生机,实现真正的自我调控,甚至自我决定。因此,在讨论"幸福"这个概念时,必须区分主观欲望与基本心理需求。前者固然使人感到快乐,但不受控制的欲望反而使人陷入无尽深渊,只有满足人类基本心理需求才能使人真正感到幸福和心灵满足(Deci 和 Ryan, 2008)。这种幸福建立于自我健全的基础上,其目的在于获得自主性和自控权,而非追求外界认可或名利地位。

那么基本心理需求是怎样影响个体幸福与福祉的呢?一些理论通过"需求强度"(need strength)描述人类需求的个体间差异及其对于个体动机、人格与行为的影响,认为不同个体对于成就、自主、不确定性规避等目标存在不同程度的需求,而其对某一目标的需求强度影响其动机与行为,进而影响其福祉(McClelland, 1985)。然而,自我决定理论认为,真正影响个体福祉的是环境对其基本心理需求的满足与阻碍程度。自我决定理论并不否认个体对于众多心理需求的重视程度不同,但该理论认为,更高的基本心理需求满足程度会带来更多的幸福感,而基本心理需求受挫则会减少幸福感,这才是基本心理需求影响个体幸福感的真正作用机制(Chen 等,2015)。

那么三种基本心理需求之间是否矛盾呢? 在生活中,我们似乎时常看到三种基本心理需求之间的冲突。比如,孩子希望满足归属需求则不得不受到父母的管束与控制,以至于其自主需求在一定程度上得不到满足。然而,自我决定理论认为,自主、能力和归属需求并不矛盾,而是相辅相成、相互促进的,三种基本心理需求之间成正相关关系。例如,人们很难在强控制的环境中获得能力需求的满足;反之,如果个体在某项任务中很难获得效能感,也就不太可能在任务中自主投入更多精力。同理,如果一段关系以一方控制另一方为主,个体也很难从中获得归属感。实证研究同样证明了三种基本心理需求相互依存的关系。比如,安全稳定的家庭氛围对孩子的自主行为具有重要预测作用(Goldner 和 Berenshtein-Dagan, 2016)。

鉴于基本心理需求对于个体动机和人格发展具有重要作用,那么个体的基本心理需求会随着年龄变化吗? 实证研究发现,无论对于儿童、青少年还是成年人,基本心理需求的满足程度都能够预测个体的幸福感(Simões 和 Alarcão, 2014;Chen 等,2015)。随着年龄增长,虽然个体获得基本心理需求满足的途径或条件可能改变,但基本心理需求依旧对于生命意义和幸福感具有重要预测作用(Ferrand 等,2015)。因此,自我决定理论认为,人的一生中基本心理需求大体维持稳定,对于个体幸福感和人格完整性意义重大。

5. 目标内容理论

在对基本心理需求进行研究的过程中,学者们开始关注人类的激情和生活目标,并通过一系列的研究探讨目标内容和心理健康的关系,而目标内容理论(Goal

Contents Theory，GCT）就是自我决定理论探究人类目标内容的最新理论发展。目标内容理论认为，人类目标可以大致分为外部目标和内部目标。内部目标是直接与个体内部价值追求一致的目标，如亲密关系、个人成长和社群贡献等，外部目标则是关注工具型动机的目标，如金钱、名望、权力和吸引力等。在幸福论的指导下，目标内容理论认为倾向于追求外部目标的个体幸福感更低，而倾向于追求内部目标的个体幸福感更高（Ryan 和 Deci，2017）。至此，动机研究领域中的另一重要变量——目标——被合理地纳入自我决定理论的体系中来，为该理论的进一步发展打开了新的空间。

目标内容理论针对内部目标和外部目标的研究最初是卡赛尔和瑞安（Kasser 和 Ryan，1993；1996）开展的。他们请被试按照重要性给自己的人生目标排序，并注明自己对于目标实现可能性的预期，由此提出"抱负指数"（aspirations index，AI）的概念，主要用于描述某种目标对于个体的相对重要程度。卡赛尔和瑞安（Kasser 和 Ryan，1993）在研究中发现，内在动机的"抱负指数"与个体身心健康成正相关。然而，个体对财富的"抱负指数"越高，其自述的自我实现的经历就越少。研究还发现，个体内部目标（如个人成长和良好关系）的相对重要性与抑郁、焦虑症状成负相关，而个体外部目标的相对重要性与抑郁等心理状况成正相关。除身心健康外，库、迪特马尔、班纳吉（Ku，Dittmar 和 Banerjee，2014）还发现倾向于追求外部目标的学生也更容易在学习中产生外部动机，从而导致学业适应不良。此外，格罗泽特等（Grouzet 等，2005）面向全球 15 个国家进行研究，发现内部目标和外部目标的划分普遍适用于不同文化，且倾向于追求外部目标的个体更少关注内部目标，如社群参与和亲密关系等。

目标内容理论认为，内外部目标与个体身心健康的关系主要受个体基本心理需求影响。总体而言，追求内部目标更容易使个体基本心理需求得到满足，而追求外部目标则很难使个体基本心理需求得到满足。例如，乌纳努埃等（Unanue 等，2014）发现，不管是在发达国家（如英国）还是发展中国家（如智利），外部目标都与幸福感成负相关，与个体适应不良成正相关。其中，低基本心理需求满足与高基本心理需求受挫在上述关系中起调节作用。

6. 关系动机理论

关系动机理论(Relationships Motivation Theory, RMT)是自我决定理论的第六个子理论,旨在探究如何发展良好的人际关系。关系动机理论认为,良好的人际关系建立在彼此满足对方的基本心理需求之上,人们在一段关系中体验到的需求满足感越高,他们对这段关系就越满意,他们处理关系中不可避免的冲突时能力就越强。如果个体的自主、能力和归属需求在人际交往中得到满足,那么他就更愿意维持并深入发展这段人际关系。同理,如果个体能够满足他人的自主、能力和归属需求,那么他就更容易与他人建立良好的人际关系。这种需求的满足并非将他人当作实现目标或达到目的的手段,也并非为了建立关系而建立关系,而是真正支持他人的自主性,真正尊重他人的角度和立场。

在三种基本心理需求中,与关系动机理论最密切相关的是归属需求。归属需求属于个体与生俱来的内在心理需求,是个体与他人建立有益联结,受到他人关怀与重视的需求,对于个体人格完整性和幸福感具有重要作用。动物心理学家哈里·哈洛(Harry Harlow)进行的"恒河猴实验"恰恰证明了满足归属需求的重要性。

哈洛在 20 世纪 50 年代对恒河猴进行了一系列母爱剥夺实验。在一项实验中,他将刚出生的小猴子与猴妈妈分开,结果发现小猴子对笼子里的绒布产生了依恋。它们常常紧紧抓着绒布,如果有人想要拿走绒布,它们就会发脾气。由此,哈洛(1958)设计了另一组实验,他同样将出生的小猴子与母猴分离,并制作了两个代理母猴:其中一个用绒布包裹,没有奶水;另一个用铁丝包裹,但是 24 小时提供奶水。研究人员发现,在实验最初几天,小猴子经常去喝铁丝猴子的奶。但渐渐地,小猴子更愿意和绒布猴子待在一起,只有在饿的时候才会找铁丝猴子。随后,哈洛用恐怖的道具吓唬小猴子,小猴子看到后,尖叫着钻进绒布猴子的怀抱。

由此可见,小猴子对于没有奶的绒布猴子产生了更深的依恋。

事实上,恒河猴实验存在严重的伦理问题,在实验中被剥夺母爱的小猴子无法融入猴群,变得暴躁易怒,甚至无法交配。实验证明了灵长类动物并不仅仅存在生理需求,还存在对爱和归属的需求。根据前人研究,关系动机理论进一步将概念拓展为:他人无条件的、无利益相关的支持与关怀对个体身心健康、幸福感与人格完整性具有重要意义(Ryan 和 Solky, 1996;Clark 和 Mills, 2011)。

归属需求对于个体发展的意义也被众多实证研究证实。一项为期两周的日记研究发现,不管是在个体内层面还是个体间层面,归属需求的满足都是预测个体幸福感的重要变量(Reis 等,2000)。瑞安等人(Ryan 等,2010)采用同样的研究方法发现,归属需求的满足能够显著预测在职成年人的生活幸福感。该研究还发现,在职成年人在周末的幸福感更高,有更多积极情绪,尤其在他们与重要他人,如家人、朋友、恋人相处的过程中。

关系动机理论认为,归属需求的满足以及良好人际关系的形成必须建立在个体自主亲近和关怀他人,或感受到他人自主的亲近和关怀的基础上。如果人际关系的一方是在受他人控制,或希望获得某种利益的情况下与另一方交往,那这种关系则很难使双方获得归属感。在一项面对美国和日本被试的跨文化研究中,戈尔等(Gore 等,2009)区分了"个人自主性"(personal autonomy)和"关系自主性"(relational autonomy)两个概念。他们将"个人自主性"定义为个体与他人建立关系的自主性,将"关系自主性"定义为个体支持重要他人的利益和需求的自主性。在"关系自主性"的影响下,个体可能仅仅因为某一活动对于重要他人很有意义而参与这项活动。戈尔等人(2006)的研究进一步发现,"关系自主性"对于大学生以目标为导向的学习投入具有重要预测作用。由此可见,"关系自主性"使个体将他人的利益和目标整合为自己的目标,使个体在完全自主的情况下为他人利益努力。事实上,这种"关系自主性"常见于良好的亲子关系和亲密关系,使个体可以无私地为重要他人付出。正如哲学家法兰克福(Frankfurt,2004)所言:"当一个人真正在乎另一个人的时候,他自愿为他人的目标付出。这种动机并不违背他自己的意愿,完全出于他的自由意志。"

根据关系动机理论,基本心理需求的满足会影响个体的"依恋安全性"(attachment security)。当儿童的主要看护者对他们非常耐心负责,尤其在儿童心情低落的时候,那么儿童会感觉看护者是可靠的,他们对看护者的依恋是安全的。这种心理现象被称为"依恋安全性",较强的"依恋安全性"使儿童更愿意与重要他人建立安全亲密的关系,而这种从幼时建立的"依恋安全性"会影响人的一生(Bretherton 和 Munholland,1999)。不同个体自幼建立起不同程度的"依恋安全性",产生了依恋的个体间差异。拉瓜迪亚等(La Guardia 等,2000)认为,除"依恋安全性"带来的个体间差异外,依恋也存在个体内差异,而这种个体内差异主要在于不同重要他人给个体带来的基本心理需求满足的差异。基于这个猜想,拉瓜迪亚等(La Guardia 等,2000)进行了三个研究,考察了大学生对其父母、恋人和好友的"依恋安全性",以及大学生在上述关系中感受到的基本心理需求满足程度。该研究发现,"依恋安全性"的个体间差异十分显著,大约 35% 的"依恋安全性"可以被个体间差异所解释。然而,剩余超过半数的"依恋安全性"仍需进一步探索。因此,研究人员锁定基本心理需求满足带来的个体内差异。此外,某个重要他人给被试带来的基本心理需求满足能够显著影响其"依恋安全性",其中,归属需求满足对"依恋安全性"的预测力度最大,自主需求满足的预测程度次之。换言之,个体在重要他人身上感受到的基本心理需求满足程度会影响个体对重要他人的"依恋安全性"。综上,在人际关系中,个体基本心理需求的满足会影响人与人之间的安全感、归属感和亲密程度。因此,关系动机理论认为,建立良好人际关系的前提是尽力尊重和满足彼此的基本心理需求。

综上所述,自我决定理论的六个子理论及其核心内容如下表 2-1 所示。

表 2-1　自我决定理论的六个子理论

子理论	核心内容
认知评价理论（CET）	该理论认为,有机体具有探索未知、寻求挑战、积极创造的天性,而这种天性易受外部控制。因此,认知评价理论主要关注奖励、惩罚、评价、反馈及其他外在事件如何影响个体与生俱来的内在动机。
有机整合理论（OIT）	该理论将动机看作一个连续体,根据其自主程度的不同划分为无动机、外部动机和内在动机。有机体主要通过将外部动机内化成为自身动机的一部分来实现整合。根据其内化程度的不同,该理论将外部动机调控划分为外部调控、内摄调控、认同调控和整合调控四种类型。
因果定向理论（COT）	该理论主要关注个体如何感知、认识、解读和应对其所处的社会环境,以及环境对于其基本心理需求的满足或阻碍程度。该理论认为个体对环境的解读主要存在三种因果定向:自主定向、控制定向与非个人定向。
基本心理需求理论（BPNT）	该理论认为满足个体对于自主、能力和归属的基本心理需求是增强个体内在动机,促进外部动机内化与整合的关键环境因素,也是促进个体的人格及认知结构完善的必要条件。
目标内容理论（GCT）	该理论认为,人类目标可以大致分为外部目标和内部目标。内部目标是直接与个体内部价值追求一致的目标,如亲密关系和个人成长等;外部目标则是关注工具型动机的目标,如金钱和名望等。
关系动机理论（RMT）	该理论认为,良好的人际关系建立在彼此满足对方的基本心理需求之上。人们在一段关系中经历的需求满足度越高,他们对这段关系就越满意,他们处理不可避免的冲突的能力就越强。

❧ 物质奖励的两面性:激励与控制 ❧

物质奖励对内在动机的削弱效应

《说文解字》中,"奖"被解释为"嗾犬厉之也",从犬,从将,将省声。"奖"的本义是

"带肉汁的木片",所以"奖"的含义是刺激、诱导犬只加倍努力地工作。物质奖励,顾名思义,是指金钱、礼物、奖品等以有形的物质形式呈现的奖励。从行为主义的角度解释,物质奖励是一种强化物,在大部分情况下起到激励的作用。在我们日常的认知中,物质奖励也具有激励的作用,提到奖励,尤其是金钱奖励,人们通常会认为它积极地驱动着行为。物质奖励已经被广泛地运用于生活的不同情境中,在工作单位会有基于绩效的奖励,例如年终奖;而在学校和家庭中,基于学习表现的奖励也非常常见,许多老师与家长为了激励孩子学习,绞尽脑汁准备了各种各样的奖品。对于奖励的效果,我们通常认为公司员工在得到绩效奖励之后会更加努力地工作,而学生在得到奖励之后会更加努力地学习。但是有些时候,物质奖励似乎不像我们想象的那样有用,就像上一节故事中的孩子们一样,物质奖励反而使得他们的动机减弱了。

前文已经指出,在自我决定理论(SDT)中,动机被划分为外部动机(external motivation)与内在动机(intrinsic motivation),其中外部动机是指由外部诱因或刺激(例如,物质奖励)而引起的动机。而内在动机是指个体为了从任务本身获得内在乐趣和满足感而自愿参与任务的动机,也就是说参与行为的动机来自个体的内部而不是外部,个体行为由内在的欲望驱动。内在动机反映了生物(尤其是哺乳动物)通过活动发展的原始和自发倾向——当我们在日常生活中玩耍或操纵事物、探索未知的时候,我们扩展自己的能力。这种自然倾向是人性中一个特别重要的特征,它影响着人们的认知和情感发展、行为表现以及心理健康。尽管人类内在动机普遍存在,但这种自发的倾向在许多情况下很容易减弱。内在动机并不能代表人类动机的全部,但是它向我们展现了人的内在倾向不是一成不变的,它既具有活跃性(激励),也具有脆弱性(被控制或抑制)。自我决定理论(SDT)的相关研究广泛调查了社会环境条件如何影响内在动机,并假设一些社会条件会支持人们积极参与行动,而另一些社会条件则会破坏或阻碍人们的自发倾向。在自我决定理论的众多子理论中,认知评价理论(CET)关注了外部奖励与内在动机之间的关系。

既然人们的内在动机具有两面性，那作为外部刺激的物质奖励，会对内在动机产生相应的影响吗？如果产生影响，那么是积极的影响还是消极的影响？1971年，德西（Deci）发表了第一个关于外部奖励与内在动机的研究，他提出了相似的问题：如果一个人因为做了一件有趣的事情而得到金钱奖励，那么他随后的内在动机会发生什么变化？换句话说，内在动机和外部动机是否会相互影响呢？德西和其他众多研究者都尝试解决这几个问题，并且他们的结果表明，物质奖励对内在动机的确存在负面影响。

1. 削弱效应的实验研究证据

为了解答自己提出的问题，德西（1971）设计了一个实验。在这个实验中，一群大学生作为被试被随机分到了奖励组和对照组两个小组中，这群大学生会进行解谜游戏实验，研究者一共设置了三个阶段，在每个阶段，被试需要在13分钟之内解一种名为索玛立方体（Soma Cube）的智力谜题，而这种立方体谜题被认为能够激发他们的兴趣或者说是内在动机。在第一阶段，奖励组和对照组都不会得到奖励。在第二个阶段，奖励组每解出一道题目，就可以得到1美元，而对照组则不会得到奖励，而在第三阶段，奖励组被告知不再有奖励。在每个阶段，研究者都会离开一段时间，在这个持续8分钟的自由选择期（free-choice period）内，被试单独待在房间内，并被告知他们可以选择继续解题，也可以选择阅读房间内的杂志，或者在房间内做任何想做的事情。研究者通过单向玻璃观察被试，并记录下被试在自由选择期内选择解立方体谜题的时间，以此作为测量动机的指标。最后的结果表明，当第二阶段的奖励被引入之后，奖励组的动机增加了（自由选择期2比自由选择期1的解题时间平均增加了67.7秒），而对照组的动机没有显著的变化。但在第三阶段，奖励被撤销之后，奖励组的动机下降到了比初始更低的水平（自由选择期3比自由选择期1的解题时间平均降低了49.7秒），这证实了金钱奖励对内在动机的削弱作用确实存在。

根据内在动机的定义，我们可以推论，在没有任何激励刺激或压力的情况下，个体在自由选择期选择进行某个活动时间的长短可以被当作个体进行该活动的内在动机指标。德西的实验所采用的研究方法发展成为一种研究范式,即自由选择范式(free-choice paradigm),在后来被众多研究者使用,以研究物质奖励对内在动机的影响。在自由选择范式出现之前,操作心理学(operant psychology)代表着心理学的主流研究范式,主张内在动机和外部动机是可叠加的,当引入显著的外部奖励时,总的动机会增加,并在奖励取消后恢复到奖励前的基线。但是德西的研究结果反驳了这种观点,表明在引入和撤销强化后,个体的动机水平会低于基线,而不是回到基线。在德西进行的另一项为期16周的实地研究中,被试是一组校刊的编辑人员,他们每写出一条标题,就可以获得0.5美元的奖励,研究结果表明相较于控制组,奖励组对写标题这一任务的内在动机明显降低,而且奖励对个体内在动机的削弱作用在停止奖励之后甚至持续了8周。

德西和瑞安使用海德归因理论中“感知的因果关系点”(perceived locus of causality)解释这个现象,认为使用金钱奖励介入内在动机驱动的行为,会使个体感知的因果关系点从内部移向外部。也就是说,受到金钱奖励的个体更倾向于将自己进行某项活动的行为归因于希望获得奖励,而非该项活动本身的乐趣,从而逐渐忽略进行该项活动的乐趣,导致相应的内在动机被削弱(Ryan和Deci,2017)。

有关物质奖励对内在动机的削弱作用还有另一项经典研究。莱佩尔及其同事(Lepper等,1973)以学前儿童为观察对象实施了一个实验。儿童在实验中使用一种“魔法笔”画画,他们都对这种活动很感兴趣。研究者将儿童随机地分成了三组,第一组儿童被告知如果给参观者画一幅画就能够得到“优秀画家奖”的奖状;第二组儿童没有被提前告知奖励的存在,但是在他们画完图画后,也意外地获得了同样的奖状(与他们画得如何无关);第三组儿童则没有任何奖励。在接下去的一周中,研究者们记录了儿童在没有任何奖励和任务要求的情况下自由作画的时间。研究结果再次证实了物质奖励对内在动机的削弱作用——事先知道并受到物质奖励(奖状)的第一组儿童使用“魔法笔”画画的平均时间比例(8.59%)大约仅为第二组(16.73%)和第三组

(18.09％)时间的一半,表现为内在动机的降低。

在 1972 年,德西进一步研究了不需要具体参与活动或成功完成活动的情况下获得金钱奖励的影响,被试者成功参与每一项任务都会获得金钱奖励,但只是因为他们参加实验而获得奖励,并不是因为成功完成了任务。在这种情况下,金钱奖励并没有降低内在动机,这个研究的结果表明并非所有的金钱奖励都会削弱内在动机。正如认知评价理论所假设的那样,奖励的效果取决于它们是如何被管理和体验的,我们将会在后面具体讨论。

2. 大脑不会说谎:来自脑神经科学的证据

随着心理学越来越多地开始寻找人类行为和经验的神经基础,一些使用功能性磁共振成像(fMRI)技术的实验研究引入了一些有趣的证据。在村山等人(Murayama 等,2010)的研究中,脑成像的结果证明了金钱奖励对内在动机的削弱效应。

研究者设计了两个任务,一个是停表任务(stopwatch),被试被展示一个自动启动的秒表,他们需要在规定时间内用右手的大拇指按下按钮,如果成功了,就会得到"＋1 分"表示成功的反馈。研究者提前进行的一系列研究发现这个任务对于日本的大学生来说具有一定的挑战性而且是中度有趣的,保证了任务对被试来说存在内在价值。另一个任务则缺乏趣味性,在表停任务(watchstop)中,被试被动地去观看一个秒表,然后被要求在它自动停下来的时候按下按钮,在这个任务中,研究者没有定义成功和失败。这两个任务随机混合,在任务出现之前会有 1.5 秒的提示时间告知被试接下来要执行哪个任务。

研究过程参照了自由选择范式,28 名参与者被随机分到对照组和奖励组,任务分为两个阶段,被试在进行任务的同时,研究者会对被试的脑部进行磁共振扫描。每个任务阶段结束,都会跟随一个 3 分钟的自由选择期,被试可以在房间做任何想做的事情,研究者将他们选择进行停表任务的次数作为内在动机的指标记录下来。在第一个任务阶段,奖励组被事先告知停表任务每成功一次,他们将会得到 200 日元。而对照组没有被告知会有基于表现的奖励,只是在第一个任务阶段结束后获得了奖金(金钱数量和奖励组另一名同性参与者所获得的金钱奖励相匹配),第二个任务阶段,两组被试均被事先告知不会有奖励。

脑成像的结果显示,奖励组的前纹状体(anterior striatum)也就是尾状核头部的激活程度在第一个任务阶段强于对照组,但是在第二个任务阶段显著降低甚至几乎没有激活,而对照组的脑成像结果则没有显著变化。当一个人完成一项任务时,破坏效应可能涉及两种不同类型主观价值的交互作用,一种是获得奖励的外在价值,还有一种是获得成功的内在价值,很多神经科学的研究表明多巴胺的奖励网络在内在价值方面发挥着关键作用,尤其是前纹状体在一个人主观上做决定的时候受到调节。奖励组前纹状体激活程度的减弱表明他们判断任务的内在价值降低了,这一结果和金钱奖励对内在动机的削弱效应相一致。

同时,被试外侧前额叶皮层(LPFC)的脑成像结果进一步证实了削弱效应的存在。人们在面对即将到来的任务时,会更加倾向于为价值更高的任务做更多的心理准备,外侧前额叶皮层作为一个对于目标的预备认知控制中心,受到任务价值的调节。在本研究中,停表任务比表停任务更加有趣,价值更高。脑成像的结果显示,在第一个任务阶段,相较于表停任务,两组被试在看到停表任务的提示时后,他们的右外侧前额叶皮层都被显著激活,说明外侧前额叶皮层是为了响应高价值的任务提示而激活的。而且奖励组外侧前额叶皮层的激活大于对照组,说明奖励组的参与者在看到任务提示时比对照组的参与者更积极地在认知上准备停表任务。在第二个任务阶段,对照组的右外侧前额叶皮层仍然有显著的活动,但奖励组的活动明显小于对照组,并且活动不再显著,这一结果可能表明,与对照组的被试相比,奖励组的被试在第二个任务阶段丧失了去准备即将到来的任务的动机。此外在这项研究中,奖励组在自由选择期选择进行停表任务的次数都明显少于对照组,这也说明了金钱奖励破坏了奖励组被试的内在动机。

脑成像的结果非常直观地向我们展示了金钱作为一种物质奖励的确会破坏人的内在动机，也为实验研究的发现补充了更为有力的证据。

解析削弱效应：当奖励成为了控制手段

如此多的研究结果证明物质奖励对内在动机的削弱效应，接下去大家也许会追问：那么究竟是什么导致了削弱效应的发生？针对这个问题，最综合可靠的解释来自自我决定理论，借助自我决定理论的框架，我们能够从自主感与被控制的角度对削弱效应给予解释。我们已经知道，自我决定理论认为人类有三种核心的心理需求：归属感（relatedness）、能力感（competence）与自主感（autonomy），事件通过改变人们对自己处境的体验与认知来影响动机。在自我决定理论中，自主性保留了其主要的词源意义，即自我治理（self-governance）或自我统治（rule by the self）。它的对立面，他律（heteronomy），指的则是来自自我之外的调节，无论是内在的冲动或需求，还是外部的奖励和惩罚，都可能被体验为一种来自异己或压力的被控制感。而这正好对应着外部事件的两个方面——信息性（informational）与控制（controlling），信息方面会传达自我决定的能力，从而增强内在动机，相反，控制方面会导致外部感知因果关系点（即低自主感），从而破坏内在动机。但是我们也会发现，并不是所有的外部事件都会削弱学生的学习动机，事实上，削弱效应并不是由外部事件本身导致的，而是取决于接受者给予它们的意义或解释，每个事件对接受者都有特定的功能意义，这种意义取决于事件如何影响自主和能力的体验。事件可能主要被体验为一种控制行为的方式，在这种情况下，它可能会减少对自主性需求的满足，并破坏内在动机；或者它可能被体验为对能力的肯定，在这种情况下，它会增强内在动机。认知评价理论指出一个事件的功能意义可以是控制的，意味着该事件被体验为一个特定结果的外部压力或诱因，也可以是信息的，意味着该事件被体验为可以促进自主感和能力。

信息型外部事件　认知评价理论认为,具有信息型"功能性意义"的外部事件对于个体能力认知与内在动机具有重要意义。已有研究表明,相比于正面反馈和无反馈,负面反馈对个体能力认知和内在动机的破坏程度更大(Deci 和 Cascio,1972)。然而,如果负面反馈能为个体提供有益信息,这种信息型负面反馈反而有利于促进个体能力提升。吴等人(Woo 等,2015)对比了两种提供负面反馈的方式:一种是验证型负面反馈(confirmatory negative feedback),即仅告知被试选择结果错误,而不告知错误原因;另一种是信息型负面反馈(informational negative feedback),即告知被试错误原因的负面反馈。研究发现,验证型负面反馈主要激活了杏仁核、背侧前扣带回和丘脑等与负面情绪有关的区域,而信息型负面反馈主要激活了与认知控制相关的背外侧前额叶皮层(DLPFC)。也就是说,向个体提供关于错误原因的有用信息,有利于转移个体对于错误本身的注意力,而去分析错误原因。鉴于负面反馈本身容易引起能力需求受挫,从而带来内在动机下降,信息型负面反馈可以在一定程度上弥补负面反馈给个体情绪和内在动机带来的消极影响,使个体关注如何改正错误,提升能力。

控制型外部事件　控制型外部事件会迫使个体以某种方式思考、感受或行动。认知评价理论认为,一些奖励形式具有控制型"功能性意义",且不同奖励对个体的控制程度不同。德西等人(1999)针对 128 项关于外部奖励影响内在动机的研究进行了元分析,对比了不同奖励类型对于个体内在动机的影响程度。研究发现:(1)与物质奖励相比,口头奖励的控制型"功能性意义"较弱,甚至有利于增强个体的能力认知,从而促进其内在动机提升;(2)与预期奖励相比,意外奖励的控制型"功能性意义"较弱;(3)任务相关型奖励(task-contingent reward)比任务无关型奖励(task-noncontingent reward)的控制型"功能性意义"更强,对内在动机的破坏性更强。鉴于奖励的多样性与复杂性,不同的奖励方式对于个体内在动机的具体影响将在下一部分内容进行说明。

奖励作为一种外部事件,其对于内在动机的影响自然也取决于它们是如何被管理和体验的,对一个人的自主或能力体验产生负面影响的奖励会降低其内在动机,而支持自主和能力感知的奖励会增强其内在动机。物质奖励破坏内在动机，是因为阻碍了自主感，会让个体感到自己是被控制的。通常物质奖励，特别是金钱奖励，更容易被解读为是控制的，因为当其他人试图从外部激励某个人的时候，通常会采用有形的物质奖励。例如当家长试图激励自己的孩子花费更多的时间在数学学习上时，他们可能会这样告诉孩子："假如你这周完成 10 页的课外数学题，我就奖励你玩玩具。"这样的物质奖励很有可能会被孩子解读为一种控制，进而降低其学习数学的内在动机。相反，那些意外奖励或口头表扬很可能被视为信息，因为它们向人们传达的是能力信息，而不是控制。例如获得某个竞赛的第一名向个体传达出的更多是个体相应的能力信息，这会给个体带来胜任感，从而使其保持或提高内在动机。

总体来说，奖励、反馈、惩罚等其他外部事件对内在动机的影响主要取决于个体通过某事件在自主性和能力方面感知到的心理意义。当我们想要预测特定奖励的效果时，无论是物质奖励还是口头表扬，我们必须考虑某个奖励或惩罚可能会被接受者如何解释，如果奖励被看作是一个外部能动者（agent）企图让某个人做某事，那么奖励的功能意义很可能是控制的，在某种程度上会破坏内在动机；相反的，如果奖励被解释为对工作表现出色的认可或对努力的赞赏，那么它的功能意义更有可能是信息的，从而维持或增强内在动机。在现实世界中，控制无处不在，例如，在学校里，教师使用的许多方法可能会削弱学生的内在动机，包括打分、留堂和分配给学生班干部的角色，教师有时也会利用公开的表扬或批评作为塑造行为的手段。

需要指出的是，在许多情况下，特定的奖励对一个人来说会产生相互冲突的影响，即在某种程度上被体验为控制，在某种程度上被体验为信息。德西和瑞安（1980）认为，奖励等外部事件对于个体内在动机的影响取决于个体对于以上外部事件的解读，因此会产生个体间差异。他们认为，每个外部事件对于个体都有一定程度的"功能性意义"（functional significance），决定了外部事件如何影响个体自主和能力需求的满足。比如，个体可能认为某个奖励是控制性行为，从而对其自主性与内在动机产生负面影响,也可能认为奖励是对于自己能力的肯定,从而产生更强的内在动机。由此,认知评价理论认为,外部事件对个体的"功能性意义"主要有三种:控制型(controlling)、信息型(informational)和无动机型(amotivating)。控制型外部事件会迫使个体以某种方式思考、感受或行动,使个体感知的因果关系点向外延伸,从而削弱个体内在动机。信息型外部事件包含与个体能力提升有关的信息,使个体感知的因果关系点向内延伸,从而增强个体内在动机。而无动机型外部事件会强调个体缺乏完成任务的能力,或任务对个体缺乏意义,同时削弱了个体的外部动机和内在动机,从而使个体产生无动机倾向。

奖励的正确使用方式

许多家长和老师使用贴纸、认可、奖金、参加喜欢的活动或其他类型的奖励来鼓励学生取得高水平的表现。在过去的 50 年中,许多心理学家质疑这种做法是否明智。正如先前讨论过的,某些奖励的效果表现为削弱个体的内在动机和表现。如果一个人因为做了一项有趣的任务而得到奖励,那么一旦奖励不再出现,这个人就会不再那么喜欢这项任务,对任务也不再那么投入。虽然认知评价理论认为外在的物质奖励会削弱内在动机,众多的实验研究也证明了物质奖励对动机的削弱效应确实存在,但是这并不意味所有的奖励都会削弱动机,也不代表我们不能使用奖励。当奖励对一个人产生相互冲突的影响时,我们必须考虑影响动机因素的相对功能,或者说考虑奖励是基于什么而产生的,这就涉及其他的一些因素。

1. 物质奖励与口头奖励

总体而言,物质奖励会降低内在动机,因为他们通常被体验为一种控制。我们在之前的部分已经充分证明了物质奖励对内在动机削弱效应的存在。虽然金钱或奖品等物质奖励相对普遍,但积极反馈和表扬(也称为"口头奖励")也同样普遍,尤其是在儿童身上。口头奖励与物质奖励相对,是一种无形的、反馈式的奖励,可以采取多种形式,例如"你在这个活动中的表现很棒""你很适合做这个活动""你比其他人做得更好"等。口头奖励通常包含明确的对表现的积极反馈,因此认知评价理论预测他们可能会提升胜任感,从而增强内在动机。当积极反馈让人们感到自主,而不是被评估或被控制时,内在动机的增强往往是通过个人感知能力的增加而发生的。此外,因为相比于物质奖励,口头奖励更隐形,而且通常是意料之外的,人们不太可能意识到他们完成任务是为了得到积极的反馈,因此口头奖励不太可能促使感知因果关系点从内部转向外部。总的来说,口头奖励满足了人们对胜任感的需求,又不像物质奖励那样使人们体验到一种控制感,阻碍他们的自主性需求。

在史密斯(Smith, 1975)的一项研究中,三个实验组被分配到一项涉及艺术史的学习任务。一组被告知,他们在完成学习活动后会收到一份书面评估;另外两组则没有被提前告知他们会收到评估。在那些没有被告知会收到评估的学生中,有些人得到了意料之外的评估,有些人则没有得到任何评估。在两种评价条件下给予参与者的所有评价都是非常积极的。结果表明,那些在预期评估条件下进行有趣活动的人,即使得到了积极的反馈,也明显比那些意外收到积极反馈或没有收到反馈的人表现出更少的内在动机,这样的结果说明并不是评价所传达的内容削弱了人们的内在动机,而是人们被评估这件事削弱了他们学习的自主感。

口头奖励在一些早期研究中就已经显现出对动机的增强作用。一些研究的参与者在活动中得到积极的反馈,如果他们完成了任务,他们会被告知:"你完成了任务,你做得很棒";而那些没有完成任务的参与者会被告知:"这是一个非常困难的任务,你已经做得非常好了",得到积极反馈的参与者往往比没有得到反馈的参与者在自由选择期更加倾向于选择目标任务,这种以能力为中心的反馈似乎增强了而不是削弱了随后的内在动机。

当然口头奖励也有可能成为控制,如果让人们从事特定的行为以获得表扬,口头奖励也有可能破坏内在动机。我们生活在社会当中，许多事件的发生与社会背景以及人际关系密切相关。无论是有形的物质奖励还是无形的口头奖励，几乎总是由另一个人或一群人提供，个体与给予奖励者之间的关系影响着个体对奖励的解释方式。管理者、教师、父母等激励者的人际交往风格、态度、意图和技巧，既可能传达对个人自主感、能力感和归属感的支持，也可能会削弱个人的自主感、能力感和归属感，从而影响反馈、奖励等外部刺激的功能意义。因此，认知评价理论的第三个命题指出人际环境会影响口头奖励的功能意义，决定口头奖励是被解释为信息反馈还是控制反馈。人际环境(interpersonal context)一词指的是教室等环境的社会氛围，因为它们影响人们的自我决定体验(Deci 和 Ryan, 1991)。如果人们因为在某种人际环境中以特定的方式思考、感受或行为而感到有压力，则会认为其是一种控制。因此，在这种人际环境下进行的口头奖励更有可能被视为控制而非信息。这也意味着如果教师以一种支配、上位的人际交往方式去让学生做教师想让他们做的事情，那么该教师给予的口头奖励也可能会被视为控制。

2. 预期奖励与意外奖励

前文中我们呈现了物质奖励对内在动机削弱效应的几个经典研究，如果仔细分析研究过程的细节，我们会发现，奖励组的被试们在提前知道奖励的存在之后，削弱效应出现了。实际上，众多的实验研究表明，只有当人们必须参与某个任务，并且期望完成这个任务会带来回报时，物质奖励才会被体验为控制，如果人们在完成一项任务后意外地获得了物质奖励，那么这些奖励就不太可能作为完成任务的理由，也不太会被体验为一种控制，因此其对内在动机造成损害的可能性也比较低。

在德西等人(1999)的元分析中，区分出了有形的预期奖励的四种不同类型(如表2-2)：任务无关型奖励(task-noncontingent)，任务参与型奖励(engagement-contingent)，任务完成型奖励(completion-contingent)，绩效型奖励(performance-contingent)。

表 2-2 预期奖励分类及定义

预期奖励类型	定 义
任务无关型奖励	只要到场即获得奖励,不要求实际参与目标任务。
任务参与型奖励	花费时间参与目标活动将会获得奖励。
任务完成型奖励	完成目标活动(有时在一定的时限内)将会获得奖励。
绩效型奖励	达到特定的绩效标准(例如,比 80% 的其他人做得更好)将会获得奖励。

为了更好地理解不同类型的奖励,我们可以来看一个例子:

为了迎接儿童节,小明所在的学校举办了一场游园会,并且为小朋友们准备了丰富的奖品。所有来游园会的小朋友们都可以在入口处签到,并且得到一支新钢笔(任务无关型奖励)。游园会中最热门的游戏就是套圈,每个玩家有 10 个套圈,需要站在规定位置,尝试套中放在地上的瓶子。小明和同桌小亮一起参加了套圈游戏,他们前面的同学虽然只套中了 3 个瓶子,但是因为参加了套圈活动而得到了一个毛绒玩具(任务参与型奖励)。套中 5 个瓶子及以上可以得到一套文具奖励(任务完成型奖励),小亮跃跃欲试,刚好套中了 5 个,获得了一套文具。小明一下子套中了 8 个瓶子,在所有参加套圈活动的同学中排名前三,因此他获得了一份零食大礼包(表现型奖励)。

德西(1972)发现,仅仅因为参与者到场而不是因为他们完成了目标任务而给予奖励,并不会破坏内在动机,因为通常在这样的情况下,目标任务没有被体验为控制。瑞安、米姆斯、凯斯特纳(Ryan, Mims 和 Koestner, 1983)将这种类型的奖励称为任务无关型奖励,因为是否获得奖励并不取决于能否完成任务。与之相反,任务相关型奖励(task-contingent)指那些需要花时间参与或完成目标任务就能获得但没有具体绩效标准的奖励。任务相关型奖励比任务无关型奖励对内在动机的破坏更大，可能是因为在大多数情况下，任务相关型奖励更加容易被解释为控制（Ryan 等，1983）。德西、凯斯特纳、瑞安（Deci，Koestner 和 Ryan，1999）随后区分出了任务相关型奖励的两种变体，一种是任务参与型奖励，只要花费时间参与目标活动就会获得奖励，例如花费 30 分钟参与解决一个谜题，无论你是否解出了谜题，都会得到奖励。另一种任务相关型奖励是任务完成型奖励，只有完成目标活动才会获得奖励，例如在规定的 15 分钟内解出谜题将获得奖励。

任务参与型奖励和任务完成型奖励都会破坏内在动机。就任务参与型奖励来说，因为参与者必须在任务中投入时间才能获得奖励，奖励很可能被参与者感知为一种控制，而且由于奖励很少或者根本不涉及对能力的肯定，不会增强参与者的胜任感，因此不会对内在动机产生积极影响。就任务完成型奖励来说，人们必须完成任务才能获得奖励，因此完成型奖励比参与型奖励可能更具控制性，因为个人不仅必须在目标任务中投入时间，而且还必须完成任务才能获得奖励，因此任务完成型奖励也会破坏内在动机。

最后我们来看绩效型奖励，绩效型奖励是指达到特定的绩效标准就能获得奖励。比起其他的奖励类型，绩效型奖励的效果更加复杂，因为绩效型奖励不仅具有控制性，同时也能提供给人们胜任感。当一个人需要满足外部制定的标准来获得奖励时，个体常常会感知到压力，此时奖励会被体验成一种控制；与此同时，因为获得绩效型奖励传达出了一个人在任务中表现出色的信息，因此它也传达了积极的能力信息，令个体体验到胜任感。当绩效型奖励肯定了能力时，就可以抵消控制对内在动机的一些负面影响。总体来说，绩效型奖励对内在动机的影响是负面的，除了控制和胜任感的相对体验效果之外，社会环境也会对绩效型奖励的具体效果产生影响。

3. 竞争奖励

竞争奖励的设置方式通常是在竞争中的获胜者得到奖励，而失败者没有奖励或得到的奖励更少。德西等人(1981)以 80 名大学生为研究对象,研究了竞争奖励对内在动机的影响。两名被试坐在一起,独立完成同样的解谜任务,两名被试中一名是真正的被试,而另一名是由研究者的"同谋"假装的被试,但是真正的被试不知情,仅仅认为测试是成对进行的。研究设置了两种解题情景,在竞争情境中,被试被告知要试着比另一个人更快地完成索玛立方体游戏取得胜利,而在非竞争情境中,被试们仅仅被告知尽可能做到最好就可以了。被试需要完成 5 个索玛立方体谜题,其中前 2 个是练习题并且比真正的谜题简单。为了营造一种平等的参与感,研究者设计让真正的被试与研究者"同谋"在练习题中各赢得一次第一。在解后续进行的 3 个真正的谜题时,研究者"同谋"总是让真正的被试先完成,如果被试无法在限时内完成谜题,那么同谋也装作自己失败了。随后被试们在自由选择期选择继续解谜的时间被作为衡量内在动机的指标。最后的研究结果显示,竞争情境中被试的内在动机更低。当人们被要求在一项活动中竞争时,他们可能会把活动视为获胜的工具,而不是一项本身以利益为导向的、有回报的活动。在某些情况下,竞争像很多其他外在奖励一样,往往被认为是一种控制,并倾向于降低内在动机。但是竞争又会给获胜者带来胜任感,从这个角度来说,竞争者的内在动机不一定会降低。此外,个体间的气氛或者说人际环境也会影响竞争奖励的效果,在自主的或是无压力的竞争环境中,竞争者的内在动机会提高(Reeve 和 Deci,1996)。

总的来说,无形的外部奖励(例如,口头表扬)与其他有形的奖励相比,对内在动机产生不良影响的可能性更小,且反而更有可能产生促进作用。与预期的相同奖励相比,令人意想不到的外部奖励对内在动机产生消极影响的可能性更小。与取决于任务参与、任务完成和任务绩效的奖励相比,与任务无关的外部奖励不太可能产生有害影响,反而更可能对以后的内在动机产生有益影响。如果任务本身的趣味性已经很强或者无论是否提供奖励个体都必须进行某个活动时,我们应该谨慎地使用物质奖励。在学习场景中,可以在一开始为学生提供外部奖励,但是在学生体验到乐趣并且取得成功后（体验到胜任感），就可以逐渐停止外部奖励的使用，避免让学生感到被控制。

❧ 心理需求受挫 ❧

自我决定理论的一个核心原则是，当个体对于自主、能力和归属的基本心理需求被满足时，其内在动机与外部动机内化增强，与他人产生更多联结，也更能将社会规范整合为自我调节，从而感受到更多内在价值与幸福感；而当个体基本心理需求受挫时，则会面临发展阻碍，主要表现为压力和内部冲突（自主受挫），自卑或失败感（能力受挫）以及孤独和疏离感（归属受挫）（Haerens 等，2016）。

事实上，尽管满足基本心理需求对于个体动机和人格发展至关重要，人们却常常忽略其重要性。从一方面来讲，个体时常因为社会控制、奖惩机制和文化内摄等因素忽略其基本心理需求与内在动机。也就是说，个体可能不想要他们需要的东西，或者不需要他们想要的东西，而这种"需求"与"想要"的不匹配往往在个体无意识的状态下发生。很多情况下，个体真正"需求"的是自主性，但"想要"的却是金钱，那么个体很可能为了金钱牺牲自主需求。比如，员工为了工资和奖金采取"996"工作制，却牺牲了自己对于时间的支配，失去了休息和娱乐的机会，甚至在"报复性熬夜"中感受一天中仅有的属于自己的时间。

然而，不管人们能否意识到需求满足的重要性，需求的存在都是客观的，需求满足与否带来的影响也是客观的。只要基本心理需求被忽视或者抑制，就可能对个体动机、人格与心理健康带来负面影响，随之而来的弥补性、防御性、报复性甚至攻击性行为也会增加。跨文化实证研究同样发现，无论被试是否展现出追求基本心理需求满足的倾向，自主、能力和归属需求的满足都对个体幸福感具有重要预测作用（Chen 等，

2015)。因此,无论在什么领域,什么文化背景,或是什么发展阶段中,培养个体满足基本心理需求的意识,并塑造能够满足个体基本心理需求的环境,都具有重要意义。

"心理需求受挫"与"低心理需求满足"

我们直觉上似乎认为需求满足与需求受挫完全相反,因此它们代表了一个单一连续体的正反两极。然而,人们越来越认识到,"心理需求受挫"这个概念并不等同于"低心理需求满足","心理需求受挫"更多地建立在主动阻断和破坏心理需求之上。尽管"低心理需求满足"可能限制个体动机与人格发展,但"心理需求受挫"很可能导致适应不良与不健康的心理状态(Ryan 和 Deci, 2017)。范斯廷基斯特和瑞安(Vansteenkiste 和 Ryan, 2013)发现,"心理需求受挫"与"低心理需求满足"之间存在不对称关系,即"低心理需求满足"不一定导致"心理需求受挫",而"心理需求受挫"必然带来"低心理需求满足"。此外,没有出现"心理需求受挫"也不等于心理需求得到满足。

鉴于"心理需求受挫"与"低心理需求满足"不同,自主需求受挫并不仅仅意味着自主空间受限,还包括个体行为受到外部控制,或个体在行为中感受到自我压力或外部施压。也就是说,个体可能在任务过程中很少有自主空间,但不一定认为自己的行为受到外部控制。从一方面看,不同个体对于自主性的需求本身存在差异,对于外部控制的感受存在不同阈限,例如:

> 小明的母亲告诉小明:"你做完作业才能看电视。"但小明是个对自主性需求非常高的孩子,他不喜欢母亲这样管束要求他,甚至故意不按母亲的要求做。小红的母亲同样告诉她做完作业才能看电视,但小红认为母亲是为了自己好,做作业会帮助她提高成绩,少看电视也有助于保护视力。因此,她认为母亲的话是提醒而不是控制。

另一方面,缺少自主空间不等同于受到外部控制,控制性行为更多地表现在主动且有意阻止个体进行自主行为,例如:

　　情景一:小明喜欢动漫,一看动漫就是5—6小时,小明的父母认为过多地看电子屏幕会损伤孩子视力,影响孩子学习,于是限制了小明的看屏幕时间。小明的父母并没有完全满足孩子的自主需求,但小明的自主需求本身就是过度的、无节制的,这种父母管教行为不能称为控制行为。

　　情景二:小刚是个努力学习的孩子,成绩不错,但仍然没有达到父母的期望。于是父母在周末给小刚报名了各种补习班,导致小刚几乎没有除学习之外的时间。小刚不喜欢补课,但无法反抗,甚至产生了厌学情绪。小刚的父母主动阻碍和挫伤了孩子的自主需求,对孩子施加了行为和心理双重控制,属于控制型教养方式。

同理,个体或许感觉自己不能胜任某一任务,但这不一定代表他们的能力需求受挫。能力需求受挫主要指在社会环境因素影响下,个体行为经历反复失败而使其质疑自己的能力,甚至认为做任何事情都难以改变结果(Deci 和 Ryan, 2000)。例如:

　　情景一:乐乐的数学老师很负责,会耐心回答学生的问题,讲题也很清楚,但乐乐的空间想象力不太好,不太会做几何题。乐乐在几何方面缺乏自信,自我效能感较低,但他不会放弃学习几何。

　　情景二:小丽的数学老师讲题不清楚,有些题自己也不会做,甚至会给学生灌输矛盾的观点。小丽上数学课总是很痛苦,觉得自己怎样也学不会,在一次次考试失败后甚至想要放弃数学。由此可以看到社会环境因素对于小丽能力需求受挫产生的影响,这种影响并不来源于小丽本身,她自己也很难改变。可见,"不能胜任"和"能力需求受挫"是两个概念。

"归属需求受挫"也不等同于"低归属需求满足"。个体可能在所处的社会环境中很少感受到归属感,但这并不代表环境中一定存在阻碍甚至破坏个体归属需求的因素(Vansteenkiste 和 Ryan, 2013)。例如:

情景一:小明性格较为内向,喜欢独处,不太喜欢和班级同学聊天。同学们虽然对他不热情,但依然很友善。因此,小明并不认为班级生活难以忍受。这种情况属于归属需求满足程度低,而非归属需求受挫。

情景二:小凯因为性格内向受到班级同学的忽视与冷暴力。同学们故意不和小凯交流,甚至没有人通知他班级活动,而老师对此视而不见。久而久之,小凯对上学产生了恐惧,其归属需求受挫。

从以上案例可以发现,"需求满足"和"需求受挫"具有不同的根源及其对个体动机、情绪等不同层面的影响。因此,二者并不是一个维度下的两极,而是两个维度的概念。巴塞洛缪等(Bartholomew 等,2011)在一系列体育领域的研究中划分了"需求满足"和"需求受挫"两个维度,并分别设计了量表。研究结果表明,"需求满足"主要产生积极影响,而"需求受挫"主要产生消极影响(抑郁、辍学、厌食等),这种消极影响或是来源于自陈报告,或是来源于心理学测评。陈等人(Chen 等,2015)进一步拓展了总体测量"需求满足"和"需求受挫"的量表,在四个国家的样本中发现,一个既包括"需求满足"又包括"需求挫败"的六因素模型(自主需求满足/受挫;能力需求满足/受挫;归属需求满足/受挫)显著优于单一维度的三因素模型(自主需求满足;能力需求满足;归属需求满足)。此外,一些实证研究表明,除了测量"心理需求满足"外,我们也需要展开针对"心理需求受挫"的测量,这样才可以更深入地了解一些心理健康问题,如抑郁和焦虑,以及一些学业适应不良问题,如学业疏离和学习兴趣下降等。

范斯廷基斯特和瑞安(2013)用两条路径描述自我决定理论中"需求满足"与"需求受挫"的关系。基础的两条路径分别是:(1)支持基本心理需求的环境使个体基本心理需求得到满足,从而促进个体自我发展,使个体产生幸福感;(2)阻碍基本心理需求的环境使个体基本心理需求受挫,从而阻碍个体自我发展,使个体适应不良。此外,支持基本心理需求的环境可以弥补需求受挫经历对于个体发展的不利影响,而阻碍基本心理需求的环境则可能抵消需求满足经历对于个体发展的促进作用。因此,"需求满足"和"需求受挫"对个体发展的影响实际存在四种作用路径。

基本心理需求受挫类型

1. 自主需求受挫

根据自我决定理论,自主需求满足主要指社会环境因素使个体在行为中感受到自愿性和自我意志。反之,自主需求受挫指社会环境因素使个体行为受到外部控制、压力或强迫。关于"自主需求"这个概念,有三点需要分辨。

其一,"自主"并不等同于"独立"。也就是说,个体可能在独立完成任务的过程中感受到自主受挫,也可能在依靠他人完成任务的情况下感受到自主性。比如,如果员工独立完成本职工作是为了获得工资,那么即使他的行为是独立的,其本质依旧是受控的;如果员工与同事合作完成一项任务,而他认为这项工作本身有意思、有价值,那么即使他的行为并非独立,其本质也是自主的。其二,自主需求满足并不一定独立于他人期望。即使个体行为是符合他人期望的,只要个体在行为过程中感受到自主性与控制感,那么该行为依旧满足个体自主需求。比如,一个学生本身对学英语很感兴趣,而这恰恰符合父母的期望,他的父母对此喜闻乐见,那么学生学英语的行为本身还是自主的;反之,如果学生不愿意学英语,他的父母却对他的英语能力抱有很高期望,那他在学英语的过程中也会体验到自主需求受挫。其三,自主需求并不等同于个人主义,其概念本身具有文化普适性。一些学者认为"自主性"是(1)独立性,即不依赖他人(Markus 等,1996);(2)自由,不受社会环境影响(Bandura,1989);(3)与他人疏离(Iyengar 和 Lepper,1999)。从以上解读来看,自主性似乎更接近个人主义,似乎与集体主义观念背道而驰。然而,自我决定理论认为,"自主性"包含自我决定,是整合后的自我,是个体行为与其内在价值的统一,具有文化普适性(吴才智等,2018)。尽管自我决定理论不否认不同文化对个体自主性与符合社会规范的重视程度不同,不同文化背景的个体对社会规范的内化程度也有所不同,但自我决定理论仍然强调自主需求在所有文化中的普遍性。无论人们是否认识到自主的重要性,无论人们是否想要满足其自主需求,自主需求都是客观、普遍存在的。

自我决定理论认为,集体主义文化同样强调自主对于个体与社会发展的重要性。以儒家文化为例,学者成中英认为,儒家以"尽心"为修己的核心,强调个人的自我修养与道德的自我提升。儒家虽未言明"自我"的概念,却用"自己"体现了这个概念。成中英认为,"自"与"己"分别代指自我的两个面向,"自"代表自我的主动面,而"己"代表自我的反思,是"活跃性与反思性的整合",使个体通过积极主动的自我反思而成长变化。《中庸》有云:"成己仁也;成物知也。性之德也,合外内之道也。"意思是自我完善是仁,完善事物是智,仁和智皆出于人之本性,是融合自身与外物的准则。由此可见,"自主"概念并非仅仅存在于西方哲学,儒家也同样重视自我整合与觉察,儒家的自由意志观甚至可以说是"自由意志的自我决定论"(成中英,刘雪飞,2019)。

实证研究同样发现,集体主义文化并非完全与自主性对立。例如,潘等人(Pan 等,2013)面向中国八年级学生及其家长发放问卷,探究中国家长与子女对于"孝顺"的理解。研究发现,当家长认为尽孝是指子女对于父母的尊重与关心时,"孝顺"这个概念会正向影响子女的自主动机,父母的自主支持在其中发挥调节作用。然而,如果父母认为"孝顺"是维护父母的荣誉与声望,"孝顺"这个概念则会对子女的自主动机产生负面影响,父母的心理控制在其中发挥调节作用。因此,集体主义并不与自主性对立,集体主义文化对于自主性的影响需要具体问题具体分析。此外,许多研究表明,在其他集体主义文化背景下(如日本、约旦等),个体自主满足与其幸福感同样密切相关(Yamauchi 和 Tanaka, 1998)。

2. 能力需求受挫

自我决定理论关于能力需求的定义主要来源于怀特(White, 1959)对"效能动机"(effectance motivation)的描述,他认为人类生来存在一种追求能力提升,希望具有竞争力,想要对环境施加影响的有机体倾向,这使个体获得效能感,获得施加影响的满足。根据上述定义,自我决定理论进一步发展了能力需求的概念,将能力需求定义为个体对掌握技能、体现能力和获得效能感的需求。作为基本心理需求之一,近年来,能力需求的概念被广泛应用于教育、组织管理、健康和体育等众多领域。

能力需求受挫指个体在社会环境因素影响下,无法体现自身能力,难以获得效能感,感觉自己很失败的现象(Bartholomew 等,2011)。已有研究表明,任务难度过高,负面评价与反馈,针对个人的批评以及社会比较是引起能力需求受挫的重要因素(Ryan 和 Deci, 2017)。在学校教育中,学生通常被要求"要表现出自己的能力",能力需求受挫可能会使学生难以持续地投入到学习活动中去。当学生认为自己在学业方面不具备竞争力,无法体现自己的能力,他们更可能产生逃避学习的动机与行为。能力需求受挫的过程类似于"习得性无助",即个体在反复失败中产生自己无论如何也无法改变现状的想法,甚至放弃和逃避任务以避免暴露自己能力的不足(Elliot 和 Dweck, 1988)。厄尔等(Earl 等,2017)面向英国初中学生和教师的研究表明,教师的控制性教学正向影响学生的能力需求挫败,进而引起学生适应不良行为;而学生能力需求受挫通过削弱其积极性正向影响其学业疏离行为。

随着社会竞争日渐激烈,能力需求受挫逐渐成为广泛存在的社会心理现象。以往研究主要聚焦于能力需求受挫给个体动机和行为带来的负面影响,然而近年来,一些研究发现个体在能力需求受挫后,存在恢复和寻求能力需求满足的倾向,这个现象被称为"恢复过程"(restoration process;Sheldon 和 Gunz,2009)。根据反思—冲动模型(Reflective-Impulsive Model,RIM),基本心理需求恢复过程源于冲动系统,甚至不受个体意识和认知控制。反思—冲动模型主要包括反思系统(reflective system)和冲动系统(impulsive system)。其中,反思系统可以整合有关结果以及价值的信息,对比不同选择成功的概率以实现最佳决策,这个过程需要大量的认知资源。与反思系统不同,冲动系统则几乎不需要认知资源,其加工过程较快且在关联网络的结构中遵循激活扩散原则。也就是说,基本心理需求受挫会自动引发能有效终止需求挫败的行为反应,从而产生恢复过程。由此可见,能力心理需求受挫对个体动机和行为的影响不是单一绝对的,个体在能力需求受挫后是会"一蹶不振"还是会"愈挫愈勇",这是相关研究关注的重点(方慧等,2022)。

当个体需求完成一系列任务时,基本心理需求受挫会影响其后续任务动机水平和注意力选择。沃特肖特等(Waterschoot 等,2020)通过实验发现,相比于正面评价,负面评价更容易使被试产生能力需求受挫,而能力需求受挫会使个体在后续任务中更关注反馈中与能力相关的词语。此外,只有心理弹性(resilience)高的被试才会将注意力集中于反馈中与能力有关的词语,且这种注意力投放对其心理恢复过程具有重要作用。方等(Fang 等,2018)设置了两阶段 ERPs 实验,在第一阶段实验组需完成难度更高的任务,而控制组完成中等难度的任务;在第二阶段实验组和控制组同样做中等难度的任务。研究发现,面对第二阶段能力支持型任务,实验组(在第一阶段能力需求受挫程度更高)比控制组 d-FRN 波幅更大,表明实验组具有更高的任务动机,在任务中更想赢。

3. 归属需求受挫

归属需求是个体被他人关怀的需求,是给予他人关怀与帮助的需求(Deci 和

Ryan, 2014),是个体与社会联系的需求,也是对于人类发展和幸福至关重要的内在心理需求。自我决定理论认为,归属需求将个体与其所在的社会群体相联系,能促进个体认同和内化社会规范的过程并激发兴趣与内在动机。个体通过认同和整合社会规范获得家人、朋友以及其他重要他人的认可,从而满足归属需求,获得归属感。因此,归属需求对于个体社会化和外部动机内化都至关重要。

事实上,寻求归属需求和获得归属需求满足是不同的。个体为了加强与他人的联系,可能会根据他人喜好和要求做一些事,但是只有个体真正感受到他人真心的认可与无条件的关怀,其归属需求才能真正得到满足。换言之,因为"我是我",所以被尊重、被关怀,而不是因为"我"在什么位置,"我"做了什么事,或者"我"能为别人带来什么。然而,现实就是,人们可能很努力地学习、赚钱,遵守种种社会规范,却依旧无法得到他人无条件的爱与关怀,无法从所在群体中获得归属感,无法真正得到归属需求的满足。

虽然人们时常忽视归属需求的重要性,但归属需求对个体动机和人格发展依旧具有重要影响。实证研究发现归属需求受挫负向影响了儿童的内在动机。一项面对中国儿童的研究发现,相比于儿童自己为自己做决定,当与儿童不亲近的家长或教师为其做决定时,儿童的内在动机被显著削弱;而当与儿童亲近的家长和教师为其做决定时,儿童内在动机水平并没有显著低于自主决定时的内在动机水平。也就是说,重要他人为儿童做的决定增加了儿童对于决定的信任,使儿童更愿意服从这个决定(Bao和 Lam, 2008)。

归属需求受挫不仅负向影响内在动机,还可以正向影响外部动机。彼得斯(Pieters, 2013)在荷兰进行了一项长达 5 年的追踪调查,探究网络用户的孤独感与物质主义的纵向关系。研究发现,个体的孤独感(归属需求受挫)能显著预测其物质追求。也就是说,当个体无法与他人建立有益联结或亲密关系时,个体更倾向于追求外部动机。然而,对于外部动机的追求会使个体更加孤独,从而形成恶性循环,使个体难以感受到幸福。

归属需求受挫不仅影响个体动机水平,也与个体心理困扰和适应不良密切相关。研究发现,个体被排挤冷落,产生归属需求受挫时的神经系统活动与身体痛苦类似。为了探究归属需求受挫对个体身心健康与亲社会行为的影响,吉普林·威廉姆斯(Kipling D. Williams)设计了网络掷球游戏(cyberball game)。这个研究范式起源于一次偶然的经历:

> 有一次,威廉姆斯在公园遛狗,有两个人在玩飞盘,希望威廉姆斯加入他们的游戏,他很快融入了游戏。但另外两人已经配合很默契了,他们经常把球传给彼此,而忽略了新加入的威廉姆斯。他因此感到伤心和沮丧,于是想到用这个游戏研究社会排斥与归属需求受挫。

通过网络模拟三人掷球,其中一人被忽视的情况,研究人员发现即使是在虚拟世界中,掷球人互不相识,这样的社会排斥也会让被试产生负面情绪和心理困扰。实验中,被传一半或三分之一次球的被试的游戏体验显著优于被传六分之一次的被试,而后者感觉明显优于未被传球的人,且被排斥的被试在后续问卷结果中表现出显著的低归属感(Williams, 2009)。

心理需求受挫的补偿机制

自我决定理论认为,当个体基本心理需求受挫,个体的注意力就会集中于满足自己的基本心理需求上,而在一定程度上忽略周围环境与他人需求,使个体行为不协调或缺乏动机。这种情况可能会产生两种结果:(1)个体心理需求受挫对其动机或幸福感产生直接的消极影响;(2)当基本心理需求逐渐受挫,个体发展出一系列策略应对基本心理需求受挫经历,发展出"补偿性行为"(compensatory behaviors)。这些反应在很多情况下会使需求受挫的情况持续下去,甚至产生恶性循环,使个体难以摆脱困境。

范斯廷基斯特和瑞安(2013)用图2-2表示基本心理需求受挫带来的影响。范斯廷基斯特和瑞安认为,阻碍个体基本心理需求的环境会引发其需求受挫经历,进而直接导致个体适应不良(ill-being),或促使个体发展出基本心理需求受挫的补偿机制,主要包括"需求替代"(need substitutes)和补偿性行为,如"放弃自控"(loss of self-control)、"僵化行为"(rigid behavioral patterns)和"叛逆违抗"(oppositional defiance)。

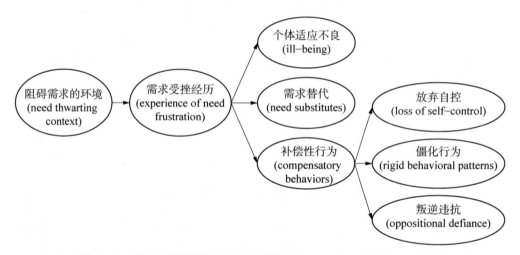

图2-2 基本心理需求受挫的相关后果(Vansteenkiste 和 Ryan, 2013)

1. 需求替代

根据自我决定理论,基本心理需求受挫可能使个体寻找"需求替代"。"需求替代"是个体为弥补其基本心理需求受挫而采取的弥补措施,往往通过追求外部目标(如名望、财富、吸引力等)实现,与之相对的内部目标(如自我实现、建立亲密关系等)则会被相对削弱(Kasser 和 Ryan, 1996)。自我决定理论认为持续经历需求挫败会使个体产生不安全感,从而追求外部目标以获得外界关注与认可。例如,有研究发现,在缺乏需求支持的家庭环境长大的孩子更容易追求外部目标而非内部目标（Thøgersen-Ntoumani 等，2010）。尽管外部目标对于个体具有相当的吸引力，外部目标的实现也仅仅能给个体带来转瞬即逝的满足，过后却是无尽的空虚和落寞。事实上，相比于外部目标，内部目标的实现能给个体带来更多满足感和幸福感。在某些情况下，追求外部目标甚至还会给个体带来消极影响，在个体内层面带来焦虑（Sebire 等，2009）、心理问题躯体化（Niemiec 等，2009）等问题，在个体间层面带来攻击性行为、社会歧视（Duriez 等，2007）和为达目的不择手段的马基雅弗利主义（McHoskey，1999）等。

2. 补偿性行为

（1）放弃自控

根据自我决定理论，第一种补偿性行为是主动放弃自我控制，比如滥用酒精、滥用药物、暴饮暴食和自残行为等。例如，一项日记研究发现，被试每日基本心理需求受挫经历与其暴食现象密切相关。尽管个体间心理需求存在差异，心理需求受挫与暴食的相关性依旧是普遍存在的（Verstuyf 等，2013）。自我决定理论认为，这是因为基本心理需求受挫侵蚀了个体用于自我控制的精力（Moller 等，2006），而基本心理需求受挫本身使个体需要更多的认知资源来控制情绪。例如，与主动要求调整攻击性行为的青少年相比，被人要求限制攻击性行为的青少年需要付出更多的努力和能量来控制其攻击性行为（Vansteenkiste 和 Ryan，2013）。

事实上，如果个体的自我控制受到外部压力和强迫，其自我控制更可能失败或产生"无自制力现象"（Ryan 等，2006）。有研究表明，因为外部压力而参加减肥项目的过度肥胖者比自愿参加项目的过度肥胖者减肥效果差，且更容易放弃减肥（Williams 等，1996）。其次，外部压力下的自我控制更耗费精力与能量，甚至会产生"补偿现象"（Vansteenkiste 和 Ryan，2013）。比如，因为医生要求而戒烟的人往往更想抽烟。

（2）僵化行为

僵化行为也是基本心理需求受挫的补偿性行为之一，指个体强迫自己遵循固定、僵化的行为模式,从而获得确定性、安全感和对生活的掌控感,类似于按照某种"脚本"生活。以僵化行为弥补基本心理需求受挫的个体往往会从完成僵化行为中获得短暂的满足,如果僵化行为没有完成,则会感到愧疚,进行自我批评。比如,一些成长于控制型教育环境的青少年会制定严格的每日学习计划,如果完成计划就会感到满足,但如果没有完成计划,就会陷入深深的自责,并在第二天制定更加严格的计划。还有纵向研究发现,基本心理需求受挫与完美主义有关,生长于控制型家庭的被试更容易产生完美主义倾向,这种完美主义使其不断放大自己的错误或瑕疵,挫伤自身的能力需求,甚至产生抑郁倾向(Soenens 等,2008)。

(3)叛逆违抗

叛逆违抗主要指个体在基本心理需求受挫后,对外部控制与压力进行反抗,往往造成个体与其看护者或重要他人的疏离。如果说僵化行为反映了基本心理需求受挫对个体内化造成的影响,那叛逆违抗主要反映了基本心理需求受挫对个体反抗外部控制的影响。然而,一些针对青少年的研究发现,他们对外部控制的反抗往往带来的不是自由或自我实现,而是适应不良。比如,一项纵向研究发现,父母禁止孩子做出不道德行为,反而会使孩子的不道德行为增加(Vansteenkiste 等,2014)。也有研究发现,父母控制型教养方式显著预测孩子的攻击性和反抗性(Joussemet 等,2008)。另有一项纵向研究发现,叛逆违抗不仅显著预测亲子关系疏离,还预测了子女自主动机的下降。反之,子女较高的自主动机可以减少其叛逆违抗行为(Van Petegem 等,2015)。

❦ 人际互动中的心理控制 ❦

从自我决定理论的角度来看,儿童和所有人类一样,都有三个需求:(1)自主需求,即感受到主体能动性,能跟随自己的意志作出行为;(2)能力需求,即在与周围环境互动的过程中感受到自己是有能力的,并且是高效的;(3)归属需求,即感受到被爱和被重视。个体根据自己在环境中的经历发展信念和动机,进而塑造自己的行为,因此社会环境,包括父母和老师创造的环境,会影响儿童对自己能力和动机的信念,并且进一步影响行为。当环境支持自主性时,儿童将更有可能参与某些活动,因为他们看到这些行为的价值,而不是感到压力,与此同时他们更有可能体验到一种胜任感,知道怎样在活动中取得成功、避免失败,由此对结果有一种掌控感。反之,当环境抑制自主性,比起掌控感,儿童会更多地体验到一种被控制的感觉,那么他们对自己能力的信念与参与活动的动机也会受到抑制。

在这一节中我们将聚焦人际关系中的心理控制,深入了解家庭环境中父母的教养方式,探讨家长对子女的控制所造成的影响。除了家庭之外,我们也关注了学校环境中教师的控制性教学行为对学生的影响。

父母教养方式与心理控制

鉴于父母是儿童生活中的主要社交媒介,儿童的需求是否在日常环境中得到满足在很大程度上取决于父母是否能够创造出满足需求的环境以及创造出的环境是什么样的。父母在许多领域影响孩子,包括社会发展、家庭责任和行为调节,同时他们的参与也在孩子的学习体验中发挥着关键作用,父母与孩子的互动以及管教他们的方式将影响孩子的一生。当我们谈及父母与孩子之间的人际互动时,必然涉及父母是怎样教育和养育孩子的问题,也就是教养方式(parenting style),它可以影响孩子的身心健康,以及他们如何与他人相处。

1. 自我决定理论视角下的父母教养方式

自我决定理论视角下的父母教养方式分别考察了自主性支持、父母参与、结构三个维度(如表2-3)。

表2-3 自我决定理论视角下教养方式的三个维度

维度	核 心 要 素
父母参与	投入时间 投入注意力和资源 表现出关心与支持
自主性支持	站在儿童的角度 提供有意义的选择 鼓励和支持儿童的主动性,支持儿童发声 最小化控制性语言的使用 要求儿童做某个行为时提供有意义的理由和依据
结构	组织儿童周边的环境以支持他们的能力(提供支架) 专注于掌握目标而不是表现目标 提供指导方针和与效果相关的信息 提供丰富的信息反馈,而不是评价或控制 以非控制性的方式设定限制

(1) 父母参与

父母参与(parent involvement)是指父母对孩子的生活表现出兴趣、掌握信息和积极参与的程度,简单来说就是父母在某个领域内投入的资源。首先,当父母投入时间和关爱等无形资源,以及衣食住行等有形资源时,孩子会感到自己是重要的和有价值的,从而满足了他们对归属感的需求。我们普遍认为,父母参与到孩子的学业生活当中对孩子的学业成绩有积极影响,并且这一点在过去众多的元分析中也得到了证实。但是对于父母参与的影响力究竟有多大,父母参与是否总是具有积极的影响,可能需要打上一个问号。

尽管有研究表明父母参与具有积极影响,但当父母参与以不同的方式表现时,可能会影响其传递给对儿童的感受。例如辅导孩子完成家庭作业,这是最常见的父母参与类型,同时也是最具有争议的父母参与类型。众多研究针对父母辅导家庭作业的效果进行了深入探索,结果表明父母参与并不总是有利于学生的学业发展。如果对家长参与辅导作业的数量而不是质量进行评估,那么家长参与的有效性将会呈现出完全不同的结果:家长辅导作业的频率与成绩的发展呈负相关,而被认为具有支持性的家庭作业辅导具有积极的预测效果,被认为具有侵入性的家庭作业辅导具有消极的影响(Moroni 等,2015)。卡尔巴赫等(Karbach 等,2013)也报告了类似的结果,他们发现数学和德语的学业成绩与父母过度控制和施加压力显著负相关。也有研究者对父母参与的类型进行了区分,波梅兰茨等(Pomerantz 等,2007)提出了家长参与家庭作业的四组维度:(1)自主支持与控制(即"父母支持孩子制定自己的家庭作业时间表"与"父母在没有孩子参与的情况下做出决定");(2)关注过程与关注个人(即"父母帮助孩子关注掌握学校作业的过程"与"父母强调成果");(3)积极和消极的影响(即"父母通过保持积极的影响和内在动机与孩子建立一种联系感"以及"家长在检查孩子的家庭作业时充满不满和挑剔");(4)对孩子潜力的积极信念与对孩子潜力的消极信念(即"父母相信他们的孩子有能力做得很好"与"父母只是想让孩子避免失败")。洛伦兹和怀尔德(Lorenz 和 Wild, 2007)也提出了家长参与家庭作业的四个不同维度:(1)自主性支持实践,即家长鼓励孩子自主完成家庭作业;(2)控制,即父母强迫孩子完成家庭作业,并给出破坏自主行为的指令;(3)结构,即父母组织家庭作业环境;(4)情感参与,即父母能够感同身受孩子对家庭作业的看法。

　　我们不难发现,许多变量都提到了或者说指向父母对学生家庭作业行为的支持或控制方面,支持或控制是家长参与学生家庭作业方式的基本表达。考虑到儿童对于自主性的需求,父母参与以支持自主性而不是控制性的方式进行会更为有益。我们更加提倡父母参与以支持而不是控制儿童自主感和能力需求的方式提供。当父母以支持的形式参与时,他们会从孩子的角度出发,帮助孩子解决问题,并鼓励孩子采取主动的行动。相比之下,父母以控制的形式参与时,他们会从自己的角度出发为孩子解决问题,给孩子施压并引导孩子以他们认为正确的方式实现目标。

（2）自主性支持与结构

自我决定理论假定个体有三种心理需求，这些需求的满足对于个体的动机和健康至关重要，而能够对这些需求的满足提供支持的环境有助于个体自我调节并增强动机。对自主性的支持不仅包括允许孩子自由选择和表达，还包括表示尊重，鼓励孩子积极发现、探索和表达自己的观点、目标与偏好。得到父母自主支持的孩子会表现出更强的毅力和能力。父母的自主性支持即允许孩子表达自己的观点和意见，并在他们计划和解决问题时给予重视，还会在儿童的不同发展阶段预测他们的执行功能。父母的自主性支持还与孩子的在校表现有关。在一项研究中，研究人员通过单独的家庭深度访谈了解了父母在孩子的学业和家务方面是给予支持还是控制。研究的结果显示，得到父母自主支持的孩子在学校内也表现得更加自主，他们的课堂老师也评价这些孩子具有更好的适应能力，在学习方面的能力更好，对知识掌握得更为扎实。此外，父母的自主性支持与孩子自己报告的自我调节能力、教师报告的学生能力与适应力，以及学业成绩成正相关（Grolnick 和 Ryan，1989）。

支持自主性的环境关注并采用个人的观点，鼓励自主性，个体与环境中的其他人可以共同解决问题；而控制性的环境则会迫使个人朝着特定的结果前进，忽视他们自身的观点和目标。在自我决定理论中，结构被定义为将环境组织起来以促进能力的程度，包括明确的期望，针对行为的指导意见，为行为提供可预测的后果，等等。具体到亲子关系中，结构涉及父母通过对环境的组织从而促进孩子的能力发展。父母提供的结构包括传达清晰一致的指导方针和规则，提供关于行为和结果一致性的信息（什么样的行为一定会导致什么样的结果），并在孩子积极参与生活的各个领域时提供有意义的对话和反馈。结构化的养育环境可以让孩子知道他们的行为是如何与结果联系在一起的。当教养环境缺乏结构，显得不可预测或混乱时，孩子就会觉得自己无法控制结果，从而很可能会体验到低效能感。父母为孩子提供结构能够正向预测孩子的胜任感、成败控制信念和能力等。

自主性支持与结构相结合的效果更加突出。格罗尼克等（Grolnick 等，2014）测量了父母双方为孩子提供的结构，与此同时测量了他们是以自主性支持还是以控制的方式在学业、无监督时间和责任三个方面为孩子提供结构的，结果发现在学业方面，如何提供结构比结构本身的层次更重要。以自主性支持的方式提供结构包括以下几点：父母与孩子共同建立规则和期望（而不是父母在没有孩子参与的情况下给出规则和期望），允许对规则和期望进行公开交流，理解孩子对规则和期望的观点，以及在遵守规则的方式上提供选择。当父母以一种自主性支持的方式提供结构时，孩子认为自己最有能力，对学业方面的结果有更多的掌控感，同时表现出更高的参与度并且取得更好的学习成绩。

（3）自我判断：我是哪一类家长？

自我决定理论从父母参与、自主性支持和结构的角度解析了教养方式对于孩子的影响。实际上，亲子关系作为一个亘古不变的话题，在过去已经受到了许多关注，有许多其他的学者已经对父母养育孩子的风格做出了归纳，总结出了不同类型的教养方式。我们先来看一些描述：

- 你认为应该时时刻刻关注孩子。
- 你常常对孩子说："你必须听我的。"
- 你花了很多精力来建立和维持与孩子的积极亲子关系。
- 你会设定规则与限制，但是会考虑孩子的感受。
- 你会制定规则，但是不会严格执行。
- 你认为不应该过多干涉孩子的学习。
- 你和孩子相处的时间不多。
- 你很少询问孩子有关学校或作业的事情。

如果你是正在阅读本书的一名家长，不妨试着判断在以上的这些描述中，哪些比较符合你的实际情况？实际上，以上的这些父母行为分别指向不同类型的教养方式。

　　大家熟悉的教养方式类型可以从接纳/响应、要求/控制两个维度分为以下四种：权威型、专制型、放任型和忽视型（Baumrind, 1991）。权威型的特点是在接纳/响应和要求/控制两个维度的程度均较高，权威的父母制定规则和标准，但会与孩子公开沟通，让孩子了解制定这些标准的原因，家长可以帮助他们学会自主遵守这些标准。专制型的父母表现出高度的父母控制和监督，强调服从他们的权威是实现期望行为的手段。放任型父母的要求/控制程度较低，接纳/响应程度较高，忽视型父母的接纳/响应程度和要求/控制程度均较低。先前的研究发现，专制、放任和忽视的教养方式与学校成绩以及学校参与度呈负相关，而权威的父母教养方式往往与良好的学业、社会和心理发展相关（Su 等，2015）。但是后续的研究发现，这四种教养方式并不足以解释所有的教养方式类型，大约 74% 的韩裔美国人样本不符合鲍姆林德（Baumrind）所提出的任何类型（Kim 和 Rohner, 2002），从接纳/响应、要求/控制两个维度对结果进行解释，有时也会导致混乱。

　　假如我们在更大的范围内进行讨论，那么有六个维度可以被认为是父母养育子女过程中最为核心的一系列特征，分别是温暖与拒绝（warmth vs rejection），结构与混乱（structure vs chaos），自主性支持与强制（autonomy support vs coercion），谢弗（Schaefer, 1965）又在《儿童报告的父母行为清单》（*Children's Report of Parental Behavior Inventory*）中将这三组维度称为接受与拒绝、严格控制与松散控制、自主性与心理控制。这三组维度与自我决定理论的核心需求高度重合且密切相关，下面的表格呈现了这些维度的一些特征。其中，第三组维度强调了父母提供自主性支持的重要性，这一维度概念的反面即强制，也被称为心理控制，往往会产生一些负面影响。强制的教养方式或者说心理控制描述了一种具有要求严格服从的限制性、过度控制性、侵入性的专制风格，这与鲍姆林德提出的专制型父母类似。接下来，我们将目光聚焦到强制型教养方式或者说父母的心理控制。

表 2 - 4 父母教养方式的六个维度

维度	描述与相关表现
温暖	爱的表达,关爱与关心 亲密感,爱,支持,以儿童为中心
拒绝	不喜欢,厌恶,敌意,过度反应 严厉,易怒的,挑剔的,冷酷的
结构	提供有关行事方式和结果的信息,可预测的,明确的期望 规则设定,组织,监视与监控
混乱	干预或阻碍,前后不一的,飘忽不定的 纵容的,不可预测的,不一致的标准
自主性支持	允许表达和行为的自由,鼓励儿童自己做决定 自由,责任,有支配感的
强制	限制性的过度控制,侵入性的专制风格 独断专行的,过度控制,支配

(基于 Skinner 等,2005)

2. 家庭中的心理控制

(1) 心理控制指向什么?

对于教养方式的讨论又引出了心理控制这一概念,心理控制亦是父母与孩子关系之间的一个核心问题。父母控制已经被成百上千的研究者研究和讨论,并且提出了对父母控制的不同解读。从社会化的角度来看,父母控制可以指向激励持续的行为参与,然而它也可以指向强迫孩子以某种方式去表现、思考或感受;从自我决定理论的角度来看,父母控制本质上是一种自主支持的空缺。当父母向孩子施加压力而不是鼓励时,控制往往与"专制""权力武断""具有侵犯性和限制性""霸道"等词语联系在一起。

由此看来,父母控制对儿童的健康发展是一个消极因素,然而我们也必须考虑到发展中的儿童和青少年仍然需要父母在各个方面的指导和规范。父母作为儿童早期最主要的老师和"领路人",适当的控制性似乎是必须的,而确定控制性的适当程度既困难又微妙。谢弗(1965)尝试区分了不同类型的控制,一种主要是消极的,另一种有潜在的积极后果——一种是心理控制,即具有攻击性和支配性的纪律的反复使用,另一种被称为行为控制(behavioral control),即由严格到松散的行为管理。

巴伯(Barber,1996)在谢弗的基础上完善了心理控制与行为控制的概念,他提出行为控制包括沟通规则和指导方针,以及监控和调节儿童的行为,而心理控制是指侵入孩子思想和情感的父母行为,通常被认为是父母过度使用的控制性养育技巧,如内疚感诱导(guilt-induction)、羞辱(shaming)和收回关爱(love withdrawal),心理控制会操纵孩子的情绪、思想和依恋,对其心理发展产生负面影响。巴伯对控制类型的区分与自我决定理论对控制类型的区分是平行的,正如前文所述,自我决定理论区分了旨在用外部事件强迫和控制孩子的外部控制教养方式和旨在让孩子给自己施加压力的内部控制教养方式,外部控制以一种公开的方式展现,例如大声的斥责、奖励等,而内部控制则往往通过微妙的、非语言的暗示来表达失望等信息。对应来看,行为控制更多是一种外部控制,而心理控制则更加隐蔽,是一种内部控制。

(2)心理控制会对孩子造成什么样的影响?

当父母对孩子的控制行为超过了健康的监控和指导的范畴,进入到对孩子私人生活领域的问题和行为进行干预时,这种控制就可以被称为心理控制。有关心理控制影响的研究表明,其对儿童健康发展有强烈的负面影响。父母参与的心理控制被认为会干扰青少年的独立意识、认同感和个人完整性的发展(Barber 和 Harmon,2002)。青春期阶段的孩子处在"分离—个体化"的发展时期,其独立自主的需求会增加,父母不当的控制型教养行为会阻碍孩子对自主性需求的满足,对其心理发展具有消极影响,孩子容易出现更多的情绪、行为和人际关系方面的适应问题。父母的心理控制与孩子的攻击性行为以及较差的同伴关系有关。控制型的父母养育(在父母的报告和观察中)最有可能预测孩子一年后的学业适应不良(Oh 等,2022)。父母在学业方面的心理控制同样会导致孩子产生更强的自我贬低(可能是因为孩子觉得自己做得不够好,无法取悦父母)。总之,相当多的负面心理后果都与父母的心理控制有关,包括不稳定的情绪爆发和人身攻击,导致内疚的压力,内向型调节,消极的情感体验和症状,等等。

(3) 父母为什么控制孩子?

我们已经充分了解了父母对孩子的影响,但父母本身也受到许多影响,这些影响要么支持、要么削弱他们培养和自主支持孩子的能力。亲子关系,儿童的特点与表现,父母面临的内外部压力,父母童年经历以及所经历的各种人际关系状况都可能是父母对孩子产生控制行为的影响因素。

父母与孩子过分亲密也可能会导致父母的控制行为。家庭成员之间缺乏心理边界的过分亲密型家庭与心理控制的养育方式有类似的特征——父母占有欲较强,过分强调与孩子之间的情感联结,容易养成孩子的依赖性。孩子自主的行为可能会"威胁"到亲子关系,因为对于一些父母来说,孩子日益增长的自主性代表着孩子正在长大,这预示着分离,也是一种"失去"的威胁。面对这种威胁,父母可能会产生分离焦虑,苏埃内斯等(Soenens 等,2006)调查了父母分离焦虑和父母适应不良型完美主义能否预测他们的控制行为。他们推断有高度分离焦虑的父母可能会把孩子自主的表现视为一种威胁,他们可能会试图通过心理控制,如内疚诱导和条件关怀,来抑制与孩子年龄相适应的自主行为。此外,由于父母的适应不良型完美主义可能与对特定结果的压力有关,它也被认为与更多的心理控制风格有关。

当孩子在学校的表现或成绩较差时,父母往往会变得更有控制欲。例如,波梅兰茨和伊顿(Pomerantz 和 Eaton, 2001)的一项研究发现,孩子的低成就与母亲的担忧增加有关,而母亲的担忧又会导致母亲的控制行为,这些控制行为反过来又对孩子的成就产生负面影响。许多父母还受到他们所经历的教养方式的影响,表现出养育方式的代际传递。各种外部和内部的压力也会导致父母采用更具控制性的教养方式。经济压力、令他们感到有压力的生活事件等外部压力都与控制欲更强的父母行为有关。有研究者研究了母亲对经济不稳定和资源稀缺等环境威胁的感知,发现母亲对环境威胁的感知与其在母子任务中表现出的控制行为呈正相关,并且相反的,其与孩子的动机呈负相关(Gurland 和 Grolnick，2005)。

父母也会经历内部形式的压力，比如焦虑、自我介入（ego involvement）和担忧——尤其是对孩子的担忧——这些都被发现与对孩子的控制行为有关。通常，父母的社会环境因素会刺激他们的担忧。例如，当一群家长在一起谈话时，一位家长开始谈论自己的儿子是一个多么好的学生，他如何在所有的课程中都得到好成绩，并且已经提前被一所好学校录取。这很容易激发另一位家长的自我介入，他/她想要看到自己的儿子也在学业上表现得很好，从而使自己感觉良好，这可能导致他/她在学业上对儿子要求更高，给儿子施加更大的压力。尤其是在中国，升学压力巨大，面对周围大部分家长都在"鸡娃"的情况，家长们很难保持"独善其身"。在一项实验研究中，母亲被置于一种高压、自我介入的环境中，她们被引导相信自己的孩子应该达到特定的标准。母亲们和她们三年级的孩子们一起完成一项诗歌创作任务，自我介入组的母亲在互动任务中表现出更多的控制行为，随后孩子创作诗歌时，那些母亲会以更严格的控制方式与孩子互动，而她们的孩子写的诗就不那么有创造力了(Grolnick 等，2002)。雷纳尔等(Retanal 等，2021)关注了父母的数学焦虑、数学能力和家庭作业辅导方式与孩子

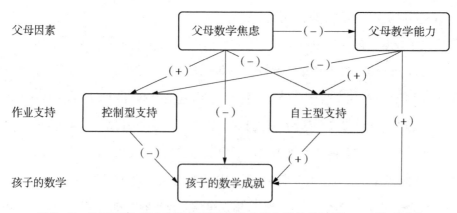

图 2 - 3　父母因素、作业支持与孩子数学成就之间的关系(Retanal 等，2021)

数学成绩之间的关系。父母面对数学时感到忧虑、紧张或恐惧的情绪（即数学焦虑）会负向预测孩子的数学成就，高数学焦虑的家长辅导家庭作业的风格更有可能是控制的。值得注意的是，控制型支持风格在家长的数学焦虑与子女数学成绩之间起着部分中介作用。因此，高数学焦虑型父母提供的家庭作业帮助不利于孩子的数学学习可能是由于使用了控制型支持的辅导风格。

学校中的控制型教学

对于儿童来说，家庭与学校是两个最为重要的教育场景，不仅是父母，教师也可能对学生表现出控制。在讨论完家庭中父母的控制之后，我们来探讨一下在学校这一教育环境中的控制。

1. 人际和动机情境：教学风格

教学风格代表了教师的教学行为、教学策略，以及在课堂上与学生互动模式的整体风格，教师创造的人际和动机情境主要由其教学风格体现，因为它影响学生的基本心理需求。一项跨国研究发现，教师的文化信念影响他们的教学风格倾向，持有集体主义信念的教师更加倾向于控制风格而不是自主性支持风格，并且这些教师对控制的教学风格抱有积极的信念（Reeve 等，2014）。而中国的文化背景偏向集体主义，教师们更有可能采用控制性的教学方式。虽然自我决定理论假设人类天生具有积极主动学习和发展的自然倾向，在教育环境中，学习几乎是每一项活动的核心，在适当的条件下，学生自然地投入和专注于学习，并且激励自己去学习，但是许多教师并不认为学生是天生主动和有天赋的学习者，教师可能经常在激励学生方面受挫，在他们看来，有些学生对学习缺乏热情，经常逃避学习，他们的学习是被动的、甚至是叛逆的、具有破坏性的，学生的这些消极行为更有可能出现在教师采用更具控制性的教学风格的教育环境中。

调节外部事件对内在动机影响的核心变量是自主性,通过控制的方法,也就是迫使个体走向特定结果的事件,剥夺了个体自主选择的体验,被证明会破坏内在动机;在选择的背景下为个体提供有信息意义的反馈已被证明能增强内在动机。教师教学风格的差异决定了教师为学生提供的主要是信息环境还是控制环境。

2. 控制性教学的黑白面

在某些情况下,控制性的教学风格对学生可能有好处,比如表现出高服从性和表面的努力学习,在现实生活中,某些类型的学生的确需要一种具有控制性的和更严格的教学风格。但需要注意的是,我们不能将控制与结构混淆。避免控制并不意味着教师在监督儿童学习的过程时需要避免设定期望或提供支架。另外,需要注意的是,控制性教学所带来的这些微弱的"好处"往往伴随着情绪成本,如幸福感降低、焦虑和抑郁症状加剧。总的来说,控制性教学导致的负面后果远远大于其"好处"。

(1)控制性教学与学生学习

学生感知的外部控制性教学包括教师干涉学生的学习节奏,频繁地下达指令和不允许学生发表批判性或独立的意见,这会导致学生的负面情绪,例如愤怒和焦虑,并且进一步削弱他们的学习动机,减少学习投入。教师对学生的心理控制也会造成负面影响,在一项对中学生的研究中,学生感知到的教师心理控制教学与学生的自主性呈负相关,而学生的自主性预测了他们高阶认知策略和元认知策略的使用,这也意味着教师的心理控制教学会对学生的自我调节学习产生消极影响(Soenens 等,2012)。

自主支持的教学环境可以导向学习者更高的参与度,从而帮助他们获得更高的学业成就和对内容的更深入理解,而控制环境则可能导致一系列消极的学习结果,也会指向低质量的动机。格罗尼克与瑞安(1987)检验了教师控制性教学行为对学生知识获取(包括机械学习和概念学习)的效果。结果表明在非控制性环境中的学生比在控制性教学环境中的学生更多地发展出了兴趣和概念学习,且在后续一周左右的随访中,控制性教学环境中的儿童感受到了更多压力,这很可能是由于非控制的环境更加有利于学生的自主性。

一些观察和实验研究表明,控制策略的使用还会破坏学生的兴趣、创造力和表现。例如,考斯特纳等人(1984)的研究表明,当以信息的方式(例如向孩子解释画画不要超过纸的边界的理由)而不是以控制的方式(例如,使用控制性的语言,"你要做一个好孩子")介绍如何绘画时,6—7岁的儿童会在绘画中表现得更有创造力。

(2) 控制性教学与对立违抗

在教师采用控制性教学的情况下,学生不仅可能会变得盲目地服从教师的要求或变得被动、气馁和冷漠,他们还可能表现出对立违抗。对立违抗包括直接拒绝权威人物(例如教师和家长)提出的要求,并倾向于采取抵抗相反的行为(Vansteenkiste 等,2014)。对立违抗源于对遇到的外力压迫的直接反应,它反映了以一种非自愿的方式与权威人物保持距离的倾向。许多研究已经发现了控制性教学与对立违抗之间存在一定的关系。

教师的控制型教学和对立违抗之间存在一定的联系。当孩子认为老师控制欲强时,他们更有可能表现出对立违抗,这种影响可以通过在师生关系中引发的需求挫折体验来解释。海恩斯等(Haerens 等,2016)发现,感知控制性教学与自主动机呈负相关,与无动机和对立违抗呈正相关,学生反抗老师的倾向可能代表了一种衍生的和补偿的方式来处理控制教学之后的需求挫折。同样,在德·梅耶等(De Meyer 等,2016)的研究中,学生们参与了一项实验,他们在完成动机问卷后被随机分配到不同的小组分别观看了视频片段,一个视频中教师使用的教学风格是自主支持的,而另一个视频中教师使用的教学风格是控制的。研究结果表明,即使是原本动机水平较差的学生也认为他们会受益于自主支持的教学方法,而控制性教学会让他们"受苦",自主支持的教学会让他们表现出更少的对立违抗。

❧针对自主性发展的教育干预❧

　　我们已经充分了解到控制型的人际关系对于学生健康与发展各方面的负面影响，也意识到促进学生自主性发展的重要性，接下来，我们将会讨论与促进自主性发展的相关教育干预，并分享几条小技巧以供参考。从最基本的层面来说，支持自主性发展需要家长与教师向学生展现尊重的态度，接受他们的观点，向学生赋权并满足他们对自我实现的渴望。培养和增强学生的自主性有助于他们在成年后作出有关情感、行为和基于价值观的决定。具体可以从以下几个方面来做。

　　避免使用具有控制性的激励措施或给予压力。许多父母与教师渴望与孩子建立良好的沟通和亲密的关系，但常常事与愿违，让孩子体验到控制性的行为会使亲子关系和师生关系变得紧张。我们在本书中列举的大量证据表明，使用控制性激励措施会破坏自主性，因此，所采用的任何激励措施，例如奖励，应该尽量做到最低限度，正如我们在讨论如何正确使用奖励时所提到的那样，使用一些意外的、具有象征意义的奖励而不是能够预测的、有形的奖励可能更加合适一些。换句话说，在提供奖励时，家长与教师应该侧重于为孩子提供信息和承认进步，避免让孩子体验到一种被控制感，损害内在动机。在与孩子沟通时，也应该避免使用一些可能会引起孩子内疚的话语和社会比较。我们推荐家长与教师使用信息性的、非判断性的陈述，避免过多使用包含"应该""必须"等词语的命令式话语。

　　情绪支持。孩子在感受到被控制时产生叛逆或对立违抗的情绪是非常正常的，家长与教师在支持孩子的自主性发展方面能够提供的最为基本的情绪支持就是表现出同理心，宽容并允许孩子适当发泄情绪，并对孩子可能感受到的压力与渴望独立自主的想法表示理解。

提供选择的可能性。自我决定理论中使用的"选择"一词并不意味着简单地做出决定或提供关于做什么的选项。自我决定理论更加强调人们对自己正在做的事情有一种选择感，能够由自己做出选择意味着一种掌控感，从而可以进一步满足自身的自主性需求。家长与教师在教育过程中能够尝试的是为孩子提供做出选择的可能性，而非采用强迫的方式让孩子接受。

做"好说话"的父母与老师。不可否认，孩子需要父母和教师在价值观、伦理道德、社会问题和未来规划方面的引导与建议。当你的孩子尝试与你讨论这些问题时，请抓住机会为他们的自主思考提供建议，尽量避免站在权威的角度侃侃而谈，例如告诉孩子"我是过来人，听我的总没错"。假如你制定了一些家庭制度或班级公约，你可以向你的孩子或学生开诚布公地交流你制定的规则，并且解释制定这些规则的原因。你也可以允许孩子表达自己的想法，鼓励他们预测自己行动的结果。对待你们之间的约定应该做到前后一致，保证公平。

下放权力。家长和教师对于"下放权力"可能存在一些顾虑，因为家长和教师作为个体也希望有一种能够由自己控制的自主感。对于家长和教师来说，孩子的心智尚未成熟，一旦放手，很容易如同"脱缰的野马"一般失去控制，尤其是教师出于维持课堂纪律的顾虑，很难"下放权力"——或者说，不敢放手让学生自己解决问题，这也导致了教师的一些控制性教学行为。然而过度的支配与控制容易让孩子丧失自主感，具有侵入性的专制风格会侵蚀孩子的动机，因此家长和教师应该适当"下放权力"，从小事开始给孩子提供为家庭和班级作贡献的机会，比如决定自己的发型、卧室的装饰，购买和挑选衣服，或者选择课外活动等，逐渐培养他们的自主感。

第三章　自信缺失与僵固型思维

　　小明一直以来都是个天资聪颖的孩子，父母、老师、亲戚朋友们都会夸他非常聪明，对他赞许有加，小明在学校各方面也都表现得很好。然而，原本积极向上、活泼可爱的孩子，到了初二却突然不愿意学习了，经常无法按时完成作业，在课堂上很难集中注意力，情绪低迷，意志消沉，甚至连学校都不愿意去了……老师、朋友们纷纷问他怎么了，回到家后爸爸妈妈也总是追问具体情况。但甚至连小明自己都没法解释清楚这到底是怎么一回事。直到有一天，小明低着头轻轻地和妈妈说了一句"我觉得自己不是学习那块料……"

　　很多时候，我们都会发现孩子可能像案例中的小明那样出现暂时性逃避、厌学的行为，但我们往往只看到了这种消极的情绪或行为本身，并为此担心、忧虑甚至责骂孩子，并没有深入挖掘出现这种现象的深层原因。其实，中学阶段的学生出现学习动机显著下降的一个关键原因，是他们对于自身能力认知发生了阶段性变化，从而造成自信缺失。

　　能力是一个日常生活中非常普遍的概念，我们常常会听到周围的人议论"某某同学的学习能力很强""某某的社交能力不错""以某某目前的个人能力好像还胜任不了这个工作"。我们每一个人都对能力有着自己的理解、感知与评价,不同专业领域对于能力的解释也各不相同。那么,在动机领域又是怎么解释"能力"这一概念的呢? 能力认知是大多数成就动机理论模型中的一个关键建构,自心理学研究开始以来,已经被广泛研究。有关能力的自我认知和相关积极自我信念建构的研究之所以颇受欢迎,是因为它们在多个应用领域具有普遍的重要性。在教育、儿童发展、心理和身体健康、运动、社会服务和工业等不同情境中,能力认知和积极自我信念的增强一直都是关注的焦点。人们对自身能力的认知被广泛认可为一个关键的心理建构,能够在教育(Marsh 和 Craven, 2006)、社会和情感(Donahue 等,1993)以及日常生活中(Elliot 和 Dweck, 2005)帮助人们取得成功。

◈ 能力认知的概念与理论发展 ◈

能力认知的概念

能力认知在其理论发展进程中具有不同的操作化定义。米勒等(Miller 等,1996)提出能力认知是指个体对自己学习课堂知识、完成课堂任务的能力的自我知觉。研究表明,个体对于能力的认知会受到以往经验、当前经验以及具体学科经验的共同影响,而且同一个体对不同学科领域的能力感知往往是不一样的(Bransford 等,1999)。埃利奥特和德韦克(2005)认为,能力的自我认知"是成就动机领域的理论基石,也是所有人格、发展和幸福理论的基础"。申克和帕贾雷斯(Schunk 和 Pajares, 2005)则将"能力"定义为一种效能、才干,对于知识和技能的熟练掌握程度,是获取成功的重要前提条件。若一个人具有良好的能力认知方式,不仅会产生一系列积极的动机信念,还有可能改变其行为结果和适应环境的方式。因此,个人的能力认知已成为积极心理学领域的核心(Seligman 和 Csikszentmihalyi, 2000)。反之,不良的能力认知则会引发一系列回避性动机,如对失败的恐惧、无能回避等,从而导致一些负面的行为结果(Kaye等,2008)。

总的来说,能力认知可以被理解为是一种直接影响活动效率并保证活动顺利完成所必备的心理特征。我们通常所说的能力包含了个体现有的成就和发展潜能。能力也可以作"一般"和"特殊"之分。一般能力指的是个体进行各种活动必备的基本能力,也就是人们日常生活中所指的能力,包括观察力、想象力、思维力、记忆力等,这些能力的高低决定着人们认识世界、完成基础任务的水平。而特殊能力指的是从事某种专业或在特定领域的活动中表现出来的能力,如画家的观察力、音乐家的鉴赏力等。不同的专业领域对于能力的操作化定义以及评估方式都各不相同,在动机领域内,能力认知在一定程度上会与自我效能感、自我概念、成就目标、思维模式等动机信念存在概念上的交叉重叠,这都与能力的理论发展密不可分。

能力认知的理论发展

1. 自我效能感与自我概念

自我效能感(self-efficacy)指的是一个人对于自身能力的主观信念,即对自己是否有能力完成某一行为所进行的推测与判断(Bandura, 1977)。根据班杜拉的说法,人类的动机、幸福感和个人成就更多地基于个人主观的信念,而不是客观的事实。只有人们相信他们的行为可以带来期望中的结果,他们才可能有动力在面对障碍时采取行动或坚持下去。因此,相较于人们的实际能力,他们对自己能力的认知能够更好地预测他们的行为方式,对自我效能的感知有助于个体确定如何利用他们所拥有的知识和技能。这也在一定程度上解释了为什么人们的行为有时看起来是与他们实际所具备的能力不匹配的,以及为什么即使两个人有相似的知识和技能,他们的行为也可能有很大的不同。积极的自我效能感会以多种方式提高人类的成就感和幸福感。首先，自我效能感会影响人们做出的选择和他们所追求的行动策略。个体倾向于选择他们认为自己有能力完成的任务和活动，且回避那些他们不能胜任的任务和活动。自我效能感还会帮助人们确定自己将在一项活动上花费多少精力，在面对障碍时将坚持多长时间，以及在面对不利情况时的坚韧性程度。自我效能感越高，努力、毅力的韧性就越强。除此之外，自我效能感也会影响一个人的思维模式和情绪反应。高度的自我效能感有助于个体在处理困难的任务和活动时创造平静的感觉。相反，自我效能感低的人可能会认为事情比实际情况更艰难，这种能力信念会诱发回避性动机，助长焦虑、压力、抑郁，使解决问题的视野变得更加狭隘。

　　在学习情境中，学生主要从四个方面获得有关自我效能的信息：成功经验、替代性经验、社会鼓励和身心状态（Pintrich 和 Schunk，2002）。自我效能感是学生从这些来源的信息中推断出来的，是他们对自己能否在某一特定任务或一组相关任务中取得成功所做的判断。成功经验是指学生对自己在先前任务中取得成功的程度的认可。替代性经验是指通过观察与自己水平相似的他人的行为和结果，从而获得关于自我可能性的认识。社会鼓励是指来自他人的鼓励、评价、建议、劝告等。身心状态是指情绪与生理对自我效能感的影响，比如生理上的疲劳、疼痛和强烈的情绪反应容易影响个体对自我能力的判断，降低自我效能感。

　　自我概念（self-concept）是指一个人通过对环境的体验和解释而形成的一般性的自我感知，并会受到重要他人的强化和评价的影响。自我效能感和自我概念都包含一个共同的元素——能力认知。自我效能感主要涉及对能力的认知和看法，而自我概念通常被认为是由情感认知和能力感知组成的。帕贾雷斯和申克（2002）提供了一个框架，区分了自我概念和自我效能感的能力要素。自我效能感问的是"能"的问题（例如，我能做数学题目吗？我能交到朋友吗？我能不惹麻烦吗？），而自我概念问的是更"本质"的问题（例如，我数学好吗？我会交朋友吗？我是个不惹麻烦的人吗？）。斯卡尔维克(Skaalvik, 1997)认为自我概念的认知维度被区分为描述性(我是一个好人)和评价性(我的生活有意义吗？我做得怎么样？)两个部分。描述性和评价性成分引起了自我概念的情绪或情感反应(我对自己作为一个数学学习者的感觉如何？人们喜欢我吗？我为自己不惹麻烦而感到自豪)。自我概念的各方面合起来形成一个自我架构，其中包括对一个人的能力、角色、技能、经验和个人特征的信念，同时也伴随着对自尊的感知——对自我和自我价值的认知判断。相比之下，自我效能感——"相信自己有能力组织和执行产生特定成就所需的行动方案"，是对执行任务或从事活动的能力的特定情境判断，强调对自己信心的判断，并且主要取决于手头的任务。

在理论上，自我效能感和自我概念之间也有一些区别。首先，自我效能感的判断是一种"元"判断，或者说是对一个人的心理和身体能力的反映。它们通常与特定的领域或情境相关联，并可能是基于以往对某项任务或活动的掌握经验。相比之下，自我概念的判断通常更普适化，对情境的依赖性更小，更有可能是基于环境经验、社会和自我比较的。其次，这两者在时间取向上也有差异。自我概念的感知是针对以前的经验，而自我效能的感知代表了对完成即将到来的任务的信心。最后，这两个概念有一个"特质—状态"的区别。自我概念认知是习惯性和重复性的，而自我效能认知是在一个特定的时间点上所经历的。因此，自我概念是相当稳定和持久的，而自我效能感是相对可塑的，并且能够随着个体学习经验的变化而变化。尽管这两者存在多方面的差异，但目前自我效能感和自我概念的相互独立性仍存在较大争议，且结果也并不统一。一些研究人员没有将自我概念和自我效能感视为单独的建构，而是认为自我概念中应包含一种自我效能成分，甚至应把自我效能感归入自我概念中。

在对两个概念的理论和实证性质进行彻底讨论后，奉和斯卡尔维克(Bong 和 Skaalvik, 2003)得出结论，自我效能感和自我概念在以下重要方面有所不同。一方面，自我效能感包括能力认知和目标参考，相对特定于情境和面向未来的能力判断，这些判断由于其任务依赖性而具有相对可塑性。另一方面，自我概念主要是情感性的、高度规范化的,并且通常是结构化的,它是一种由先前经验所导向的自我感知,由于其普遍性而相对稳定。至于两者的关系,根据奉和斯卡尔维克的说法,自我效能感是自我概念发展的积极前兆。

2. 归因理论中的能力观

归因理论包括一系列关于生活事件心理解释的社会认知观点。韦纳(Weiner,2005)认为,因果思维产生于常见的归因过程。在解释归因的过程时,生活经历会引发"为什么"的问题,从而引发因果搜索过程,以确定事件发生的原因。反过来,原因又提示认知(如期望、责任评价、个性推论)和情绪(如希望、自豪、内疚、感激),这些都会调节随后的兴趣、目标、努力和结果。实际上,对过去经验的感知是未来事件的一个重要组成部分。韦纳提出,由因果搜索产生的归因有三个属性或维度。首先,控制点指的是存在于人内部或外部的原因(例如,能力与机会);其次,稳定性意味着原因随着时间的推移而改变或持续的程度(例如,疲劳与勤奋);最后,可控性表明原因可以或不可以被自己或他人改变(例如,懒惰与天气)。具体来说,每个维度被二分之后形成一个由稳定性(稳定,不稳定)、可控性(可控,不可控)、控制点(内部,外部)组成的 $2 \times 2 \times 2$ 归因矩阵。

这三个归因维度调节个体的认知和情绪,从而决定其后续的动机和行为。首先,在控制点维度,对成功的内部归因(如高能力)会激发自豪感,但外部归因(如教学质量)则不会。其次,稳定性维度促使人们对未来的成功和失败产生期望,稳定(或不稳定)的原因与这种结果是否会再次出现有关。在失败之后,一个不稳定的原因(如低努力)会引发希望,因为这个原因是可以改变的;相反的,一个稳定的原因(如低能力)则会引起绝望,因为这个原因不可改变。最后,可控性维度则决定了结果由"什么"来负责,这可能会影响到个体失败后是否会感到内疚或羞耻。因此,控制点、稳定性和可控性会对动机和行为产生直接影响。我们可以想象这样一个例子:小明在一次重要的考试中考砸了,他将其归因于自己缺乏能力。如果小明认为能力是一个内在的、稳定的、不可控制的原因，那么他就会产生对未来成功的低预期和无望感，同时还伴有低自尊和羞耻感。不可控的原因也降低了他对结果的自我责任感和改变未来的动机。对未来失败的预期，消极情绪和较低的自我责任感共同作用又会反过来耗尽动力，削弱表现，使坚持学习的可能性大大降低。相反，当小明把"考砸了"这件事归咎于内在的、不稳定的、可控制的原因时，对动机和表现的影响就会非常不同。可控制的原因（例如，努力不足）会增加他对结果的责任感知以及内疚感。这两者共同作用则会激发小明想要改变这种情况的行为动机，并且对未来表现出积极的期望，因为缺乏努力是一个不稳定的、可控的原因，是可以被改变的。将内部的、可控的原因归于自身表现的学生会更加努力，学习责任感更强，也会更有毅力，并获得更高的成绩。简单地说，两个能力水平相当的学生的表现可能大相径庭，这取决于他们如何归因自己的学业成功和失败。能力归因和努力归因在稳定性和可控性方面的差异，是许多成就动机与表现结果的核心。尽管这两种原因都是内部原因，但将糟糕的表现归因于能力低下（稳定的、不可控的）会降低动机，而将其归因于努力不足（不稳定的、可控的）则会提高动机。

总的来说，韦纳对能力作为一种心理特质的归因方法侧重于关注因果属性（控制点、稳定性、可控性）如何与能力的评估相关联。例如，高能力（不可控、稳定）是一个内在的、持久的原因，当归因于成功时，它可以形成高能力认知的自我评估。成功之后，能力也可以被视为一个可控的属性（例如，勤奋），通过实践、学习或经验而变化（不稳定）。然而，失败后，不可控的、稳定的原因（例如，能力低下、嗜睡）可能会引发低能力评估。

3. 能力认知的思维模式理论

每个人思考问题的方式、对能力的看法以及对待学习的态度都不尽相同，使得不同的个体之间具有不同的思维模式。2006 年，美国心理学家德韦克出版了一本新书，取名为《思维模式：成功的新心理学》（*Mindset：The New Psychology of Success*）。也就是在这本书中，她首次提出了思维模式（mindset）的概念，这一概念其实是由最初的

"内隐智力理论"(implicit theory of intelligence)发展而来,基于个体对自身智力、能力、才华等特性能否可塑的观念,可将内隐理念分为实体论(entity theory)和增长论(incremental theory),也在一定程度上反映了个体对于自身能力的主观认知。实体论认为,个体和事物属性是先天就形成的,僵固不变的,后天付出再多努力也无法过多改变。与之相对应的增长论则认为人处于一个不断动态发展的过程,个体的基本特质都是可以通过后天的学习和努力而得到改变和塑造的。随着研究的逐渐深入,为了便于大众理解,德韦克在书中选择用"思维模式"这一新概念来代替之前的"内隐理念",提出人们拥有两种思维模式,分别为僵固型思维(fixed mindset)(对应实体论)和成长型思维(growth mindset)(对应增长论),她主张思维模式创造了人们整个的内心世界,它不仅能解释人们为何变得乐观或悲观,还能帮助人们塑造奋斗目标,最后预测人们能否实现成功。

持有两种不同思维模式的人有着不同的能力认知方式,因此在日常学习和生活中也有着截然不同的表现。具有僵固型思维的人认为,个体的能力是与生俱来的,没有办法过多改变,他们往往会拘泥于过去的成就,避免接受挑战,害怕失败,容易将挫折理解为他们潜在无能的反映,并在面对威胁时表现出防御性或无效的自我管理策略。他们拒绝走出舒适区,在进行归因时总是把矛头指向他人,容易产生习得性无助。在具体的学习情境中,持有僵固型思维的学生往往在面对失败时比较消极,情绪低迷,逃避挑战,不能做出正确的归因,也不愿意付出更多的努力,自信缺失,容易放弃,这不利于学生的学业成绩。与之相反,具有成长型思维的人认为人的能力在很大程度上可以通过学习而改变,他们敢于积极面对挫折和挑战,不惧怕失败,往往能够做出积极的归因,并保持终身学习的心态。在具体的学习情境中,持有成长型思维的学生往往会以成长和发展的视角来看待他们的学习和生活。他们把失败、挫折和挑战理解为他们努力或学习策略的反馈,并在面临威胁时启动有效的自我调节策略。因此他们在处于不利境地时会更加乐观和自信,不畏艰难,坚持不懈,愿意付出更多的努力并采取积极有效的策略来做出调整,从而促进学业成绩的提高。

　　思维模式涉及人们对其个人品质的固定性或可塑性的信念,在目前的大多数实证研究中,思维模式通常是通过要求人们完成自陈式量表来进行测量的,例如"人的智力/能力是一种基本特征,你无法真正改变"或"无论你是谁,你都可以大大改变你的智力/能力水平"。第一种说法反映了一种僵固型的思维模式,也就是认为智力和能力是一个固定的、不可增长的实体。相反,第二种说法反映了成长型的思维模式,即认为智力和能力可以通过学习而得到提高。有趣的是,思维模式与人们的实际智力水平关系不大(Spinath 等,2003)。随着研究的不断深入,学者进一步发现每个人都会同时拥有这两种思维模式,但随着时间的推移,我们往往更倾向于选择其中一种用来指导我们日常的判断和行为,并且会在此过程中不断加深这种认知(Murphy 和 Dweck, 2010)。在一些样本量较大的研究中也发现,有相当一部分学生呈现出混合型的思维模式(Dweck, 2015)。

　　不同的思维模式对于能力的概念认知完全不同。巴特勒(Butler, 2000)以初中学生及其数学老师为样本,在思维模式理论中研究了什么是能力的问题。对于其中一些被试,巴特勒简单地测量了他们现有的思维模式;而对其他人来说,她对他们有关数学能力的僵固或成长型思维施加了影响。具体来说,僵固型思维条件下的被试会被告知:"人的数学能力不同。研究表明,人的数学水平在一生中变化不大。"与此相反,处于成长型思维条件下的被试则被告知:"研究表明,人们通过学习和实践获得数学能力;在工作中学习的人将发展出更高的能力。"然后,给一半的被试展示了一个学生的成绩,开始时很高,在之后的日子里有所下降;而另一半的被试则被展示了另一个学生的成绩,开始时较低,但随着时间的推移有所上升。最终每个人都对所展示学生的能力进行了评判。那些僵固型思维的人认为成绩下降的学生有更高的能力,因为他在不学习的情况下已经具备了能力;然而,那些有成长型思维的人则认为成绩提升的学生有更高的能力,因为他努力学习,获得了能力。这些发现很重要,在一定程度上能够帮助教育者判断学生的能力认知方式。如果他们有僵固的思维，他们很可能会根据最初的表现立即做出判断。如果他们有成长的思维，他们就会转而重视和认识成长与发展，以及人们随着时间的推移可以学到的新东西。巴特勒（2000）的第二项研究表明，当人们观察他人时，人们的思维模式不仅影响他们对能力的定义，也影响他们对自己能力的感知。学生们完成了一项任务，得到了不同的反馈信息："随着时间的推移，你的成绩有所下降/有所改善。"然后通过问他们以下几个问题来评估其内在动机："你觉得这项任务有多有趣？你对更多类似于你处理过的任务有多感兴趣？你对在课余时间解决问题有多感兴趣？"那些拥有成长型思维的人在他们的成绩提高而不是下降时表现出更高的兴趣，但那些拥有僵固型思维方式的人则表现出相反的趋势。这一结果表明，拥有成长型思维的人可以从他们长期努力学习的事情中获得乐趣，而那些有僵固思维的人则很难充分感受到某件事的乐趣（除非他们认为自己马上就能掌握并且很好地完成这件事）。

　　在僵固型的思维模式下，能力是一种人们天生就拥有并能够立即展示的东西。如果不能在任务中表现自己的能力，他们很可能就会失去兴趣。但是，在成长型的思维模式下，能力是通过努力随着时间的推移而逐步成长发展起来的。这种能力的增长是增强信心、自豪感和兴趣的源泉。具有强烈个人能力意识的人会将困难的任务视为需要克服的挑战，而不是要避免的威胁。他们对活动有更大的内在兴趣和持续的投入，设定具有挑战性的目标并保持对目标的坚定追求，在面对失败时不放弃并持续加强和维持他们的努力投入。他们在失败或受挫后能够迅速恢复自我效能感，并将失败归因于努力不足或可获得的知识和技能不足。那么人们能否对不同的个人品质持有不同的思维模式？有没有可能人们相信自己的智力是固定的，但是才能是可塑的？答案是肯定的。人们常常对不同的个人品质和能力技能持有不同的思维模式（Dweck 等，1995）。例如，学生可能认为自己的数学能力是天生固定的，但相信他们的英语能力是可以培养进步的。而且，人们可以受不同的情境"触发"而选择采用不同的思维模式。

§ 自信缺失与习得性无助 §

　　1943 年，马斯洛(Maslow)首次将自信定义为自尊需求被满足后产生的积极情绪体验。而根据罗森伯格(Rosenberg, 1979)的定义，自信是一种与自尊不同的信念，是指个体对自身办事能力的肯定与信任，相信自己能够实现内心的期望并取得成功的满足感。随着研究的不断发展，美国心理学家布兰登(Branden, 1988)表示，自信是个体对自身能力和价值的认知，以及对自己应对生活和享受幸福的能力的主观判断。学者戴安娜·麦克德莫特(Diane McDermott，2003)提出，自信中包含着三个相互关联的要素：目标、智慧和毅力，它是一个人主动学习的过程，会在潜移默化中支配着个体的思维和行为模式。与此同时，国内研究者也对自信的概念与含义进行了研究。燕国材(2001)认为，自信是指个体对自己内心所追求目标的正确性的确信感，认为自己有知识、有才能、有力量去实现自己的目标和愿望。杨丽珠等(2000)认为，自信心是指一个人通过对自身能力和价值的评价或判断，从而产生一种内在的积极体验。自信是一种健康向上、积极阳光的心理品质，代表着儿童自我意识的持续发展和日益成熟。车丽萍(2002)对中国文化背景下的自信心进行了系统全面的研究，发现自信心是一种具有复杂层次结构的心理成分，包含自我认知评价和由此产生的情绪体验等要素。不同的学者对于自信心概念的认识存在一定的差异，涉及自信的内涵范围较广，包括了个体行为特征以及自身能力的评估。此外，自信心作为一个重要的积极因素，在个体的人格结构中占据着重要地位，也是一个健全的人所必须具备的一种重要的心理素质。

　　在具体的教育情境中，自信通常指的是对于学习能力的信心，是指学习者在学习的过程中对自身才能、潜力和目标等的积极情感体验。国内学者练国铮(2000)提出，学习自信心是学生在追求学习目标和完成学习任务的过程中所持有的一种正面的、积极的反应倾向。学习自信心包括对自身学习能力的准确评估和高度自我悦纳的评价。学习自信心中包含了三个主要因素：自信意识、自信体验和自信意向。自信是学生健康成长和全面发展的重要心理特质之一，在教育领域具有关键作用。拥有自信心能够帮助我们形成乐观的心态、良好的动机，进而促进学业成绩。具备自信的学生更容易感到学习的乐趣和成就感，从而更愿意投入到学习中去。自信水平较高的学生通常表现出更好的学习成绩，这与自信对于学生在学习中的积极作用有关，例如帮助他们更好地应对挑战和失败，提高他们的学习自信心和自我效能感。与之相反，自信缺失则会导致学生陷入消极低迷的状态，同时诱发回避性动机，甚至造成学业倦怠，陷入习得性无助。首先，缺乏自信的学生往往在学习中表现出悲观的态度和消极的表现，避免挑战性的学习任务，害怕失败和批评。这可能会导致他们的学业成绩下降，错过了提高自己学习成绩的机会。其次，自信缺失可能会影响学生的自我认知，他们往往会对自己的能力和价值产生怀疑和不信任，容易产生自我否定和自我怀疑的想法。此外，自信缺失可能会影响学生的社交能力。缺乏自信的学生常常会感到社交焦虑，或者有不安全感，这可能会影响他们与同伴之间的交流与合作，甚至产生孤独感和被排斥感。最后，自信缺失还可能会对学生的心理健康产生负面影响。他们可能经常感到沮丧、无助和孤独，这些消极的情感体验很可能会诱发精神压力甚至抑郁等心理健康问题。

　　极端地缺乏自信会产生什么样的后果呢？习得性无助可能是其中之一。它指的是个体在长期遭遇挫折和失败后，逐渐对自己的能力产生怀疑，丧失信心，并且认为无论付出多少努力都无法改变局面，因此在认知、情感和行为等多方面表现出一种自暴自弃、无助且消极的心理状态。

习得性无助的理论发展

习得性无助现象最早是由美国心理学家塞利格曼（Seligman, 1967）在动物实验中发现的。这项奠基实验被称为"可控性电击实验"，为我们理解习得性无助现象提供了重要的实证依据。实验中，塞利格曼将动物（通常是狗）随机分成三组，分别经历了三种情境。第一组是具有可控性的组，这些动物处于一个带有杠杆的环境中，当电击刺激发生时，它们可以通过按压杠杆来停止电击。第二组是习得性无助组，这些动物同样处于一个带有杠杆的环境中，但无论它们如何按压杠杆，电击都不会停止。第三组是对照组，这些动物没有经历电击。在随后的实验中，动物被转移到一个新的环境中。这个环境同样存在着可以产生电击的区域，但这次没有杠杆可以按压。实验观察的重点是动物的逃避行为。第一组动物很快意识到电击的存在，并学会了逃避电击的行为。然而，第二组动物表现出明显的习得性无助，似乎并没有理解或学会逃避电击。电击开始后，它们起初会乱跑乱叫，之后就只能趴在地板上无望地接受电击，没有任何反应，表现出无助和放弃的行为。通过这个实验，塞利格曼发现，"习得性无助"是由于无法控制的负面事件重复发生后个体形成的一种无望心态。习得性无助的动物在面对新的环境时表现出无助和放弃的行为，它们似乎认为，无论付出多大努力，都无法改变自己的处境。这种无助感是由于对事件的控制能力产生的错误认知所导致的。

习得性无助的发展可以大致划分为四个阶段。首先，个体在无法控制的情境中经历连续的失败和挫折。这些失败经验使个体感知到自己无法控制行动或外部事件的后果。其次，个体开始形成无法控制未来结果的预期。然后，这种认知和期望影响个体进一步的学习，加深了他们对自己无法控制结果的信念。最后，习得性无助往往伴随着动机衰退（面对后续的厌恶事件，做出反应的动机似乎减弱了，表现为冷漠、被动和消极)、认知受损(形成无法控制外部事件的思维定势)和情绪创伤(个体变得消极、冷漠,可能出现焦虑、愤怒和抑郁等负面情绪)。随着后续一系列实验的不断发展,研究者们发现了习得性无助现象不仅存在于动物群体,在人类身上也普遍存在。这些发现共同表明习得性无助导致了个体形成无法控制自己的成功或失败的负面刻板印象,进而导致了消极的情绪和行为反应。在接下来的几十年中,塞利格曼和其他心理学家继续拓展了这一理论。

1. 以情境和归因为基础的早期理论

1975 年,塞利格曼提出了习得性无助的阶段理论,用以解释该现象产生的深层机制。首先,个体需要获得关于结果和反应之间相联系的信息。其次,这些信息会引发个体对于外部事件结果的预期,但此时个体的反应与结果仍然是彼此独立的。最后,这些预期的信念会引导个体进行后续的学习,并在此过程中影响其动机和情绪。这也就意味着,从时间维度上来说,习得性无助感的发生会历经三个不同的阶段:第一,初次遭遇挫败阶段。在这个阶段,个体初次遭遇到自己无法控制的挫折或失败,无法达到预期的结果。这一挫败经历会导致个体开始怀疑自己的能力,包括控制能力。第二,内部归因阶段。在连续遭遇无法控制的失败后,个体开始将失败归因于内部因素,如能力或智力。他们认为无论付出多大努力,都无法改变自己的处境。第三,稳定化阶段。在这个阶段,个体逐渐认为无助是一种稳定的状态。他们认为无助和失败是永久性的,无法改变的。当个体确信自己无法掌控结果时,他们会停止努力并逐渐放弃。这种稳定化加深了个体对自身能力和控制能力的怀疑,进一步强化了习得性无助的心态。这个阶段,理论描述了个体从初次遭遇挫败到形成习得性无助心态的过程,强调了情境和结果预期在个体无助感中的重要作用。然而,这些理论过于强调环境的影响,忽视了个体在这些情境中的主观能动性参与。因此,塞利格曼(1979)提出了修订版的习得性无助感理论,即个体解释形态理论,它关注个体对挫败或失败事件的内部解释和归因。当个体面临挫败时,他们会通过对事件的主观解释来影响对自身能力的认知。该理论将个体的归因分为三个维度：内部与外部、特殊与一般、稳定与不稳定。如果个体将失败事件归因于自身的能力不足，这就会加深他们的无助感。例如，小明在一次考试中取得糟糕的成绩后，可能会认为这是因为自己智力不够（内部因素），这种智力无法改变（稳定因素），而且这种情况在所有科目中都可能会发生（全局性因素）。这样的归因方式会导致小明对未来的学习和努力失去动力，进一步加深其习得性无助感。相反，如若个体将无法控制的负面事件归因于外部、不稳定和特定的因素，比如运气，那么就不容易产生无助感。

2. 融合目标与认知信念的习得性无助理论

近年来，心理学界对习得性无助理论的解释开始更加全面，并逐渐将焦点转向个体的目标参与。融合目标与信念的认知理论是习得性无助理论的一个重要变体，旨在更全面地解释习得性无助的形成和维持，强调了个体的目标导向和信念系统在习得性无助中的作用。个体在进行任务活动时，通常会设定一些具体的目标，并希望通过付出努力来实现这些目标。然而，当个体反复遭遇失败和挫折时，他们开始怀疑自己是否能够达到这些目标，从而产生了对自己能力的质疑。德韦克（1986）的研究指出，那些经历习得性无助感的人更倾向于追求表现目标（performance goal），并且在成就方面对外部评价十分敏感，倾向于回避挑战性的任务和难题，十分看重所取得的成就结果，常以标准化的"成功"或"失败"作为评价个人能力水平的指标。相应的，认知信念理论将人们对知识的认知信念和态度也融入了对无助感的解释中。认为个体的信念系统也对习得性无助的形成起着关键作用。个体的信念包括对自己能力的评价、对结果的预期以及对能力能否改变的信念。当个体持有消极的信念，如认为自己无法改变现状、无法应对困难，他们更容易陷入习得性无助的心态。另外，佩里（Perry, 1970）的研究发现，学生对知识的信念会影响他们对复杂学科或领域的理解水平。一般而言，绝对主义者（认为知识要么是完全正确的，要么是完全错误的）倾向于采用较低水平的理解策略；而相对主义者（认为知识在特定情境中是正确的）倾向于采用较高水平的理解策略。相对于采用较低水平理解策略的学生,采用较高水平理解策略的学生在学科上的表现往往更好,且产生失败和无助感的可能性也相对较低。

3. 积极心理学取向

自 20 世纪 70 年代以来,塞利格曼逐渐将研究的重点从无助感转移到乐观主义的构建上。他的研究起初关注销售人员,发现他们的工作持续时间和取得的成功与加入公司前的职业测试分数无关,但与他们的乐观主义水平密切相关。研究结果表明,在乐观主义测试中得分较高的销售人员更有可能坚持努力,即使在实际销售过程中遭遇失败也不会轻易放弃。这些发现启发了塞利格曼继续进行一系列关于现实生活中乐观主义的实验和研究,这些研究结果进一步支持了该理论,证实了乐观主义不仅可以通过学习获得,还能够长久持续地发展。保持乐观的态度不仅可以预防抑郁症,还能改善健康水平。积极心理学关注积极情绪和体验、积极人格特质以及积极情绪与健康之间的关系,同时探索如何通过积极的态度鼓励儿童的创造力。积极心理学取向下的习得性无助理论不仅关注个体的困境,而且探索了应对和干预的方法。通过培养个体的自我效能感、鼓励积极的归因方式、促进内在动机和目标导向,可以帮助个体摆脱习得性无助的困境。

4. 德韦克的习得性无助理论

在 20 世纪 60 年代到 70 年代,美国心理学领域经历了从行为主义向认知心理学的转变。这一时期,行为主义和认知心理学的研究主题和方法开始相互交融和整合。例如,在"挫折和适应"领域,塞利格曼从行为主义的角度出发,通过一系列实验研究总结出了习得性无助理论,而海德(1958)和韦纳(1979)则从认知角度提出了归因理论。随后,塞利格曼也引入了认知因素,认为乐观或悲观的归因会对个体的发展与学习行为产生重要影响。在临床应用方面,行为主义和认知学派的心理学家对于处理"习得性无助儿童"的问题形成了不同的观点。前者强调通过强化积极行为来解决问题,后者则强调培养积极的认知方式。对于当时的心理研究者来说,首要任务是如何整合习得性无助与归因理论,从而推动解决现实情境中存在的应用难题。正是在这样的学术背景下,德韦克开始了她的研究生涯,着重探索如何改变儿童对于失败的归因方式。她是归因疗法领域的先驱之一,对归因疗法进行了深入研究,旨在帮助个体改变对于失败和挫折的归因方式,以促进个体积极的学习和成长心态。该疗法源于德韦克对于人们面对失败的不同反应的研究,她观察到有些人在面对失败时会变得无助、选择放弃,而另一些人则能从失败中受益并继续努力。归因疗法的核心理念是将失败归因于个人能力不足或外部环境因素的人往往倾向于感到无助和放弃努力,而将失败归因于缺乏努力或合适策略的人则更有可能积极应对挫折并尝试改进,努力实现自己的目标。因此,通过改变无助者的归因方式,有可能会改变个体对失败的反应,使其从屈服于失败转变为积极应对失败。基于以上假设,她又精心设计了后续的一系列实验。结果发现,"那些将解决数学问题的失败归因于自身无能的学生,他们会在未来的任务中产生对于失败的预期,且成功的动机水平也相对较弱"(Dweck, 1975)。换句话说,将失败归因于自身能力不足的孩子更容易放弃,而将失败归因于动机或努力不足的孩子则更具有毅力,这进一步说明了归因疗法的有效性。接着在 1978 年时,德韦克进行了进一步的研究,深入探讨了儿童学习问题。她将那些无法面对失败、拒绝改变并放弃探索的儿童称为"无助儿童"(helpless children),而将那些在面对失败时保持乐观心态、积极寻求策略、及时进行自我调整和监控的儿童称为"掌握取向儿童"(mastery oriented children)。德韦克发现,无助儿童倾向于关注失败的原因,而掌握取向儿童则专注于尝试各种应对失败的方法,这两组儿童的关注点差异与他们应对失败时所选择的策略密切相关。随后,迪纳(Diener)和德韦克的研究(1980)进一步加深了对这一现象的理解。掌握取向儿童在面对失败时表现得更加勇敢,而无助儿童通常会低估成功的可能性,高估失败的次数,他们对成功的期待值较低,也不会将成功作为衡量能力的标准。

　　从 20 世纪 70 年代到 80 年代初,德韦克的研究主要集中于习得性无助和归因理论以及其在学习情境中的应用研究。她致力于改变无助儿童的归因方式和对失败的反应，以提升他们对失败的心理韧性，并比较无助儿童和掌握取向儿童在归因方式和对失败的反应等方面的差异。德韦克对于习得性无助理论的研究经历了多个阶段，逐步丰富和完善了该理论的核心概念和实证研究。此外，关于习得性无助儿童的归因和能力因素归因之间的差异也得到了新的证据支持——在同样是归因于能力因素的无助儿童中，也存在着一些差异。一些儿童将失败归因于技能掌握方面的暂时缺陷，而另一些儿童则将失败归因于更普遍的智力不足。尽管两组儿童都认为坚持下去不放弃对于后续困难可能没有明显的影响，但将失败归因于智力不足的儿童会更加深信这一点。这表明，对于能力的不同认知导致了对失败的不同反应。这一发现使得德韦克跳脱出了仅仅基于归因的研究范畴，并为其后续内隐理论和思维模式理论的提出奠定了基础。

习得性无助与学生学习

在学习情境中，习得性无助能够通过学习动机、学习策略、自我评价、情感体验等多个方面对学生的学业成就产生影响。习得性无助的学生通常缺乏内在动机和目标导向，他们往往很难对学习任务产生兴趣，并且可能会避免挑战性的学习任务，因为他们会产生失败预期并认为努力没有意义。习得性无助的学生倾向于使用低效的学习策略。他们可能没有充分利用学习资源，也不会主动寻求帮助或采取积极的问题解决方法。这导致他们可能在学习中遇到更多的困难，无法有效地掌握知识和技能。习得性无助的学生往往对自己的能力和价值产生负面评价。他们可能觉得自己无法胜任学习任务，从而降低了自尊和自信心。这种自我评价的负面影响会进一步影响他们对学习的态度和努力程度。习得性无助的学生在学习过程中还会经常体验到负面情绪，如焦虑、挫败和无助感。这些情绪会进一步抑制他们的学习表现和学业成就,形成恶性循环。

首先,习得性无助与归因方式之间存在密切的关系。在学习过程中,学生对成功或失败的归因方式会对他们的学习态度和行为产生重要影响。当学生面对失败时,如果他们将其归因于内在的能力或永久的特质,则会认为自己无法改变或提升自己的能力,从而形成习得性无助的心态。这种内部、稳定和全局性的归因方式会导致学生产生消极的学习态度和行为。内部归因意味着学生将失败归因于自己的能力、努力或个性特质,即他们认为失败是由于自己的无能或努力不够。稳定归因意味着学生认为失败是一个固定的状态,即他们相信自己的能力不会发生改变。全局性归因意味着学生将失败归因于普遍的因素,而不是特定的情境或任务。

卡门(Kamen)和塞利格曼(1987)在学年开始时对大学生进行了归因问卷调查,并记录了他们的入学考试成绩。研究结果显示,归因方式可以预测学生在学年结束时的表现。那些在学校表现不佳的学生倾向于使用内部、稳定和普遍性的归因方式来解释负面事件。塞弗特(Seifert, 2004)的研究发现,将失败归因于内部因素的学生更容易产生习得性无助感,而将失败归因于外部因素的学生则没有表现出习得性无助感。国内也有类似的研究发现,比如王红艳(2008)的研究表明,当小学生将失败归因于能力(不可控因素)而非努力(可控因素)时,他们更容易产生习得性无助感。

习得性无助还与考试焦虑之间存在较为密切的关系。习得性无助感会增加学生对考试结果的负面预期和担忧,进而加重其考试焦虑的程度。当个体认为无论他们付出多少努力,都无法改变考试结果时,他们可能会感到无望和沮丧,进而导致焦虑情绪的增加。此外,习得性无助感还会影响个体在考试前的态度和行为。那些习得性无助感较强的学生往往对考试持消极态度,缺乏自信心,对考试结果缺乏期待。他们可能表现出对考试内容的回避和逃避行为,因为他们相信无论他们做什么,结果都不会发生改变。考试焦虑会对学生的学习和表现产生负面影响。焦虑情绪可能导致学生在考试中出现紧张和压力情绪,干扰学生的思维和集中注意力的能力,使他们难以有效地应对和处理考试内容,影响其发挥和表现。相关研究结果也表明,学生的习得性无助水平与他们的考试焦虑水平密切相关,而考试焦虑又会对学生的自信心产生影响(Dewberry 和 Richardson, 1990; Figen, 2011)。

∮ 对能力的自我否定与束缚:僵固型思维 ∮

僵固型思维的特征

让我们回顾一下前文中已经提到过的思维模式理论(也称为内隐理论),即人们对智力和能力等个人特质的可塑性的不同看法。这些关于可塑性信念的个体差异与学生的学业发展高度相关。个体的思维模式构成了解释和应对逆境的心理框架(Dweck, 1999)。具有僵固型思维的人认为智力或能力是一种固定的特质,很难改变,而具有成长型思维的人则认为智力或能力是可塑的,可以通过努力改变。一般而言,对智力或能力持有更多的僵固型信念而不是可塑性信念会被认为是适应不良的,因为这种信念会强化人们对自己无法改变自身能力的认知,从而限制一个人能力增长和提高的可能性。具有僵固型思维的人往往会拘泥于过去的成就,回避挑战,害怕失败,将挫折理解为他们潜在无能的反映,并在面对威胁时表现出防御性或无效的自我管理策略。在具体的学习情境中,持有僵固型思维的学生往往在面对失败时比较消极,情绪低迷,逃避挑战,不能做出正确的归因,也不愿意付出更多的努力,自信缺失,容易放弃,这些都会阻碍学生的学习和发展。

僵固型思维的影响

1. 对于归因方式的影响

僵固型思维的学生可能会将学业上的挫折和挑战归因于能力水平低下，并且认为自己较低的能力水平很难改变，而那些成长型思维的学生则可能会将同样的挫折视为发展新技能和培养能力的机会。已有的相关研究也普遍支持能力的思维模式理论。例如，布莱克威尔等（Blackwell 等，2007）发现，在整个初中阶段，僵固型思维学生的学业成绩发展轨迹呈下降趋势，而那些具有更多成长型思维的学生在同一时期的成绩呈上升趋势。除了预测具体的量化结果（如成绩）外，具有更强成长型思维的个体比具有更强僵固型思维的个体更有可能形成提高或发展自身能力的目标，而不是展示或表现其能力的目标（Dweck 和 Leggett，1988）。这表明学生的思维模式不仅能够影响标准化的学习结果，也会影响他们看待自身能力可塑性的方式。

根据抑郁症的无助理论（Abramson 等，1989），将负面生活事件归因于普遍、稳定性因素的人，比将负面生活事件归因于不稳定、特定因素的人更容易出现抑郁现象。换言之，将负面事件的原因归结为固定和不可改变的因素的人患抑郁症的风险更高。例如，如果学生将糟糕的考试成绩归因于能力低下，并且认为能力随着时间的推移是不可改变的，那么他们患抑郁症的风险就会增加。这种消极的归因方式与僵固型思维在很大程度上是重叠的。例如，用以判定思维模式的量表中包含了以下条目——"能力是天生的，你真的无法做很多改变""你的能力是你无法改变的东西""你可以学习新的东西，但你不能真正改变你的基本能力"。这些测量项目反映的正是这类消极的归因方式。由此可见，僵固型思维的负面影响不一定是由对能力本身的信念引起的，另一种可能的原因是僵固型思维的人也具有更普遍的消极归因方式。尽管在思维模式的测量中没有评估归因理论中的所有要素，但有理由怀疑，对能力做出消极归因的个体也倾向于对各种其他生活情境做出类似的负面推断。施罗德等（Schroder等，2014）发现，尽管不同的思维领域（例如，能力、个性、道德等）可以相互区分，但似乎存在一个"普遍维度"，它可以捕捉一个人是否倾向于采用一种类型的思维模式，而不考虑领域或情境的特殊性。那些倾向于相信自己的能力无法改变的人会将这一信念泛化到其他自我概念和生活事件中去。与此同时，已有大量的研究证明了消极的归因方式通常会导致不理想的学业成绩。由此可见，僵固型思维之所以会消极地影响学习结果，是因为它本质上是一种负面的归因方式。

2. 对于目标设定的影响

心理学家德韦克及其同事认为，大多数人的信念在不同程度上倾向于两种理论中的一种：他们要么认为能力是天生的（僵固型思维模式），要么认为能力具有可塑性（成长型思维模式）。僵固型思维模式的人认为人的能力水平是天生注定的，几乎无法改变。而成长型思维模式的人则认为，只要努力和坚持，一个人的能力就会提高。在德韦克的《自我理论：它们如何影响动机、人格和发展》一书中，她回顾了自己和其他人进行的20多年的心理学研究，认为有僵固型思维模式的人更有可能对实质性挑战表现出无助；而那些具有成长型思维模式的人则欢迎挑战，将其视为学习机会，并表现出德韦克所说的"掌握取向"型儿童的思维方式。因此，这两个群体寻求的成就目标也不同。持有僵固型思维的学生倾向于追求"表现目标"（performance goals），他们关心的是任务是否能展现出自己的能力，更喜欢能证明自己聪明能干的任务。相比之下，成长型思维的学生倾向于追求"学习目标"（mastery goals）。他们更倾向于关注学习新概念和提高能力。当任务变得具有挑战性时，僵固型思维的学生倾向于回避任务，而成长型思维的学生则会付出更多的努力，并更多地参与任务。

3. 对于意义系统的影响

能力的思维模式是人类个体复杂动机信念中重要意义系统的核心机制，会影响到努力信念、学习策略和目标设定等多个方面。首先，能力的思维方式会对努力信念产生影响。对于那些成长型思维的学生来说,努力是积极的,是一种变得更聪明的手段——"我越努力地学习,我就会做得越好"。然而,对于那些僵固型思维的学生来说,努力是消极的——"如果我在学习上付出很多的努力,这会让我看起来不是很聪明或者能力不够"。在这种僵固的能力思维模式中,努力反映出的是能力不足。除了目标和努力信念之外,学生对能力的思维模式也是解释他们面对困难选择的一个重要预测因素。具有僵固型思维的学生将挫折(就像他们看待努力一样)视为能力不足的标志——"我不够聪明"或"我不擅长这个"。当学生以衡量自己的能力为导向时,错误很有可能让他们自认为失败和不足。

能力的思维方式也会对学习策略产生影响。在考试失败后,那些有成长型思维模式的学生更经常地说,"从现在开始,我会更加努力地学习"和"我会花更多的时间准备考试"。相反,那些僵固型思维的学生则会因为其缺乏能力的归因和担心暴露不足之处而常说,"看来我并不擅长做这个,我会在这个问题上少浪费时间"或者"我会在下一次测试中作弊"。僵固型思维模式会引导学生关注不良的学习策略,学生会形成一种保护式的"自我设障"策略,比如在平时的学习上花更少的时间,那么如果考试失败就有了一个能够说得过去的借口,而不至于归因到自己能力不足上来。

整体看来,僵固型思维模式创造了一个特殊的意义系统,专注于证明自己的能力,认为过多的努力反而证明了自己能力的不足,因此与以表现能力为导向的"表现目标"密切相关。这些目标和信念反过来又引发对困难的无助反应,并降低学习者在面对困难时的自信心、内在动机和学习欲望。相比之下,成长型思维模式创造了一个围绕能力发展的意义系统,因此它与"学习目标"以及努力提高能力的信念有关。这些积极的目标和信念促使学习者在面对挑战时使用以掌握为导向的策略,并使其提升自我效能感、内在动机和学习欲望。改变人们的思维方式会导致他们的动机、行为和结果发生一系列变化。因此,关于能力的信念是一个强大的心理思维模式,会在潜移默化中影响人们试图完成什么、如何去做,以及他们可能取得多大的成功。

4. 对于情绪的影响

思维模式也会影响情绪和情绪调节。不同的情绪在不同的思维模式中"光顾"和"停留"的倾向是不同的。例如,在僵固型思维模式中,焦虑似乎出现得更快,消退得更慢;而在成长型思维模式中,兴趣和享受似乎出现得更多,也更持久。在这里,我们选取代表积极情绪的主观幸福感和代表负面情绪的抑郁,重点分析思维模式与这两种情绪状态之间的关系。

首先,与成长型思维者相比,僵固型思维者可能面临主观幸福感水平较低的风险。研究人员发现,僵固型思维者在学习过程中更有可能体验到诸如愤怒、焦虑、羞耻、绝望和无聊等负面情绪(King 等,2012)。这可能是由于僵固型思维者对学习行为的控制感较低,而缺乏控制的感觉更有可能诱发较高水平的负面情绪(Pekrun,2016)。学生在学校环境中不可避免地会经历成功和失败的经验,僵固型思维的学生更容易受到失败的负面影响,因为他们认为失败所体现的是自己先天能力不足的表征。因此,对于具有僵固型思维的学生,失败经历大概率会导致幸福感下降。此外,当个人评估自己的主观幸福感时,他们可以从生活的不同领域(例如,学校、家庭、朋友处)收集经验,以对自己的幸福程度进行总体评估。因为僵固型思维者更有可能将其在学校的经历进行负面的解读,这些消极的感受也可能会波及生活的其他领域,这使得他们更可能消极地评估自己的整体主观幸福感。

研究者还通过一些研究分析了学生不同的思维模式在抑郁症中的差异表现(Haeffel 等,2008)。研究者首先通过问卷形式测量了学生的思维模式,然后让他们在网上撰写了三周的"日记"。学生在日记中记录他们每天的情绪,遇到的问题,以及他们如何应对问题解决。研究发现,具有僵固型思维模式的学生的抑郁程度较高。这是因为他们反思自己的问题和挫折时,认为挫折意味着他们的无能或价值缺失。他们越感到沮丧,就越倾向于选择放弃,越少采取行动解决他们的问题,最终形成抑郁的表征。虽然具有僵固型思维模式的学生表现出更多的抑郁情绪,但成长型思维模式的学生也有抑郁情绪的体验,只是他们在面对抑郁时的处理方式完全不同。具有成长型思维模式的学生越感到抑郁,他们就越会采取行动来直面和解决自己的问题。由此看来,成长型思维模式极有可能会改变人们对抑郁情绪的反应方式。

৩ 教育情境中的僵固型思维 ৩

学生的思维模式不仅能塑造他们的信念、目标和行为,而且还能影响他们长期的学业发展(Blackwell 等,2007)。在教育情境中,僵固型思维的学生多数会将考试成绩归因于先天能力,而不佳的考试成绩则意味着能力低下。因此,僵固型思维的学生会努力向他人证明自己有能力取得成功(Schleider 等,2016)。他们偏爱那些比较容易但是对学习技能的提升没有太大用处的任务,因为这样的任务不会存在太大的失败风险。相比之下,成长型思维的学生在遭受学业挫折后会优先考虑如何解决问题、提升能力,而不是向他人"证明"自己的能力。他们将挑战视为提高智力和学习新知识的机会,而不是将其视为对自己能力水平的威胁。鉴于成长型思维和僵固型思维对学生的学习和发展有着截然不同的影响,了解如何培养学生的成长型思维是非常重要的。虽然一些研究发现,可以通过一些简短的教育干预来改变学生的思维模式,但关于学生如何在自然环境中形成和发展自己的思维模式,以及父母、教师和学校可以做什么来促进学生形成成长型思维,还需要进一步的研究与探讨。

父母对思维模式形成的影响

父母的信念会对孩子的情感、行为和心理健康产生重要的影响。如果父母认为能力是天生的,而不是通过努力可以改变的,那么孩子受父母的影响也更有可能产生一些不良的学习动机和学习行为。相比于父母拥有成长型思维,父母拥有僵固型思维的情况下,孩子更容易产生焦虑或抑郁(Dweck, 1999)。父母的思维模式可能通过父母的养育方式来影响孩子的心理发展(Pomerantz 和 Dong, 2006)。例如,当孩子在做家庭作业遇到困难时,僵固型思维的父母可能会为孩子在学习过程中的挣扎状态而苦恼,因为糟糕的表现会反映出孩子的能力不足,并对孩子未来的成功产生不利影响。这些父母的关注点主要会集中在如何确保孩子的成功,甚至可能会直接为孩子提供答案,而不是鼓励孩子尝试去犯错,去自己解决问题。这样的养育方式传递给孩子的信息是失败、可耻的,也是不可接受的,这会加剧孩子在学习过程中的焦虑。

在一项实验研究中,穆尔曼和波梅兰茨(Moorman 和 Pomerantz, 2010)让美国儿童和他们的母亲一起完成一项具有挑战性的任务。母亲们被分为两组,一组被告知这项任务的成绩体现的是他们孩子天生的能力水平(僵固型思维导向),另一组则被告知她们的孩子在这项任务上的能力会随着练习而增长(成长型思维导向)。僵固型思维导向组的母亲出于对自己孩子可能在别人眼里看起来不聪明的顾虑,较多地使用了如结果导向的指导、控制行为和传递消极情绪等非建设性参与。相反,成长型思维导向组的母亲更多地为孩子提供问题解决的策略,传递了努力和成长过程的信息。这些信息使得孩子能够尽可能多地学习,而不是证明自己有多聪明。这一研究表明,父母对于个人能力的可塑性的信念是可以通过和孩子的互动传递并影响孩子的心态和行为的。此外,父母思维模式对孩子的影响也存在一些性别差异。关于父母对失败的反应的研究表明,相较于男孩,僵固型思维的父母可能会对女孩产生更负面的影响。这可能是因为女孩的社会化倾向于依赖和人际意识,而男孩的社会化则倾向于独立和成就意识。

教师对思维模式形成的影响

除了父母以外，教师也是学生学习生活中非常重要的社会角色。教师可能会将他们的思维模式传递给学生，因为教师的信念指导着他们的实践，而实践又可能塑造学生的思维。研究表明，教师的口头陈述可以影响学生的成长型思维发展（Barger，2019）。除了教师所说的，他们的教学实践活动也可能进一步向学生传达思维信息。教师的教学实践通常会涉及自主性、任务、分组和评价四个重要部分，这些实践通常被认为是教师传达他们的期望和塑造学生思维模式的关键渠道。首先，支持学生自主学习的教师往往采取以学生为中心而不是以教师为中心的教学方法。以学生为中心的教师通常会使用两种促进学生学习自主权的教学策略，分别是引导性探究和小组合作。在引导性探究中，学生探索自己的想法，通过讨论形成解释，并表达他们的想法。同时，教师通过引导学生讨论，并回答学生的问题以促进学习过程。在小组合作中，学生则组成小组一起完成学习任务。与传统的由教师指导的知识传递相比，引导性探究和小组合作代表了主动的学习，通过允许学生独立解决问题并鼓励独立思考来促进学生的自主权。此外，从初中生到大学生的各个年龄段的学生，都有报告说当他们从教师那里感受到更大的自主性支持时，他们的成长型思维会更强（Zarrinabadi 等，2021）。一个可能的解释是，当学生有机会独立思考和解决问题时，他们更有可能会体验到一种成长的感受，并认为学习的过程能够在自己的掌控之中。相反，如果老师试图监控学习过程的每一步，并提供不必要的帮助，学生可能会认为这些行为带有明显的控制性，而老师之所以控制自己是因为自己天生的能力不足，这样一来，学生就会形成僵固型思维（Schiffrin 等，2019）。

教师使用能力差异化任务和分组是另一个可能影响学生思维模式的教学实践。为了更好地提供针对性的教学，教师很多时候会根据学生的成绩水平来调整教学。一种常见的组织差异化教学的方式是根据学生先前的成绩将其分到不同的小组。另一种常见的做法是根据能力的差异给不同的学生分配不同的任务。如果操作得当,能力分组和任务分组都有可能通过更好地解决个人学习需求来提高学生的学习能力。然而,这些做法也可能产生意想不到的后果,因为它们传达了对学生潜力的负面看法。有研究发现,班级内能力分组对低成绩学生的学习发展有负面作用(Deunk 等,2018)。被分配到低成绩组的学生往往会产生羞耻感,这种情绪反应与僵固型思维有密切的联系(McGillicuddy 和 Devine, 2020)。此外,学生可能利用任务来推断教师对自己的期望和自己的成长潜力。在一项实验研究中,大学生被告知他们将从导师那里得到更容易或更有挑战性的任务。听到自己会收到更容易的作业的学生会认为导师对自己的期望值更低,进而产生僵固型思维(Rattan 等,2012)。

最后,教师在评价学生的表现时可以采用不同的标准。这些不同的标准也会传递出不同的思维模式信息。目前在学校中有两种主流的评价类型:一种是关注个人的进步和学习,另一种是关注学生之间的社会比较。这两种评价类型可以分别理解为学习性评价与标准化评价。整体而言,学习性评价因为强调个人的进步,更多地与成长型思维产生联结。相反,标准化评价因为强调社会比较,学生很容易将这些对比信息等同为能力差异的比较。在这种评价机制下,学生更加容易形成能力是天生的,自己就是没有这方面才能之类的僵固型思维模式。

学校氛围对思维模式形成的影响

学生的思维模式不仅会受到教师具体的教学实践的影响,也会受到更广义上的学校氛围的影响。学校氛围是一个总称,包括学校环境的各种结构和社会情感特征。学校氛围通常会随着学生升入高年级而发生变化,比如对能力和表现的重视程度增加(Eccles 和 Roeser, 2011)。这种从关爱的学校氛围到更注重能力的氛围的逐渐变化,可能在塑造学生的思维方面产生了影响。有研究表明，对成绩的高度重视会导致学生感知到一种僵固型的思维文化，并逐渐关注于证明和展示自身能力（Murphy 和Dweck，2010）。相反，当学校重视学生的全面发展，不仅考虑学生的学习，而且重视社会情感能力的发展时，学生则会更少地关注别人对于自己是否聪明的看法，更有利于形成成长型思维。

思维模式社会化传递的新争议

许多年来，我们假设当父母和老师相信能力可以增长时，他们会通过自己的行为将这种思维模式传递给孩子。然而，新的研究对这种直接社会化的模式提出了质疑。有几项重要的研究发现，重要社会他人所信奉的思维模式与他们的孩子或学生所持有的思维模式之间没有明显的关系。有关美国父母和他们 7 到 12 岁孩子的抽样调查显示，父母对于能力的思维模式与他们孩子的思维模式之间不存在显著的关联（Haimovitz 和 Dweck，2016；Gunderson 等，2013）。同样，针对美国教师的研究发现，教师的成长型或僵固型思维模式也不能预测他们学生的思维模式。成人的思维模式没有直接影响孩子很可能是因为思维模式可能并不会在儿童面临成功或失败的关键情境中被直接激发，而是通过一些间接的动机信念给出影响。实际上，我们认为成人有自己的"一套动机理论"，他们的"动机理论"更多地驱动着他们与孩子之间的互动。有趣的是，成人的能力思维模式和他们的动机理论可能并不一致。接下来，我们先了解一下哪些类型的成人行为可以预测儿童的思维模式，然后再回到是什么驱动这些行为的问题。

　　表扬　现有的关于思维模式起源的大部分研究都集中在成人如何赞美儿童。这项研究始于一个反直觉的假设——告诉孩子们他们很聪明可能会通过培养一种僵固的思维方式而产生负面的影响。穆勒和德韦克（1998）认为，当儿童成功时，表扬他们优秀的能力很可能会向他们传输这样一种观点：能力是一种固有的特质，可以很容易地从他们的表现中推断出来。然而，一旦他们认为能力水平是天生的，当后期遇到困难或失败时就倾向于认为自己能力低下，觉得自己没有提升能力的可能性。相反，如果是对他们获得成功的过程（如努力工作或问题解决策略）进行赞扬，就会使学生相信，能力是可以不断发展的。为了评估这种可能性，穆勒和德韦克在六项研究中为五年级的孩子提供了一组具有挑战性的问题，其中大部分孩子都做得很好。所有的孩子都首先听到了对于结果的赞美。"你在这些问题上做得很好。你做对了很多题。这是一个非常高的分数。"然后，其中一组将结果与他们的能力联系起来（能力表扬）："你在解决这些问题的过程中表现得非常聪明。"另一组则将结果与他们所参与的过程联系起来（过程表扬）："你一定在解决这些问题的过程中付出了很多努力（对照组只得到结果的表扬）。"结果显示，受到能力表扬的儿童更有可能将他们的能力视为一种固定的特征。不久之后，他们拒绝了一项可以从中得到锻炼和提升的困难任务，而选择了一项对他们的聪明程度不构成威胁的简单任务。后来，当遇到更难的问题时，这些孩子也更有可能把困难看成是对他们能力的威胁。因为如果成功意味着他们很聪明，那么失败就意味着他们不聪明。具有讽刺意味的是，对能力进行表扬会导致孩子们最终比其他组的孩子做更差。相比之下，那些因努力的过程而受到表扬的儿童，会认为他们的能力是可以发展的，因此一直专注于学习。他们选择了有学习空间的相对困难的任务，而不是容易的任务。此外，当孩子们后来面对一项非常困难的任务时，那些因其过程而受到表扬的孩子并没有质疑他们自己的能力，他们更能坚持，更喜欢这项任务，并最终比其他组做得更好。

卡明斯（Kamins）和德韦克（1999）将上述这些发现扩展到年龄较小的儿童身上，并研究了更广泛的能力表扬（对才华或能力的表扬）和过程表扬（对策略或努力的表扬）的不同效果。在这项研究中，幼儿园的孩子们在任务中获得了成功，然后得到个人赞美（"你真的很厉害""我真的为你感到骄傲""你是个好孩子"）或过程赞美（"你一定很努力""你找到了一个好方法""你能想到其他可能同样有效的方法吗?")。在表扬之后,孩子们又经历了两次挫折。在经历挫折之后,接受能力表扬的儿童更有可能形成僵固型思维模式,而接受过程性表扬的儿童则更有可能形成成长型思维模式。一些研究还表明,即使是关于其他同龄孩子的能力标签(例如,"小明被称为数学天才")也会导致儿童认可僵固型的思维模式(Heyman, 2008)。

近年来对家庭环境的研究表明,父母长期使用能力或过程性的赞美可以预测他们孩子以后的思维模式。例如,冈德森(Gunderson)及其同事对孩子 1—3 岁时父母在家中日常使用能力或过程表扬的情况进行了录像和编码。他们发现,父母在这些年里的过程性表扬(占总表扬的比例)预测了 5 年后儿童的成长型思维模式(Gunderson 等,2013)。在另一项研究中,波梅兰茨和肯普纳(Kempner)(2013)对 8 至 10 岁儿童的父母进行了每日电话采访,以跟踪父母对能力和过程性表扬的使用。六个月后,他们评估了儿童的思维模式。母亲更频繁地使用能力赞美,预示着儿童更有可能形成僵固型的思维模式。布鲁梅尔曼等(Brummelman 等,2016)发现,成人更有可能向自信心较低的儿童提供能力表扬。然而,这种能力表扬导致儿童对他们后来的不良表现感到羞愧。整体看来,将过程(如努力或策略)与结果(学习或成就)联系起来可以促进成长型思维模式,因此我们经常听到教育工作者对家长说,"要表扬努力,不要表扬结果",但实际上这样的做法并不总是适用。表扬那些没有产生学习效果的努力可能是无效的。这意味着我们接受了孩子无法学习的事实,我们给他们的仅仅是表扬努力的安慰。

积极标签　听到别人被贴上关于能力的标签,是否足以诱发僵固的思维方式?在一项针对这一问题的研究中,海曼等(Heyman 等,1992)给四、五年级的学生描述了一个在班上表现最好的孩子。对于一半的参与者来说,故事中的老师给这个表现出色的学生加上了一个能力标签(例如,"小明在班上表现最好,所以他被称为'数学天才'")。另一半的参与者也被置于类似的情景,但描述中没有添加能力标签(例如,"小明在班上表现最好,他在数学考试中比班上其他人做得都好")。结果表明,听到能力标签的学生更赞同僵固型思维,同意小明的数学天赋与生俱来,即使不用很努力长大后也会在数学方面做得非常好。还有一项类似的研究,辛皮亚(Cimpian, 2010)让4岁和5岁的孩子做一项新奇的任务,他们一开始做得很好,但后来却犯了错误。在执行之前,一些儿童听到了一个强调固有能力的声明:"女孩/男孩真的很擅长这个游戏。"听到这句话的儿童在完成任务时保持了他们的积极性,但是一旦他们开始犯错,他们的积极性就会下降。虽然这项研究没有直接测量儿童的思维模式,但这种关于儿童所属群体的能力标签可能会影响儿童自己的思维模式。在所有的研究中,我们可以看到,直接表扬儿童的能力,或者给其他儿童的能力贴上积极标签,都会对儿童的思维模式产生潜在影响。尤其当儿童在后来的学习过程中遇到挫折时,这些影响可能会变得尤为显著。

批评　正如针对能力或学习过程的表扬可以影响儿童的思维模式一样,针对能力或过程的批评也可以影响一个人的思维模式。为了研究这个问题,卡明斯和德韦克(1999)让5—6岁的孩子进行角色扮演,在故事中他们的角色(代表他们的玩偶)犯了一个错误。然后,一个玩偶老师给出了以能力为中心的批评性反馈("这些积木都是歪的,而且这一大堆都是乱的,我对你很失望")或以过程为重点的批评反馈("这些积木都是歪的,乱七八糟的,也许你能想出另一种方法来")。接受以能力为中心的批评的儿童都产生了僵固型思维,对随后的挫折反应表现较差。而那些听到以过程为中心的批评的儿童则形成了成长型思维,并以更具坚韧性的方式应对随后的挫折。不仅是对儿童,对于大学生群体研究也发现了相似的结果,即有建设性的、合理的批评可以促进成长型思维。在一项研究中,大学生被要求想象一个场景,即他们在必修课的第一次写作作业中获得低分。一部分学生被告知他们并没有掌握这个题目,另一部分学生被告知他们尚未掌握这个题目,然后被引导思考如何进行下一步的改进。结果表明,在这个关键反馈中听到"尚未"这个词的学生,表现出了更多的成长型思维(Haimovitz 和 Dweck, 2016)。通过这些研究,我们发现强调学习过程和未来成功潜力的关键反馈会让学生更加认可并形成成长型思维模式。

❧ 针对能力认知的教育干预 ❧

重塑成长型思维

思维模式是可以通过干预被塑造的。向儿童和青少年传递成长型思维的干预措施可以有效地提高其学业成就。研究者已经借助面对面研讨会或开发在线课程等方法，向学生传达大脑（以及能力）如何通过不断地锻炼而随着时间的推移逐渐变得更强大，从而帮助学生重塑成长型思维（Yeager 等，2016）。

最早提出重塑成长型思维的是阿伦森（Aronson）及其同事（2002）的一项研究。在这项研究中，非洲裔美国大学生和欧洲裔美国大学生被引导形成不同的能力思维方式。一组研究对象被引导形成成长型思维模式，即能力是可扩展的，每当他们学习新事物时，他们的大脑就会形成新的神经连接。研究者给他们呈现了一部关于大脑可塑性的微视频，并让他们看完后深入讨论，且在后续坚持使用成长型思维的信念来进一步引导低年级的学弟学妹。另一组研究对象被引导形成多元智能理论，其信息是不要担心，即使你在一个领域缺乏能力，也可能会在另一个领域重新拥有它。这组学生也被要求运用这个理论指导低年级的学生。第三组是无操作对照组。在学期结束时，研究者记录了学生的平均绩点，并评估了他们对学术工作的重视和享受程度。他们发现，那些学习了成长型思维模式的学生比其他两组的学生获得了更高的成绩。更重要的是，对于原本不太关注学术发展的非洲裔美国学生，成长型思维模式有效提升了他们对学术的重视程度以及在学术工作中的积极情绪体验。在后续的大量研究中，思维模式也被证明可以通过现实情境受到干预,并对学生的学习和发展产生积极影响。那么,具体可以通过哪些方式来对思维模式进行干预呢? 接下来我们将逐一介绍三种行之有效的干预方法。

1. 面对面研讨会

布莱克威尔等人在 2007 年进行了一次经典的成长型思维塑造干预实验。干预对象是来自纽约市一所公立中学七年级的 99 名学生(49 名女生和 50 名男生)。干预活动是在学期中安排了 8 次 25 分钟的研讨活动,每周一次。学生们被随机分配到 12 至 14 人的小组中。每个小组被随机分配到实验组(成长型思维训练)或控制组。学生们被告知,他们有机会参加一个为期 8 周的研讨会,在研讨会上他们将学习有关大脑的知识,并得到可以帮助他们提高学习技能的指导,之后他们将收到一份结业证书。实验组和对照组的学生都参加了结构相似的研讨会,都包括大脑生理学、学习技巧和反传统思维方面的指导。此外,通过基于科学的阅读、活动和讨论,实验组的学生被告知能力是可塑的,是可以发展的;对照组的学生上了一堂关于记忆的课,并参与了他们个人感兴趣的学术问题的讨论。该干预措施要传达的关键信息是,学习通过形成新的神经连接来改变大脑,而学生是这个过程的第一负责人。这一可塑性能力的信息是在有趣的阅读背景下提出的,其中包含了生动的类比(例如,肌肉变得更强)和例子(例如,相对无知的婴儿在学习过程中变得更聪明),并得到了活动和讨论的支持。每个小组由两名导师担任研讨会负责人,对于每节课,导师们都要提前完成阅读,然后在每周的培训会议上会面、回顾材料并准备向学生介绍。八次研讨会课程的详细描述如下:

课程 1 和 2:大脑——结构和功能。实验组和控制组内容一样。利用说明性幻灯片、"大脑事实"卡片和活动,研究者向两种情况下的所有学生讲授了一些关于大脑解剖和功能的基本事实。这些事实包括:大脑由几个具有不同功能的区域组成,如感觉和运动、高级认知和记忆;它分为两个半球,由一束神经纤维连接;它通过脊髓与身体相连并传递信息;它由数十亿个神经细胞组成,这些神经细胞以复杂的网络连接。研究者解释了信息如何通过一系列电信号和化学信号从神经细胞传递到神经细胞,并通过让学生扮演神经元且形成一个信息链来说明这一原理,一个信息就这样被传递出去。学生们还参与了一个"实验",他们绘制了不同地方(手臂、手、脖子)的触摸敏感度,并观看了一张幻灯片,上面显示了一个"同位素",标示了分散于身体各部分的不同数量的大脑区域。

课程**3**和**4:理论干预/记忆单元。**(1)动机干预组:这个小组的学生轮流朗读第一作者写的一篇与年龄相适应的文章《你可以增长你的能力》。文章描述了学习是如何使大脑发生变化的,包括神经细胞之间会形成新的、更强的联系,并讨论了科学研究的结果,探明心理活动如何导致大脑中可测量的物理变化。文章将大脑比作可以通过锻炼得到发展的肌肉,并得出结论:学习使人更聪明。阅读结束后,导师们带领学生进行讨论,要求他们想一想自己曾经学过的知识与技能,并回忆一下自己是如何通过实践达到掌握水平的,以及其中的关键。他们还讨论了大脑是如何通过这种学习而发生改变的,以及他们实际上是如何变得更聪明的。最后,为了强化这一信息,学生们完成了一个活动页,其中他们描画了一个"神经网络迷宫",拼出了"更聪明"这个词,以说明当一个人学习新东西时会发生什么。(2)对照组:为了提供一个学术上相似但理论上中立的活动,对照组的学生阅读了一篇文章,这篇文章描述了记忆是如何工作的,包括短期和长期记忆之间的区别,以及记忆策略,如将信息分成较少的单元,用重复的方式将信息从短期记忆转移到长期记忆,等等。然后,他们讨论了自己喜欢的记忆方法和难以记住的东西,并参与了"物品清单记忆"的活动,在这个活动中,他们练习记忆策略,例如对要记住的物品进行视觉联想。

课程**5**和**6:刻板印象/学习技能。**干预组和控制组的内容依旧一样。为了控制一些学生中普遍存在的关于性别和种族的刻板印象,研究者在课程中加入了关于对自己和他人刻板印象误区的澄清。此外,研究者还认为,在没有动机的情况下,技能或许无法发挥那么大的作用。因此,研究者为所有学生安排了一节技能学习课,并为所有学生讲解了开展研讨会的目的和好处。在学生们正常的科学课时间里,他们首先参加了关于刻板印象的单元,观看了不同人的幻灯片并猜测他们的职业,然后做了一个练习,在一个方框内或方框外写下他们认为自己有能力或没有能力达到的职业。在这之后,研讨会的负责人揭示了幻灯片中人物的真实职业,并引导大家讨论刻板印象的本质——根据先入为主的想法从而限制了对自己或他人的印象。负责人解释说,我们需要对环境中的物体进行分类,并对其进行快速评估,虽然在某些情况下这是自然发生的和适应性的,但也可能导致对人和情境的偏见以及错误的假设,也就是刻板印象。如果对学生群体的负面看法很普遍,这种刻板印象甚至可能不利于学生自身的潜力发展。在课堂的后半部分,负责人们做了一个关于学习技巧的演讲。主题包括目标设定、时间管理技巧,以及学习、记忆、理解和组织材料的策略。具体包括:时间管理技巧,如将较长的项目分成几个部分,在较短的时间内完成;学习策略,如列出章节大纲,将重要的术语和定义制成索引卡,并与伙伴合作,对这些术语和定义进行测验;记忆技巧,如针对所读内容写出总结,将所读或所听的内容可视化,并大声朗读;理解策略,如在阅读材料前阅读指定问题,并在一天结束后整理课堂笔记。在演讲结束时,研究者分发了包含总结演讲笔记和计划书页的文件夹,以及一套基本工具(荧光笔、索引卡等)。

　　课程 7 和 8:讨论。(1)动机干预组。学生们在研讨会负责人的带领下进行了两次讨论,探讨了大脑可以通过练习得到成长这一事实的意义。在第一个环节中,负责人要求学生们想一想那些他们已经学会、能够做好的事情,回忆一下他们一开始是如何因为能力不足而受挫的,但通过错误和实践,他们逐渐变得强大和出众。讨论过程中强调,他们在学习中所犯的错误是必要的,甚至有助于他们的学习,而且他们正是在学习的过程中变得更加聪明。他们的大脑已经发生了变化,发展了新的神经连接,并加强了现有的连接程度。讨论结束时,大家纷纷表示认可——"你所学的一切都会让你更聪明,而聪明是你的选择"。在第二次讨论中,研讨会负责人讨论了人们根据自己在某些任务中的表现给彼此贴的标签,如"愚蠢"。然后,他们讨论了这些标签(实际上是一种刻板印象观念)如何使人们在学校里不敢尝试或努力工作,因为人们害怕看起来很愚蠢或看起来像个"书呆子",而这相当于自我扼杀:阻止自己真正学习,使自己变得更聪明和更好。讨论的结论是"一切先难后易"。(2)对照组。在这两节课中的第一节,研讨会负责人主持讨论,学生们讨论了他们目前的学业状况,包括哪些科目最容易,哪些最难,他们最喜欢哪些课程和科目,以及为什么。研讨会负责人要求学生分享他们最喜欢的一些学习策略。在第二次讨论中,小组长提醒学生们关于记忆策略的课程,并提出了记忆可能发生在大脑的哪个部位,以及与其他动物相比,人类的记忆可能有什么不同。学生们完成了活动页——"这是谁的大脑?"他们将动物的图片与它们的大脑插图和特殊技能的描述相匹配,并讨论了动物在大脑结构、记忆和能力方面的差异。

　　该研究的数据结果表明与对照组相比,被教授成长型思维理论的干预组学生在课堂动机方面有显著的积极变化,成绩也有所提升。相比而言,对照组的学生表现出成绩持续下降的趋势。这也就是说,向学生传授成长型思维的相关知识能够有效减缓学生的成绩下滑现象。

　　2. 在线课程干预

　　耶格尔等(Yeager 等,2016)设计了一项干预实验。学生在学校的正常课程期间参与实验,在学校的计算机实验室或教室进行两次为期一周的在线课程,两次课程间隔 1 至 4 周。学生们被软件实时随机分配到成长型思维干预组或控制组。在每次计算机课程开始时,老师们会向学生们宣读指导语。干预组的学生会观看一段精心设计过的有关大脑可塑性、神经连接可增长性的在线视频;对照组的活动则使用了相同类型的图形艺术(例如,大脑的科普性图像、动画)以及引人注目的故事(例如,关于菲尼亚斯·盖奇被铁杆穿过大脑前部奇迹生还但性情大变的故事),故事提供了有关大脑的基本信息,学生们被要求阅读并记下这些信息,写下他们的意见以帮助未来的学生。

最后学生们被问到开放式的问题,他们各自提供了回答。这项研究的结果发现,成长型思维干预组的学生核心课程的平均绩点显著提高,其中,成绩较差的学生与高分学生之间的差距也缩短了。有趣的是,研究者还发现了在干预条件和控制条件下,学生的思维模式都在向着成长型思维的方向变化,其中干预组的学生变化程度更大。以前成绩较好的学生,以及在基线水平上持有更多僵固型思维的学生,在更大程度上向成长型思维的方向转变。

3. "说即是信"干预

在一些干预研究中,研究者试图说服学生接受这样一种观点:他们的基本能力是可塑的,他们可以通过学习或工作来提升拓展。但是,有关思维模式变化的研究表明,针对一些重要的问题,仅凭说服性信息往往无法打动学生,即使说服成功,思维模式的改变也可能只是暂时的。因此,在寻求对能力本质产生持久和有影响力的思维模式改变时,研究者创建了一种基于各种社会心理策略的干预措施,这些策略不仅可以改变态度,还可以让他们坚持下去,让他们容易记住。特别是在自我感知理论传统中的研究表明,通过让人们用自己的语言主张某一特定的立场,信念的改变就会得到极大的促进,这一现象有时被称为"说即是信"(saying-is-believing effect)(Higgins 和 Rholes,1978)。如果信息的接收者以自己的经历证实了某一"观念",该"观念"就会表现出坚持不懈和抵制变化的能力。研究者认为以这种方式来改变或创造态度最有可能影响具体的行为。阿伦森等人(2002)将"说即是信"的策略整合到了干预研究中,研究设计了大学生参与一项"笔友项目",他们被分配到以下的三种条件之一:可塑笔友、控制笔友或非笔友。参与者们被告知这个"笔友项目"的目的是在中学生和大学生之间建立一次性的信件交流,从而给中学生以鼓励,让他们知道成功的大学生曾经和他们一样遭遇困难,但困难已经被克服并且他们最终获得了成功。在简单介绍了该项目程序和理念后,参与者被告知他们将回复一封来自七年级学生的信。在每个案例中,这个中学生都被描述为来自贫困的地区,需要从榜样经历中获得力量。写信的真正目的是为了让写信的大学生相信能力的可塑性，并且通过自己的语言来帮助和说服其他的学生。为了增加可信度，参与者收到的所有信件都是手写的，并密封在信封里。信的内容是相同的，初中生除了描述最喜欢的科目和活动外，还描述了他或她在学校遇到的一些困难。读完信后，参与者得到了写回信的指示，这些指示因分组条件不同而不同。

可塑笔友条件：在这种情况下，参与者被要求写一封回信，鼓励他们的笔友不畏困难，努力学习。除了他们想提供的任何鼓励方式外，参与者被告知，加入一个解释人类能力本质的主题将是特别有用的。他们被要求向他们的笔友强调这样的观点：能力不是固有的天赋，而是一种可扩展的能力，随着脑力劳动而增长，"像肌肉一样"会越锻炼越发达。参与者还被告知：因为能力是可塑的，所以人类有能力在生活中的任何时候学习和掌握新事物。这个信息对于年轻的学生来说尤其重要。如果这些学生认为能力是一个僵固化的特性，他们可能会觉得如果在学校工作中遇到困难，他们就没有能力学习。然而，如果学生能够相信，能力会随着努力工作而增长，他们就更有可能努力学习。为了加强这一信息的科学性，与会者观看了一个简短的视频片段，其中讨论了大脑如何不断建立新的神经连接以及能力如何在一生中不断成长。这段视频包括一个生动的大脑发展新神经元的彩色动画。

控制笔友条件：这个条件的设计是为了提供同样的情境——给一个年轻的学生写鼓励的信——只是其中关于能力性质的基本信息有所不同。因此，除了被告知所有笔友的相同信息外，这些参与者还被告知：能力不是一个单一的实体，而是由许多不同的才能组成，因此，每个人都有能力方面的优势和劣势。因此，将能力视为单一属性是一个潜在的破坏性错误；如果年轻的学生在某一科目上有困难，可能会导致他们完全放弃教育，因为学生会认为自己在全局上是失败的。但是，如果这些学习困境中的学生能够被说服，相信有许多不同类型的能力，他们就更有可能继续学习，试图找到并发展自己的优势领域。为了加强这一信息，与会者观看了一个简短的视频片段，其中讨论了心理学家如何开始将能力看作不是一个单一的整体，而是由许多不同类型的能力板块组成。

为了最大限度地提高态度转变的持久性和影响力，发挥"说即是信"的效果，参与者被要求支持"能力的可塑性"的立场。为了加强对其信息的承诺和责任感，研究者为参与者拍了一张照片，并夹在他们的信中。为了提醒他们的主张，并表明他们的信件具有影响力，所有参与者在下一次干预活动中都会收到他们的笔友和其老师发来的感谢信。为了最大限度地提高信念的持久性，两种情况下的学生都被要求在他们的信中加入自己生活中的例子，以说明他们关于能力的论点。在干预的几周后，研究重新评估了他们对能力的可塑性的信念，同时还评估了他们对学术的喜爱程度、对学术的认同程度，以及旨在评估他们的刻板印象的措施。

这项研究的结果发现，被鼓励将能力视为可塑性存在的学生报告说，与两个对照组的同龄人相比，他们更享受学习过程，更投入学习，平均成绩更高。这再次证明培养成长型思维会使学生的表现不易受到刻板印象的威胁，并帮助他们保持对学术活动的心理投入度，这两者都有助于提高他们的学业成绩。

增加自我效能感

许多在学习中存在困难的学生对学术的自我效能感很低，他们认为自己缺乏成功的能力。低自我效能感的学生倾向于形成回避性动机，在出现困难时迅速放弃。接下来我们会根据自我效能感理论及以往的干预研究提出一些切实可行的解决方案，以提高学习困难者的学习动力。我们在第一章曾经详细地介绍了影响自我效能感形成和发展的四个主要因素，分别是成功经验、替代性经验、社会鼓励、身心状态。通俗地讲，这四大因素分别可以理解成学生在学习环境下的"所做""所见""所闻"和"所感"。教师应该在这一过程中怎么做、怎么说？我们可以考虑从任务难度、榜样学习作用、具体的学习策略和有效的反馈等方面入手。

1. 设计挑战度适中的任务

教师设计的任务不能过于简单,过于简单的任务可能会让学生感到无聊,或者让他们觉得老师怀疑他们的能力。当然,任务的难度也不能过高,难度过高的任务则会引起学生对失败的过度恐惧,从而诱发沮丧的情绪。教学的任务难度应该略高于学生当前的能力水平。换句话说,为了提高学生在学校作业中投入时间和精力的意愿,并培养他们的持久性,教师应该给学生提供挑战度适中的任务。那么,如何设定"适当的"挑战呢? 对于教师来说,他们应该定期评估学生当前的能力水平,并制定相应的计划。例如,语文教师们在布置写作任务时,可以给学生提供几篇样文,并向这些学生提供明确的阶段性评分标准。教师还应该在修改学生作文的同时向学生提供具有针对性的指导建议。通过不断地给学生提供具有适度挑战性的材料和任务,并增加任务难度以反映进步,教师可以帮助学生提高效能感并取得成功。在给学生反馈的过程中,要特别注意为能力较差的学生提供成功成长的反馈。成功的经历能够激励学生进一步参与类似任务的学习活动。简而言之,成功的经验对于增强信心和继续努力的意愿至关重要。

2. 设立同龄人榜样

帮助学生提升学习自我效能感的另一个有效的方法是让他们观察其他学生在目标任务上的成功表现。为了使榜样对自我效能的影响最大化,选择的参考榜样应该尽量与作为观察者的学生有可类比的相似性。相似性可以包括年龄、性别、能力、兴趣、社交圈和学习水平,等等。此外,同伴榜样还可以进一步区分为掌握型或应对型。掌握型榜样侧重展示完美地掌握了目标技能或学习策略,而应对型榜样则侧重展示如何克服困难并最终学会该技能或策略,以及如何、何时应用它。对于自我效能感低的学生,观察应对型榜样尤其有效(Schunk, 2003)。通过观察应对型榜样是如何克服困难并提升能力的,观察者往往会意识到他们也能取得同样的成功,这个时候,一个信念会在学生的脑海中浮现:他和我很像,如果他能做到,我也能。

3. 教授具体的学习策略

教师针对学习策略的教学可以显著提高学习困难者的学习成绩（Graham 等，2000）。在向学生传授策略时，教师必须首先确定一到两个关键的策略，引入过多的策略可能会造成混乱，反而减弱学生正确掌握策略的概率。此外，教师必须帮助学生了解何时以及为何使用该策略，并让他们形成自动化的应对，以便他们在单独学习时也能有效地应用该策略。如果不让学生对这些学习策略了然于心，许多学生尤其是学习困难的学生很可能会放弃或忘记使用这些策略。为了确保系统地将策略传授给学生，使其达到自动化加工的程度，教师可以参考以下教学顺序：(1)确定学生目前的策略能力水平；(2)用能够帮助学生记住某一新策略的方式描述该策略；(3)对该策略进行示范。在使用该策略时，提示学生进行口头自我指导，并提供纠正性反馈；(4)让学生口头阐述并演练策略的每个步骤以及其目的；(5)用熟悉的材料和内容提供大量的指导与独立练习；(6)在其他课程材料中提供大量的指导性和独立性练习；(7)当学生掌握了该策略时，明确地告知他们；(8)讨论学生如何在各种情况下使用该策略，让学生分析和记住这些情况；(9)教会学生监控他们对策略的使用；(10)告诉学生在正确使用该策略后能够达到自我认可，以强化效果。通过了解使用什么策略以及具体该怎么做，学生很容易对他们在完成任务时取得成功产生乐观情绪，增加自我效能感。

4. 进行及时的鼓励与反馈

教师应定期鼓励学生尝试新的学习活动，告诉他们如果他们努力、坚持，并正确使用以前学过的策略，就有可能成功。教师如果能为学生提供挑战度合适的任务，学生更有可能会相信，适度的努力会带来成功。让学生认识到适度的努力很有用这点非常重要。因为学生和我们所有人一样，当需要持续的、艰苦的努力时就会感到疲劳，而且学生常常会把过度的努力解释为个人能力的不足。这两个因素都会对自我效能感的发展产生负面影响。此外，如果任务需要过度的努力，意味着技能发展不足，这些认知往往会降低自我效能感。教师如果经常分配难度过高的任务，就算对学生有鼓励尝试,也很可能会降低对教师的信任度,从而降低学生再次尝试的意愿。

此外,给予学生及时的、有重点的、有针对性的反馈非常重要。当教师把任务反馈的重点放在学生做对了什么以及如何进一步改进上时,他们其实给了学生"一张通向成功的地图",因为这样的反馈往往会加强学生的自我效能感(Schunk 和 Zimmerman,1997)。在学生学习新的知识和技能的过程中,犯错是不可避免的。因此,教师应该立即提供反馈来纠正学生所犯的错误,以确保学生不会对这类内容或技能形成习惯性的错误。萨伦德(Salend, 2001)推荐了五种教师可以尝试使用的反馈:(1)纠正性反馈。使用纠正性反馈来告诉学生如何纠正错误。纠正策略包括重述、改写或改变问题,澄清方向以及重新教授先决条件技能。(2)提示。当学生需要视觉、听觉或触觉信息来帮助他们改正错误时,可以使用提示。从本质上讲,提示是外部的、先验的刺激,可以帮助学生做出正确的反应。(3)过程反馈。当学生的答案全部或大部分是正确的,但学习者对答案不确定时,可使用过程反馈。在提供过程性反馈时,教师要重述正确的答案,并指出其正确的原因。(4)指导性反馈。当学生可以从额外的信息中受益时,就使用指导性反馈,例如,可以扩大目标概念的定义。(5)表扬。只有当学生合理地获得了进步时,才使用表扬;否则,他们可能很快就会认为表扬是不真诚的或敷衍的。有效表扬的一个先决条件是有明确的成就指向,并把侧重点集中在与任务相关的行为上,并暗示了能力的提升。如果教师在提供反馈或表扬学生时想要加入比较这一要素,应该将学生的当前表现与他们以前的表现相比较,而不是与其同伴的表现相比较。这样能够为学生提供一个聚焦于自我发展的评价体系,避免一些学生可能会因为社会比较而觉得失望和沮丧。

引导合理归因

教师和家长还应该引导学生学会合理归因。一个积极的归因应该是有乐观属性的：它告诉学习者，成功是可能的，做出努力和正确使用策略可能会带来成功。不良的归因则会体现出其悲观的属性，不良的归因会告诉学习者，努力是没有用的，成功是不可能的，因为他们缺乏这种能力。与成绩好的学生相比，许多成绩较差的学生和学习自我效能感低的学生会习惯性地形成不良的归因，认为他们缺乏成功所需的能力。学术上我们把乐观属性的合理归因叫做功能归因。在开始帮助学生进行功能归因之前，教师必须确保任务符合学生个人的实际能力水平。如果任务太难，学生做出了大量的努力，但却挣扎着失败了，那么即使使用归因训练也很可能会适得其反。为了防止适得其反并增加归因训练成功的可能性，教师在训练学生归因的时候应该强调以下几点（以语文写作为例）：（1）成功是由可控的因素决定的。这些因素包括持续的努力（例如"你很努力，没有放弃"），正确使用特定的学习策略（例如"你作文写得好是因为在动笔写之前列出了文章的大纲"），以及可改变的能力（例如"因为你最近学会了集中注意力，所以你成功了"）。（2）失败是由于不充分的、短暂的努力，没有充分或不正确地应用具体的学习策略（例如"这次你没有做好是因为没有列出作文大纲，而且很快放弃了，下次你列出大纲试试，并且不要放弃"）。（3）失败不是"永久的"（例如"你这次没有写好作文不代表你'笨'，你只是没有列出提纲，让我们一起来列一个提纲"）。在做功能性归因陈述或教学生做这些陈述时，教师可以遵循以下顺序。首先，说明学习者成功或失败的原因，然后说明他们成功的程度（例如："你正确地使用了精读的策略。你读了这段话，问自己这段话是关于什么的，然后用自己的话写出主要观点和两个重要细节。因为你这样做了，所以你的答案都是正确的，做得好！"）。说明原因有助于避免学生因为将注意力集中在直接体现最终结果的词语上（例如"成功"和"失败"）而忽略后面具体的归因内容。

　　针对能力认知的教育干预是多样且丰富的，只有将各方主体和各种途径多维度、有机结合，针对教育情境中出现的具体问题设计出个性化的干预方案和策略，才能形成教育合力，将干预效度发挥到最高水平。

第四章　价值太低还是成本太高

　　小明一直很擅长数学，也清楚数学在高考中的重要性。有一天，他的朋友告诉他，学校要招募参加数学奥林匹克的优秀学生，问他是否愿意参加。然而，小明却毫不犹豫地回答说："我并不想参加这个比赛。"朋友很惊讶，因为这个名额对其他同学来说都是非常珍贵的，而小明却并不在意。小明解释说："要在奥数比赛上获胜，我需要花费非常多的时间和精力，最终也不一定能够获得奖项。因此，我认为参加这个活动并不值得。"

　　常言道："学生以学习为主"，也就是说，学生的主要任务是学习。然而，对于那些回避性动机导向的学生来说，学业任务通常是高难度、需要付出很多努力且不愉快的，这会直接影响学生的学习行为。回避性动机是一种比趋近性动机更强有力的内驱力，因为学生预期中的损失会比同等的获得产生更大的负面情感影响（Schacter 等，2009），从而使学生不由自主地想要逃避学业任务。想要逃避学习是存在于广大学生群体中的一种普遍心理状态，包括学优生在内的每个学生都可能会面临这个潜在问题（黄珊珊，2019）。因此，了解学习成本认知对于学生的学业表现和发展至关重要，因为成本认知是回避性动机产生的核心决定因素（Eccles 等，1983）。学习成本认知（cost perceptions）通常是指学生对学习投入所带来的一系列负面事件的主观判断和评价，是学生决定是否想要学习的标准之一。近年来,它成为教育心理学领域的一个新兴关注点(Barron 和 Hulleman, 2015)。

§ 学习成本认知的定义与理论 §

学习成本认知的概念界定

不同的研究者对成本认知的定义存在差异。最初,埃克尔斯(Eccles)等人对成本认知的描述非常广泛,包括为成功所付出的努力,与机会失之交臂,心理压力、焦虑、厌倦以及对失败的恐惧等消极情感,这些都可被纳入成本认知的概念中(Eccles 等 1983)。而巴特和威格菲尔德(Battle 和 Wigfield, 2003)将成本认知精简为对精力损耗、时间损失和失败造成的心理创伤的感知。勒特雷尔(Luttrell 等,2010)将成本认知定义为"对损失的主观估计(subjective estimate of loss)",强调成本认知具有主观性,是个体对遭受损失的主观判断与评估,而非客观的实际成本收益比(cost-benefit ratio),因此也被称为个人成本(personal cost)。弗拉克等(Flake 等,2015)则将成本认知定义为人们关于"参与一项任务需要投入什么和需要放弃什么"的想法。不论任务成功或失败,都可能引发成本认知,成功的成本可能包括为任务投入的时间或精力,而失败的成本可能包括尴尬、焦虑等消极情感体验(Barron 和 Hulleman, 2015)。

总体而言,成本认知可以被理解为代价评估过程,个体需要评估某项任务或活动是否存在潜在风险、资源消耗或自我耗损(ego depletion),并确定需要付出哪些代价。学习成本认知聚焦于学习环境与学生心理,关注学生主观上的学习负担。

学习成本认知的理论溯源

1. 动力场理论与效价说

成本认知是一个非常重要的概念,其雏形最早可以追溯到"实验社会心理学之父"库尔特·勒温(Kurt Lewin)提出的心理动力场理论(force field theory)。勒温通过物理学理论中"场"的概念,描述了一种非物化的"场",即勒温所说的生活空间(life space)。他认为,在个体行为表象的背后,存在着决定该行为的内在动力,而这种决定力量,就是生活空间,即行为主体所处的整个主观环境,也就是个体心理经验的总和(Lewin, 1938)。在生活空间中,勒温使用"效价(valence)"这个术语来描述一件事物或某项活动既可能对个体很有吸引力,也可能令人感到厌恶、排斥。这是人在特定情境中对特定目标所产生的一种主观价值判断,吸引力对应于正效价,而排斥性则对应于负效价。从这个意义上来说,效价与价值(value)不同,价值通常全是正向的,而效价则可正可负,因情景的差异而不同(Feather, 1992)。举个例子,饥者易为食,渴者易为饮,但需求一经满足,效价就可能由正转负。在生活中我们会发现,即使是自己最喜欢的食材,若餐餐都只吃这一道菜,也会感觉倒胃口而不愿再吃了。还有一个有名的邮筒寄信的例子,一个人出去寄信,看到第一个邮筒就把信投进去了。勒温认为寄信的意向使这个邮筒获得了正效价,也就是邮筒这个时候就好像有吸引力似的。但当寄信者的需要得到满足以后,其他的邮筒就不再有效价了。寄信者可能还会经过第二个、第三个邮筒,但他都不会注意到了。所以,效价是一个随需求变化而正负强弱发生改变的概念。在勒温的场论中,正效价可以促进人们的趋近行为,而负效价则促进人们的回避行为。因此,效价是解释人类趋近和回避行为的关键因素之一。勒温认为,个人的行为是由所有吸引力和排斥力的复杂组合决定的,其中最强的主导力量会决定最终行为的方向和大小。所以,个人的回避行为是由于任务的负效价引起了强烈的排斥力。虽然勒温并没有使用"成本认知"这个术语,但效价的概念与之密切相关,任务的负效价在一定程度上可以被视为感知成本的初始版本。

2. 经典期望价值模型

早期的经典期望价值模型(classic expectancy-value model)由著名的美国心理学家阿特金森(Atkinson)提出。作为成就动机研究者,阿特金森(1964)在其模型中探讨了成就驱力(achievement motives)、成功期望(expectancies of success)和诱因价值(incentive values)对人们成就相关行为的影响。

阿特金森认为,成就动机可以分为趋近性动机(approach motivation)和回避性动机(avoidance motivation)。这个观点已经被许多心理学家所接受,并成为许多后继研究的理论基石。在追求成功时,个体不可能不考虑失败的后果。如果一个人追求成功的成就驱力高于避免失败的成就驱力,那么这个人的动机性质就是趋近性的,会努力去追求理想中的目标。反之,如果一个人避免失败的成就驱力强于追求成功的成就驱力,那么这个人的动机性质就是回避性的,也就很有可能会折中选择一个失败风险较小的目标。因此,一个人的决策和行为最终会受到追求成功和避免失败这两种成就驱力的综合作用。

可以看到,阿特金森的期望价值理论受到了勒温的"效价说"启发。根据阿特金森的理论模型,当学生认为学习是具有吸引力的正效价事件时,其学习动机的性质为趋近性,趋近性动机能够帮助学生维持有效的学习行为,并在遇到挫折时保持积极的心态。反之,当学生认为学习具有负效价时,其学习动机的性质为回避性。具有强烈回避性动机的人通常认为自己不太可能成功,因此,他们倾向于回避一些具有挑战难度的任务,而更喜欢选择非常简单且极有可能成功的任务,或者干脆选择极其困难的任务以便在失败时也能将自我价值威胁或负面情绪降至最低。

尽管阿特金森的模型未能明确解释这种回避倾向出现的原因,但个体感知到的负效价从侧面体现出这极有可能是由于成本认知的作用。成本认知的定义实际上与阿特金森理论模型中出现的回避倾向一脉相承。在阿特金森看来，回避性动机普遍存在，用他的话来说："无论从事这项活动的趋近性动机是什么，都有一种较弱的回避倾向需要克服（Atkinson, 1964）。"换句话说，个体在参与某项任务时，无论这项任务提供了多大的价值，他们仍然会感知到和参与该任务相关的某些成本。阿特金森的理论还考虑了任务难度这种客观因素对任务价值的影响。任务难度越大，成功概率越低，成功相对应的价值就越高；任务难度越小，成功概率越高，成功的价值就越低。然而，阿特金森的理论过于强调内部因素的激发，忽视了环境因素的影响，也忽略了其他潜在的影响因素，如性别角色等（Feather, 1992）。

3. 现代期望价值理论

阿特金森的理论为心理学界带来了新思路，随后出现了许多新理论，其中非常具有影响力的是现代期望价值理论（modern expectancy-value model, EVT），其由心理学界最高荣誉之一"桑代克奖"（E. L. Thorndike Award）的获得者埃克尔斯教授等（1983）提出。相较于阿特金森的早期模型，现代期望价值理论更加详细地分析和定义了期望（expectancy）与价值（value）这两个核心因素，并将它们与更广泛的心理和社会文化因素联系在一起，丰富了整体的理论模型。埃克尔斯等人最初构建现代期望价值理论模型是为了帮助理解青少年在成就选择上的性别差异，例如女生不愿意参加数学进阶课程或从事数学相关职业的原因（Eccles, 2005）。如今，该理论已被广泛应用于教育心理学中的学习动机领域。尽管过去几十年中提出了许多动机理论，但现代期望价值理论因其综合了多种理论观点、捕捉了个人学习动机的关键组成部分并具有广泛的解释力脱颖而出，帮助教育工作者更好地了解学生在学习中的选择、坚持以及学业表现。

该理论提出，学生在开始执行一项任务之前，通常会思考两个核心问题：一是"我是否有能力完成这项任务"；二是"我是否愿意做这个任务，以及为什么"。第一个问题反映了学生对于成功的期望，也可以说是对自身能力信念的判断。那些具有较高能力

信念(例如自我效能感)的学生更有可能期望并相信他们能够胜任某项任务。第二个
问题则反映了学生对于任务的价值观(subjective task value)。价值观是对于"什么是
值得的"一系列信念的整体感知,这种信念源自社会公认的标准以及个人的内心需求
和自我知觉。而在这里,任务价值观则特指对某项任务整体价值的主观判断和评价。
在期望价值理论中,埃克尔斯等人特意强调了"任务"这一术语,表明他们提出的任务
价值观并不是一种宏观的价值观,而是学生对于学习中具体任务的具体认识和分析。
这种任务价值观是主观的,因为不同的人可能会对同一任务赋予不同的价值。例如,
学好数学对一些学生来说很有价值,但对其他学生则不然。研究表明,学生形成的这
种任务价值观是其学业投入、学业选择以及学业成绩的重要预测因素(Eccles 和
Wigfield, 2020)。

　　当学生考虑是否想要完成任务时,他们的回答可能是否定的。例如,他们可能会
说:"我不想做任务,因为我觉得有一些障碍阻碍了我参与这项任务。"为此,埃克尔斯
等人指出,学生的任务价值观既包括对任务积极特征的价值认知,也包括对任务消极
特征的成本认知。换言之,学生的任务价值观有四个主要组成部分,分别是兴趣价值
(intrinsic value)、有用价值(utility value)、成就价值(attainment value)和成本(cost)。
这些认知信念在不同学生的任务价值观中具有不同的层次结构(Eccles, 2005)。这意
味着学生在决定是否执行某项学业任务时,会考虑任务的成本—收益比(cost-benefit
ratio),即权衡任务的积极和消极方面,评估其所需付出的成本及其得到的回报,并根
据评估结果作出决策。因此,这四种认知对于学生感知到的学习整体价值的影响是不
同的,它们可能会增强或削弱学生感知到的学习整体价值。具体而言,兴趣价值也被
称为内在价值,是指学生认为学习本身是令人愉悦的。有用价值是指学生认为学习能
帮助自己实现短期或长期目标,因此是有用的。成就价值是指学生认为在学习中获得
好成绩是对自身的一种肯定。这三种认知被认为具有正效价(positively-valenced),能
够提高学生对学习的整体价值。相反,成本认知(学习活动所连带的一系列负面因素)

被认为具有负效价(negatively-valenced)。随着成本认知的增加,学习的整体价值会降低。如果某项学业任务对学生来说成本太高,比如需要大量时间和精力投入、被迫放弃其他活动,或者感受到压力、焦虑和对失败的恐惧等消极情绪,那么他们就有可能选择不去完成任务(Barron 和 Hulleman, 2015；Eccles, 2005)。虽然过去的实证研究主要集中于建构三种积极的价值认知,但是近年来成本认知已经开始受到重视,并且它对学习动机的影响也正逐渐展现出来(Wigfield 等,2017)。

　　总而言之,现代期望价值理论认为,行为动机的强度取决于任务价值或成本的大小以及期望信念的高低。对于个人来说,他们是否采取行动取决于对特定目标成功的可能性和整体价值的权衡。这两个因素缺一不可。只有当个人觉得自己有能力取得成功并且觉得成功具有较高的价值及较低的成本时,才会采取相应的行动。让我们举个例子,A 同学发现数学是一门具有挑战性的科目。尽管他通过努力以及借助一些学习策略在之前的课程中表现出色,但他还是遇到了新的难题。即使认真学习,他也无法理解和完成题目。这让他逐渐缺乏信心,觉得自己不能学好数学,很难获得成就。因此,他的数学学习动机也减弱了。相比之下,数学对 B 同学来说是一门简单的科目。他的成绩总是在班上名列前茅,面对难题也能迎刃而解。然而,B 同学在学习过程中时常感到困惑,不太明白努力学好数学对自己及自己的未来到底有什么用处。这让他学习数学的积极性也随之大幅下降。最后,C 同学喜欢数学课,成绩也不错,还对数学相关职业感兴趣。但是,由于其他课程和作业的大量压力,他很难协调好自己的学习安排,找不到足够的时间去深入学习数学,因此他的数学成绩和学习动力受到了影响。在上述例子中,每位同学在学习动机上都面临着独特的挑战,分别反映了能力信念、价值认知和成本认知。A 同学缺乏成功学习数学的信心,B 同学无法认识到学习数学的价值,C 同学对数学充满期望和价值,但在他的学习道路上还有其他障碍(即成本)阻碍他投入时间和精力来取得成功。因此,学生的自我能力信念和任务价值观是影响他们学习动力和学习质量的关键因素。

4. 涉及成本的其他理论

有一些理论探索了与成本认知类似的概念结构,尽管这些理论与期望和价值并不直接相关。例如,动机冲突理论提出的动机干扰(motivational interference)(Hofer, 2007)与成本认知中的"没有时间做其他事情"密切相关。动机冲突是指在某种情景活动中,当同时存在两个或两个以上目标引导的行为或选择时个体所产生的心理冲突。由于追求任何目标都需要投入时间、注意力和努力,因此动机冲突是普遍存在的。在资源有限的情况下,一个人往往必须在两个选项之间进行取舍。具体来说,动机冲突可以分为四种类型:双趋冲突、双避冲突、趋避冲突和多重趋避冲突。双趋冲突是指两个事件对个体都有吸引力,但由于条件限制,只能选择其中之一。就像是人们常说的"鱼与熊掌不可兼得"。双避冲突是指两者都是个体力求回避的,但只能回避其中之一。例如,有些人既拒绝努力又害怕失败。趋避冲突是指同一事物可以满足人的某些需求,但同时又会构成某些威胁,既有吸引力又有排斥力,使人陷入进退两难的心理困境。例如,人们爱美食又害怕变胖。多重趋避冲突是指当人们面临着两个或多个目标时,每个目标都有一些优点和缺点。例如,当个人需要在一个环境好且待遇好但距离家远的工作和一个环境不错且距离家近但待遇不佳的工作之间做出选择时,就会出现冲突。动机冲突可能会导致目标无法实现或无法完全实现。有些研究者专门针对学习和休闲的冲突情境提出了"动机干扰"这一概念,即个体在选择任务时放弃其他替代方案对所选任务进程产生的消极影响。例如,学生为了备考而放弃看最新的电视剧,但仍然会受到电视剧的诱惑,从而注意力分散,学习效率降低(Fries 等,2005;Hofer 等,2010)。因此,动机干扰与成本认知中的机会成本密切相关。也就是说,在时间、精力或注意力有限的情况下,选择学习而不是进行其他有吸引力的活动可能会导致个体无法享受其他活动,这些损失是决定性的。而这种机会成本会导致动机干扰体验,从而对学习过程产生消极影响(Fries 和 Dietz, 2007;Fries 等,2005)。研究人员也曾结合现代期望值理论中的成本认知来解释动机干扰的现象(Grund 和 Fries, 2012)。

针对体育教育的动机研究还关注了一种类似于成本认知的结构，被称为感知障碍（perceived barriers）。例如，在迪什曼等人（Dishman 等，2005）的研究中，体育活动中的感知障碍被定义为包括身体成本（例如，体育锻炼后的疲劳乏力）和心理成本（例如，因不擅长某项体育活动而产生的尴尬）。有些研究者直接询问青少年们感知到的与身体活动相关的障碍，青少年们自发提出了一些障碍，如无法参与喜欢的室内活动、被其他人戏弄或欺凌、与不喜欢运动的朋友待在一起而失去活动时间（O'Dea，2003）。所有这些因素都可以从成本认知的角度重新进行定义。

学习成本认知与价值认知的关系争议

在埃克尔斯等人于 1983 年提出的期望价值理论中，成本认知被认为是任务价值认知的一个重要组成部分。直到 2015 年，巴伦（Barron）和赫尔曼（Hulleman）提出了一种不同的观点，他们认为成本认知不同于三种价值认知，应该被视为一个独立的组成部分，并从任务价值认知中分离出来。因此，他们将该理论改名为期望—价值—成本理论。然而，埃克尔斯和威格菲尔德在 2020 年的综述中，基于最新的测量模型证据，站在理论全局的角度思考，最终反驳了改变理论名称的提议。他们主要是为了以最简明的方式继续构建、发展和推广期望价值理论。尽管存在争议，但这段争论中存在一个共识，即成本认知与兴趣、有用和成就价值认知之间存在着实质性差异，不能简单地将其视为价值认知的缺乏。

从概念及效价来看，成本认知作为负面事件的主观认知，显然对个人的任务价值观产生负面影响（Luttrell 等，2010）。在学习中，学生同样需要进行成本效益决策（cost-benefit decision making），即在考虑成本和收益之后做出相应的决策。学生对任务兴趣价值、有用价值和成就价值的感知相当于"收益"，这三者都会对个人的任务价值观产生积极影响。

　　兴趣价值：正如俗话所说，"兴趣是最好的老师"，当学生对某项任务充满内在价值或兴趣时，他们会觉得这项任务充满乐趣，愿意享受其中的过程。埃克尔斯曾将兴趣价值与美国积极心理学家米哈里·契克森米哈赖（Mihaly Csikszentmihalyi）所说的"心流"（flow）联系起来。"心流"是人们全身心投入某件事的一种心理状态（Csikszentmihalyi, 1997）。学生在高度重视一项任务的兴趣价值时，往往会进入"心流"状态，全身心地投入到任务中，并且能够持续很长时间。兴趣价值认知还与美国心理学家德西和瑞安提出的自我决定理论中定义的内部动机（intrinsic motivation）有着相似之处。内部动机是指从事某种活动是因为内在的兴趣与乐趣。它强调了学生愿意参与活动的决策起源，提供了一个自然的激发和激励个体行为的力量（Ryan 和 Deci, 2009）。在没有外在奖赏和压力的情况下，内部动机可以激发和激励个体的行为。与此同时，兴趣价值侧重于对活动的价值赋予。活动任务本身能够使个体得到情绪上的满足，从而产生成就感。个体从事某一活动是因为喜欢这一活动，在其中能够感受到快乐，而不需要依赖于奖励、惩罚、取悦别人等外在刺激。此外，埃克尔斯曾指出，兴趣价值认知的定义与希迪和伦宁格（Hidi 和 Renninger, 2006）提出的兴趣发展阶段模型中的情境兴趣（situational interest）有相似之处。兴趣价值可以是在外部环境刺激下对某项任务产生的认知判断及情感反应。一般而言，当人们处于触发情境兴趣和维持情境兴趣阶段时，兴趣往往尚不稳定，容易改变，需要更多外部条件的维系和支持，才能让兴趣发展到下一阶段。而当情境兴趣发展为对某专业或某领域有成熟、稳定的个人兴趣时，它往往会变得相对持久和稳定，会使人们对未来的学习产生内部动机。

　　有用价值：有用价值是指学生认为当前的学习能帮助自己实现其他短期和长期目标。例如，学生们相信学好数理化能够帮助他们找到理想的工作，有利于他们未来的职业发展，或让家人感到自豪。有用价值与自我决定理论中定义的外部动机（extrinsic motivation）相似，当学生们出于有用价值执行任务时，任务只是达到目标的手段，而非目标本身(Ryan 和 Deci, 2009)。然而,有用价值认知也可以从侧面反映出一个人内心重要目标的实现,例如获得理想的职业。因此,有用价值可以被视为自我决定理论提到的具有一定内化程度的外部动机。

成就价值:成就价值的定义是对从事各种任务或活动所赋予的相对个人的重要性。例如,有些学生会认为在学习上取得好成绩是对自身的一种肯定(Eccles 等,1983)。这个概念与身份(identity)认同联系紧密,学生对于"我是谁"的回答以及看待自己的方式都会影响其对一项任务的成就价值认知。当个体认为某项任务与身份的自觉意识相契合或允许他们表达和确认自我图式的重要方面时,任务就具有较高的成就价值。例如,对于想成为运动员的学生来说,体育相关的任务就非常重要,因为他们将运动视为未来发展的重要组成部分,并会依据在体育活动中的成功与否来定义自己。同样,关于学科学习优势的性别刻板印象,很容易使女生觉得是否擅长理工科对自己来说没有那么重要,甚至可能认为这是与其性别角色认同相反的学业任务,从而赋予这些理工科类的学业任务相当消极的成就价值。综上,价值认知是与成本认知分开的心理结构,以此来避免结构的正价与负价被混淆的潜在问题(Jiang 等,2018)。

从结果影响来看,成本认知和价值认知在预测学生学业发展方面各具独特的影响。当学生认为学习有意义且具有价值时,他们的学业表现通常更好,因此价值认知对于学生的学习适应性和积极学业结果非常重要。例如,这些学生会更多地运用精细加工、批判性思维、元认知和时间管理等自我调节策略(Bembenutty 和 Karabenick,2013；Berger 和 Karabenick, 2011)。科尔等(Cole 等,2008)以及约翰逊和西纳特拉(Johnson 和 Sinatra, 2013)的研究表明,价值认知在学业表现和认知加工中都扮演重要角色。有用价值和成就价值都能促进学生产生深层次的认知参与,提高他们的努力投入、学业成绩和概念学习。相反地,成本认知是导致回避性动机、学业适应不良甚至退学的关键因素(Jiang 等,2018；2020；Johnson 和 Safavian, 2016)。研究者(Jiang 等,2020)发现,即使将价值认知纳入结构方程模型,也仅有成本认知能够正向预测学生的考试焦虑、无条理性与表现回避目标取向。不仅如此,其他研究也显示成本认知会正向预测学生的回避导向行为,比如拖延或是投入最小化的努力(Jiang 等,2018)。可以说,缺乏价值认知所能带来的最坏结果可能只是学生缺乏积极的学业行为表现,比如写作业时三心二意。而持有成本认知则与回避性动机和适应障碍有着直接紧密的联系,给学生的成长发展带来决定性伤害。这种认知信念可能会导致学生直接放弃学业、出现逃学等拒绝学习的不良行为,甚至引发抑郁、焦虑、躁狂等心理问题。

基于心理测量学的角度,早期埃克尔斯和威格菲尔德(1995)在期望价值理论的基础上,开发了一份量表。这份量表不仅包括了测量期望、兴趣价值、有用价值和成就价值的题目,还另外增加了测量任务难度和所需努力的几个题目。虽然这些题目没有被明确表明用于测量成本认知,但任务难度和所需努力在一定程度上可以指代为成本认知(Eccles 等,1983)。近年来的研究通过客观科学的统计分析发现,成本认知是独立于兴趣、有用及成就价值的维度或变量(Eccles 和 Wigfield,2020;Gaspard 等,2020)。相关分析结果显示,成本认知与三种价值认知呈负相关,这表明当成本减少时,兴趣、有用及成就价值增加(Chiang 等,2011;Luttrell 等,2010)。

在这里,我们可以得出一个结论:成本认知和价值认知是互相独立的,但它们共同影响了个人的任务价值观。任务价值观,也可以简称为"值",在中文语境下有着明确的含义——将一个正面因素(如获得或收益)与一个负面因素(如成本或损失)进行比较,如果前者大于或等于后者,那么这个任务就是"值"的。反之,这个任务就是"不值"的(张结海,2011)。举个例子,如果学生认为数学学习非常有用,也就是具有很高的有用价值,但是同时又觉得学习数学需要投入过多的努力,成本太高,那么数学学习的整体吸引力和"值"可能就会降低,学生会认为这个任务是"不值"(devaluing)的。有趣的是,最近的研究提供了以个体为中心(person-centered)的实证证据,揭示了成本认知和价值认知在人们的心理感受中并不是互斥的,而是可以共存的(Lee 等,2022)。实际上,学生同时持有多种动机信念。他们可能认为自己所学的内容非常有价值,比如说有趣、有用或者重要，但同时也会在意代价和自我损耗。这使得他们会呈现出价值与成本认知一致偏高的动机信念模式。与那些认为某学科（例如，化学）成本高且价值低的学生相比，同时考虑到较高价值和较高成本的学生可能会获得更好的学业成绩。

学习成本认知的多维性

回顾已有研究，根据埃克尔斯教授在她的现代期望价值理论中对成本认知的定义，人们会从多个方面来衡量完成任务所需的成本。这些成本认知具有不同的类型。其中第一种成本是努力成本（effort cost），人们会考虑成功完成任务需要付出多少努力以及是否值得。例如，学生会思考"我需要付出如此多的努力来在数学上取得好成绩，这是否值得"。当所需的努力超过被认为值得付出的时候，人们会感知到较高的努力成本。第二种成本是机会成本（opportunity cost），指的是失去进行其他活动的时间或机会。例如，对于学生来说，花时间完成数学作业意味着他们不能看电视或者玩手机。第三种成本是心理成本（psychological cost），指的是因为在任务中挣扎或失败而导致的消极心理状态。在学习环境中，常见的心理成本有"数学考试让我感到焦虑""如果我在数学考试中表现不佳，别人会觉得我很愚蠢"，等等。

在后续研究中，研究者们致力于更清晰地厘清和界定成本认知的类型。他们认为，心理成本不仅包括与完成任务有关的消极情绪，还包括由自我认同威胁带来的负面感受（Jiang 等，2020）。尤其在东亚文化下，以结果为导向的应试教育使得学校环境中的竞争尤为激烈，因此，失败和社会比较往往是不可避免的。这使得学生很容易感到自我认同受到威胁。因此，心理成本可以进一步区分为自我成本和情绪成本。在学习环境中，自我成本指学生感知到的由于失败或与他人相比表现较差所带来的自我概念受挫等负面心理。情绪成本则指学生预期中会面临的消极情绪体验，尤其是对失败的恐惧和对学业的焦虑（Flake 等，2015；Luttrell 等，2010）。已有研究结果证实，学生

回避性动机与学生学习

在学习情境中可能会面临这几种成本认知(Flake 等,2015；Gaspard 等,2015；Perez
等,2014),且不同类型的成本认知可能对学生的学业表现产生不同的影响(Perez 等,
2019)。因此,有必要将成本的多个方面作为独立结构纳入现代期望价值理论框架内,
以更全面地了解学生的学业动机。

1. 努力成本

努力与学生的生活息息相关。无论是小到课堂听讲、课后作业,还是大到掌握某
项重要技能、顺利完成学业,都需要付出努力。然而,在教育实践中,教师和家长一直
感到困扰:为什么有些学生能够努力学习,而有些则不愿意学习或努力学习的意愿逐
渐减退？多方证据表明,尽管努力可能被认为是有价值或回报的,但它也可能成为一
种具有影响力的成本。

和其他自然属性一样,所有动物无论是人类还是非人类都喜欢用最少的努力来获
得相同的成就水平,尤其是在价值相似的奖励选项之间做出选择时。例如,当食物数
量保持不变时,随着需要按压杠杆获取食物的次数增加,大鼠选择高努力选项的比例
降低(Cocker 等,2012)。当高努力选项和低努力选项的奖励价值相同时,人类被试也
更少选择高努力选项。甚至在高努力、固定的高奖赏值(如 20 元)任务和低努力、变化
的低奖赏值(如 1—5 元)任务之间进行选择时,个体也更愿意放弃高奖赏,从而避免高
努力的任务(Nishiyama, 2014)。

究其原因,首先,学习需要付出努力,但是有些学生认为学习是无聊、辛苦和麻烦
的。这种负面情绪与需要努力的任务有关,因为这些任务会导致生理上的反应,如交
感神经系统的兴奋,包括血压上升、呼吸急促、瞳孔扩张和去甲肾上腺素的释放。这些
生理反应表明了一种厌恶的情绪反应,并导致皱眉肌的收缩,以及焦虑、疲劳和沮丧等
负面情绪。此外,随着努力的提高,大脑中产生快乐的多巴胺的水平会降低(Salamone
等,2007)。其次,个体内部的资源是有限的,这意味着随着任务所需的努力不断累积,
个体的精神疲劳感会增加,并成为努力成本的重要来源。研究表明,感到精神疲劳的人

更有可能认为努力是令人厌恶的,并且更容易表现出逃避倾向(Inzlicht 和 Schmeichel,2012)。因此,个体必须谨慎地付出努力,随时监测和保存内部资源。最后,学习心理学的视角指出,努力有时会被误解。许多学生在学习中遇到困难时,会将努力视为自己学习不好的体现。这种思维尤其存在于那些认为智力是不会改变的僵固型思维者中(Yeager 和 Dweck, 2012)。研究表明,学生可能会将某些学习策略所需的努力解释为学习不佳的标志,因此会避免使用那些自我调节学习策略,即使这些策略可能非常有效(Kirk-Johnson 等,2019)。

工作量和任务难度是否会影响努力成本感知是一个重要的问题。然而,答案可能是否定的。努力成本的关键在于个体认为他们所付出的努力不值得,而不在于工作量或任务难度的大小。因此,仅有客观的工作量或任务难度无法完全把握努力成本的本质(Eccles 和 Wigfield, 1995)。在个人感兴趣且高度重视的任务上付出的努力通常不会被视为成本,因为努力在这种情况下被认为是成功的必要条件。相反,当个体需要在他们不感兴趣且不清楚价值的任务上花费精力时,这种努力就会被视为不值得和厌恶的,从而被感知为成本。因此,努力成本的核心在于个体对努力投入的负面评价。当实际努力程度超出个体认为值得付出的努力大小时,个体就很容易感知到更多的努力成本。目前,研究者们发现努力成本可能是成本认知中最具破坏性的一种。在一项由弗拉克等人(2015)进行的调查中,学生被问及他们最不想学习的课程特点,结果发现42%的回答与努力成本认知密切相关。佩雷斯等(Perez 等,2014)也发现,随着时间的推移,努力成本会使学生更容易放弃学业,而机会成本、自我成本和情绪成本则没有这样的影响。在他们的后续研究中,结果同样显示,只有努力成本会显著降低本科生的学习成绩(Perez 等,2019)。

2. 机会成本

虽然人们常常会试图一心多用,例如边散步边发短信、边工作边听音乐等,但是很明显,并非所有的任务都能同时进行。首先,个体很难朝着多个目标同时努力,这就导致目标实现之间互相冲突,因此个体需要以牺牲其他目标或选项为代价来做出选择。其次,个体很难同时处理多项任务,因此需要对这些任务进行排序,优先处理最重要的事情。在这些情况下,选择某个目标或任务就意味着失去了完成其他有价值活动的时间和机会,其表现为一种机会成本。换言之,机会成本是指因为参与某项特定活动而失去的本可以用于其他有价值活动的时间和潜在收益。

动机研究者们一再强调:机会成本无处不在,极大地影响着个体的行为。在教育环境中,学生在学习过程中很可能会经常遇到机会成本,因为他们面临着许多不同的活动选择。每个决策和行为都可能与机会成本相关。学生感知到机会成本最常见的情况有两种:一是当被迫在两个他们认为同等重要的任务之间做出决定时,例如,数学学习会占用小明用来钻研地理的时间,于是在小明看来,数学学习对他来说具有一定的机会成本。另一种情况是当学生已经开始一项任务,但是又出现其他选择时,最常见的就是学习与娱乐的冲突情境。比如说,小明在放学后开始做家庭作业,但是他同时面临着玩电脑游戏、看课外书、看电视等其他诱惑。于是,家庭作业这项学习任务就会出现机会成本。这种情况尤其会降低学生的学习积极性,影响任务的完成质量。研究表明,即使学生只是想象休闲活动,比如考虑与朋友会面,也会导致其动机受到干扰,从而可能增加学习的机会成本(Fries 等,2008;Grund 和 Fries, 2012)。此外,研究还发现,在有智能手机的情况下做数学题,会比没有智能手机时更费力,因为机会成本更高(Kurzban 等,2013)。

关于机会成本的产生机制,研究认为存在两种情况。首先,完成任务通常需要工作记忆的参与,但是工作记忆容量是有限的。例如,在经典的斯特鲁普(Stroop)实验中,一致条件下的颜色字的颜色和意义相同(如,红色的"红"字),不一致条件下的颜色字的颜色和意义不同(如,红色的"绿"字),中性条件则是呈现着色的字符串(如,红色的"×××××")。被试在不一致条件下的反应时间更长,错误率更高,即斯特鲁普效应(stroop effect)(MacLeod, 1991)。研究者认为实际上斯特鲁普实验包括了两项任务,需要被试使用不同的信息处理系统,如人的视觉系统和单词识别系统,甚至更多其他系统。干扰效应表明工作记忆不能同时用于两个需要它的不同任务。因此,个体在同一时间内只能执行有限数量的任务,这会带来很大的机会成本。其次,个体的表征能力也是有限的,学习过程需要调用不同的感觉通道,但是感觉通道的数量是有限的,从而导致个体在特定的时间内只能表征特定数量的信息。

科学研究发现,机会成本在学习动机中扮演着重要角色。在探索中学生的数学学习动机模式时,研究者发现,学生对机会成本的感知存在差异,因此能够区分出三种不同的动机模式,表现出中学生数学学习动机的异质性(Conley,2012)。具体来说,第一种模式(average-high cost)显示,一部分学生虽然具有中等水平的学业兴趣等积极信念,但他们认为想要取得优秀的数学成绩需要付出很高的机会成本。第二种模式(high-low cost)显示,一部分学生的整体学习动机良好,具有适应性,不但积极信念水平较高,而且感知到的机会成本很低。第三种模式(high-high cost)显示,一部分学生表现出了一定程度的两极性,既有较高的积极动机信念,又认为在数学上做得好需要放弃太多做其他事的时间或机会,总体呈现出了较为矛盾的心态。此外,针对大学STEM专业学生的研究表明,机会成本在学期中期是影响学生想要放弃专业的因素之一。学生往往会在中途开始权衡其他活动或选择的价值,决定是否继续学习,从而感知到机会成本的可能性增加(Perez等,2014)。机会成本是动态变化的,学生会评估所需付出的成本和得到的收益,并根据评价作出最终决策。因此,关注机会认知将有助于教育研究者更好地理解学习动机的不断变化(Kurzban等,2013)。

3. 自我成本

自我(ego)是个体人格结构的核心,包括自尊、自我概念和自我价值等重要部分,是个体对自己的主观感受和体验。自我既包括思考的主体("I am thinking"),也包括思考的对象("about me")。主体能思考并意识到自己在做这件事,正如哲学家笛卡尔所说,"我思故我在"(汪春花,王垒,2019)。在学习过程中,学生感知到的自我价值威胁以及对消极自我信息和负面评价的恐惧,都会加剧自我成本认知(Eccles 等,1983)。

学习中存在两种常见的威胁情境:社会比较和失败。获取自我评价的内在驱动力促使人们在日常生活和工作中广泛采用社会比较作为重要途径。然而,不同的社会比较会对个体的自我评价产生不同的影响。当学生感到自己永远无法与优秀的同学相比时,负面社会比较就会威胁到他们的自我概念,使其自尊水平降低,并导致消极的自我评价(Collins, 1996)。遗憾的是,在国内选拔性考试和结果性评价仍然占据主导地位的学校环境中,学习竞争激烈,因此存在大量的负面社会比较信息。特别是从中学开始,常模参照评价变得非常普遍,并取代了小学阶段采用的标准参照评价(Eccles 等,1993)。常模参照评价强调考生在群体中的排名,而排名从高到低意味着总会有人失败。因此,消极的体验感受不可避免,并且自我成本认知很可能在学习环境中普遍存在。此外,学校还按能力高低将学生分到不同的班级,这种做法也会导致频繁的社会比较。需要强调的是,社会比较所带来的自我成本认知不仅会打击成绩不佳的学生,还会波及学优生,甚至有些学优生可能更加敏感,因为他们希望维持对自我价值的肯定和他人对自己能力的认可。不仅中国,像韩国等东亚国家的教育同样极具竞争性。因此,社会比较产生的自我成本认知在文化上具有敏感性,对东亚学生的影响可能比西方学生更为显著(Gaspard 等,2020)。

至于失败情境,在学习过程中,无论是什么活动,都有可能失败。即使是可能性很小的潜在失败,也会引起消极的情绪和回避行为。如果学生有选择的权利,他们很可能会选择逃避任务,这是人类本性中的一种自我防卫机制(Eccles, 1983)。但在学校这样的环境中,学生的选择是受限制的,因此他们可能会采取不合适的应对方式。自我防卫是人类天生的倾向之一,个体会通过各种认知和行为策略来维护自我。在经历失败后,心理自我防卫机制的主要目的是维护自尊,特别是当个体认为失败会威胁到他们的未来时(Miller, 1976)。根据自我价值理论(Covington, 2009),学生总是希望在学校环境中建立和保持积极的自我价值感。当遭遇失败或预期失败时,学生会找借口推卸责任,这种行为可以维护他们原有的正面自我形象(Covington 和 Omelich,1979;1981)。例如,他们更愿意将失败归因于缺乏努力,而不是缺乏能力。他们认为问题出在"准备不足""没用心去做""任务太难""运气不好"等因素,而不是自己的能力问题。研究表明,当潜在失败带来的自我成本越高时,学生就越不愿意寻求帮助或反馈(Ashford 和 Cummings,1983)。

4. 情绪成本

负面情绪一开始并没有被视为成本认知的一部分,但是现在有很多证据表明,忽略情绪成分可能是不明智的。情绪对学生的学业动机、认知参与和学业表现有着深刻的影响(Pekrun 等,2002)。消极情绪会增强学生的回避性动机,导致他们失去学习的兴趣。此外,个体的情绪反应也是影响他们对任务价值判断的重要因素(Eccles 等,1983;Pekrun 等,2002)。无论是期望价值理论家,还是情绪研究者,都强调了情绪与效价之间的密切关系。预期或实际的情绪体验都是影响任务效价强度的关键因素。著名的学业情绪研究者佩库恩(Pekrun,1992)曾明确写道:"当情绪具有评价性质时,它是人们对任务内容或最终结果进行效价评价的基础。例如,学生在获得好成绩或父母表扬时,会感到高兴和自豪,这些积极情绪会使好成绩或父母表扬等结果在学生心中获得更高的积极价值。相反地,失望、羞愧等负面情绪会令学生在主观上增强消极结果原本的负效价。"在价值认知的分类中,兴趣价值作为一种重要的积极任务价值,同样以情绪体验为基础。同理可证,负面情绪也可以作为成本认知的直接体现。

此外,消极情绪一直是学生成本认知当中重要的一环。已有研究表明,学生在参与体育课程时会感到疲惫等负面情绪,这也被视为一种成本认知。在一项针对中学生的研究中,研究者使用了开放式问题去询问学生对于参与体育课的成本认知,结果发现许多学生都提到了负面情绪的体验(Chen 和 Chen,2012;Zhu 和 Chen,2013)。同样地,在另一项研究中,德拉瓦尔等(de la Varre 等,2014)询问了一些中途退出线上课程的高中生放弃课程的具体原因,结果发现学生们自发列出的原因中都提到了感到不堪重负和害怕等消极情绪体验。实际上，即使在成本认知的测量题目中没有明确点明"情绪成本"，但其中描述的与任务相关的负面情绪，如"我担心自己将无法应对专业学习所带来的压力""令我害怕的是，我的专业课程比其他专业的课程难"等，也反映了情绪成本的存在（Flake 等，2015；Luttrell 等，2010；Gaspard 等，2015）。

考试焦虑是一种备受关注和研究的负面学业情绪（Pekrun 等，2002），也是情绪成本的一种典型表现。通常情况下，学生越焦虑，就越容易觉得学习缺乏积极价值，例如缺乏趣味、重要性或实用性（Meece 等，1990）。除了考试焦虑，其他与学业投入密切相关的消极情绪，如烦恼、压力和疲劳，也可以被视为情绪成本。情绪成本不仅仅是指当前或已经存在的消极情绪体验，它还指个体预期未来学业任务的负面情绪，例如源于对未来的担忧等。此外，"望子成龙"和"望女成凤"是儒家文化影响下常见的家长教育心态。高期望通常伴随着大量的心理压力和情感负担，因此东亚学生可能会特别受到情感成本的影响（Johnson 和 Safavian，2016）。

5. 其他成本认知

除了常存在于基础教育阶段的成本认知，还有一些更可能发生在高等教育阶段或特定人群身上的成本认知。巴伦和赫尔曼（Barron 和 Hulleman，2015）认为还存在一种与当前工作无关的努力成本（effort unrelated cost），因为人们往往需要完成其他重要事项，这可能会对完成手头任务产生消极影响。例如，职场人士试图平衡工作和家庭，高校教师则需要平衡科研和教学。类似地，费拉克等（2015）提到了"外部努力成本"（outside effort cost）。这种成本类型是指学生在学习之外的其他生活领域中所感知到的成本，并且可能会对学生的学业投入产生负面影响。例如，有些学生在学习之余需要兼职补贴家用。

此外，威格菲尔德等（2017）提到了几种成本认知结构，包括沉没成本、经济成本和社交成本。沉没成本是指那些已经发生且不可收回的支出，例如金钱、时间和精力。

一旦个人投入这些成本,就会有继续投入的倾向。当人们决定是否要做一件事时,他们不仅会考虑将来的获益,还会考虑过去的投入,这也被称为沉没成本效应。例如,读博士的学生可能会面临极大的学业压力,但他们很少放弃毕业或退学,这很大程度上是因为沉没成本太高了。经济成本则是在金钱方面的投资评估。社交成本主要考虑的是某项活动是否会影响个人在重要他人心目中的形象。

ꙮ 学习成本认知的测量与评估 ꙮ

质性视角:访谈与开放式问题探究

目前,采用质性视角去探索学习成本认知的相关研究通常使用访谈或开放式问题等研究范式。其优势在于允许受访者用自己的话来描述他们的态度和观点,有利于对复杂的心理现象和心理结构进行深入细致的描述、理解、发现和分析。因此,这种方法更切合学生的真实想法和心理状态,有助于增加对学习成本认知的不同理解视角并更大可能地揭示其发生和发展规律。通过这些质性研究,研究人员已经证明,所有年龄段的学生都会在学校环境中感知到各种类型的学习成本。

以体育学科为例,在小学阶段,沃特金森等(Watkinson 等,2005)通过访谈 10 名三年级学生,探究了他们逃避参与课间体育活动的原因。结果表明,这些学生主要提到了自我成本或情绪成本等心理成本。例如,他们担心自己看起来笨拙,或者在跳舞时感到紧张,因为其他人会盯着看,可能会认为他们跳得很糟糕。他们还讨厌被取笑,有一个孩子说自己总是在玩滑梯游戏时被推倒取笑。此外,还有学生表达了身体疲劳不适的情况,比如觉得跑步太累等。其他研究者(Xiang 等,2006)采用开放式问题,询问四年级学生是否喜欢以及为什么喜欢或不喜欢学校组织的跑步活动。结果显示,在113名学生中,73人(64.6%)表示喜欢跑步活动,38人(33.63%)表示不喜欢,2人(1.77%)表示喜忧参半。同样,学生不喜欢跑步活动的理由都体现出了他们感知到的成本。比如,长时间跑步导致的劳累、觉得跑得太多或太频繁、不能像其他同学一样跑得好、活动无聊,等等。

在中学阶段,有研究者(Chen 和 Chen, 2012; Zhu 和 Chen, 2013)通过开放式问题询问六到九年级学生不喜欢体育课的原因。这些问题包括"如果在体育课上有你不喜欢的地方,那会是什么?为什么?"以及"如果你可以选择,你会宁愿不来上体育课吗?为什么?"结果发现,大部分学生的回答都反映了他们对参与体育课的消极看法,主要包括因感到疲惫而产生的情绪成本,因更想参与其他活动而非体育课所产生的机会成本,以及因不恰当的考核方式而感到自我威胁所产生的自我成本。此外,德拉瓦尔等(2014)要求中途退出线上课程的高中生报告原因。研究发现,学生自发列出的原因涵盖了努力成本、机会成本、自我成本和情绪成本这四种成本认知,即他们认为工作量过大,课程安排与课外活动有冲突,感到不堪重负和害怕等。

在大学阶段,研究者(Chen 和 Liu, 2009)在中国大学生中进行了一个研究,并发现当他们使用开放式问题询问学生在体育活动中是否有任何让他们不喜欢的事情,以及为什么不喜欢时,大学生们提供了很多成本认知方面的解释。这些解释包括因为过多的工作量而产生的努力成本,因对课程感到失望而产生的情绪成本,以及与教师有关的社会性成本。一些学生认为他们的老师不够负责、不关心学生或者过于严格。这些成本认知都削弱了大学生对体育活动的兴趣,并降低了他们参与体育活动的意愿。杰伊汉和蒂洛森(Ceyhan 和 Tillotson, 2020)则通过质性访谈发现,美国大学生在科学研究过程中也会体验到努力成本、情绪成本和机会成本。

量化视角：自陈式量表的研发

当前，量化视角在探索学习成本认知方面的相关研究主要是通过问卷调查展开的。问卷调查通常采用李克特式自我陈述量表等方式，是社会科学研究中常见的数据收集方式。它能够相对客观地研究人们的态度、信念等心理现象，并根据统计推断得出普遍适用的研究结果。如果不能准确有效地测量学业成本认知，那么研究人员也无从得知学生的这种消极信念如何影响其学业表现与成长发展，以及成本认知与其他动机信念之间的作用关系。因此，研究者们一直致力于开发一个抓住成本认知的核心机制并涵盖其多个关键维度的有效测量工具。

成本认知的测量经历了一个逐步完善的过程。最初，研究人员对成本认知的操作定义并不清晰，仅使用感知到的任务难度和工作量来测量成本认知（Eccles 和 Wigfield，1995）。尽管研究发现任务难度和所需努力与兴趣、有用性、成就价值呈负相关，但是前面的章节已经提到，任务难度和所需努力只是可能代表成本的指标之一。因此，这些研究中的量表并未正式包括测量成本认知的题目。

在这之后，有研究者使用单一维度来测量学习成本认知，而忽略了学习成本认知是一个包含了复杂因素的多维心理结构。例如，康利（Conley，2012）在研究七年级学生的数学学习动机时，只用两道题目来测量成本认知，而这两道题目都只关注机会成本这一维度，分别是"为了学好数学，我不得不放弃很多东西"和"数学上的成功需要我放弃其他喜欢的活动"。科索维奇等（Kosovich 等，2015）关注中学生在 STEM 学科中的学习动机，开发了一个测量他们期望信念、价值认知与成本认知的动机量表。尽管这个三因素结构量表的信效度良好，但其中测量成本认知的部分同样只包含了机会成本，共有 4 道题目，分别是"我的数学/科学功课需要太多的时间""因为我做的其他事情，我没有时间投入到数学/科学上""我无法投入足够的时间以确保在数学/科学上取得好成绩"和"我不得不放弃很多才能在数学/科学上取得好成绩"。可见,上述这些研究只关注了一种成本类型,过于简化了学习成本认知的广度。当然也有研究者在关注特定情境和问题时,选择只测量一种成本认知。例如鲍尔等(Ball等,2017)关注与"数字鸿沟(digital divide)"相关的情绪成本,他们开发了一系列测量题目,如"计算机让我感到不舒服""我不想使用计算机以防自己看起来很愚蠢"等。此外,一些研究关注反馈寻求行为,开发了测量自我成本的量表(Vandewalle和Cummings,1997)。这些研究发现,自我成本会对寻求反馈的行为产生消极影响。

现在,越来越多的研究开始采用多维度的方式来测量成本认知,而不再将其视为单一结构。例如,特劳特魏因等(Trautwein等,2012)通过询问学生为了在数学或英语课上取得好成绩需要付出的努力成本和牺牲其他活动的机会成本来测量学习成本认知。具体测量题目包括"我必须投入大量时间才能在数学/英语上取得好成绩"和"我不得不牺牲很多空闲时间才能学好数学/英语"。勒特雷尔等(2010)则关注学生对数学任务的个人看法,他们开发的量表中涵盖了成本认知的多个方面,其中包括数学学习的努力成本和情绪成本。具体来说,测量努力成本的3道题目分别是"比起其他课程,我不得不更加努力地学习数学""数学符号让我困惑不已""解数学题对我来说太难了",测量情绪成本的4道题目分别是"数学考试让我害怕""试着学数学让我很焦虑""上数学课让我害怕"和"我担心我的数学成绩会很低"。然而,尽管考虑了不止一种成本认知,但仅使用两个维度仍然不足以描述学习成本认知的复杂结构和多维属性,同时也可能会限制测量的信度和效度。

随着理论和实证研究不断深入,越来越多的学者开始在研究中加入多维度的学习成本认知构建。早在2003年,一项调查女大学生的价值观如何影响攻读研究生意向的研究就基于埃克尔斯等人(1983)在理论中提出的三种成本认知(即努力成本、机会成本和心理成本),开发了24个测量题目(Battle和Wigfield,2003)。然而该研究也暴露出一些局限性。首先,探索性因素分析发现,一些与成本认知相关的测量题目跨越了正常值,甚至出现了和测量价值认知的题目发生跨载荷现象,这表明测量内容的效度可能存在问题。其次,测量题目文本繁琐,难以理解,很多题目只适用于特定情境,比如"如果我毕业后必须努力工作以偿还长期的学费贷款,那么读研究生是不值得的""我担心读研究生会妨碍我尽快专注于婚姻和家庭"等。即使这些题目在女大学生样本中有效,也无法准确捕捉基础教育阶段学生成本认知的内涵和特征。佩雷斯等(2014)在巴特尔和威格菲尔德(2003)的研究基础上改编了一份学习成本认知量表,共包含 20 道测量题目,进一步探讨了成本认知的多维结构。该研究的因素分析结果发现成本认知包括努力成本、机会成本和心理成本三个因素。其中,努力成本测量题目涉及完成科学专业所需的付出以及对未来获得学位的怀疑,如"当我想到完成科学专业需要付出的努力时,我不确定最终获得一个科学学位是否值得"。机会成本测量题目则关注大学生是否担心科学专业学习会影响他们的友谊等亲密关系,具有一定的情境特异性,如"我担心科学专业可能会让自己失去一些宝贵的友谊"。心理成本测量题目则描述了失败所带来的情绪成本和自尊心受挫的问题,如"我担心自己无法处理科学专业带来的压力"或"如果我尝试学习科学专业却失败了,我的自尊心会受到伤害"。该量表的后续使用发现,成本认知越高的大学生越容易放弃专业学习,而努力成本认知的影响作用最大。该研究为不同类型的成本认知提供了有效区分,但仍需注意有个别测量题目可能不适合中小学生。

　　为了研究基础教育阶段学习成本的认知,加斯帕德等(Gaspard 等,2015)利用德国九年级学生的样本,设计了一个包含 11 个问题的量表,分为三个维度:努力成本、机会成本和情绪成本。经过因素分析,验证了这个三因素模型的可行性。首先,测量努力成本的题目包括:"我在学数学时感到很累""我总是在学完数学后感觉精疲力尽""学习数学消耗了我很多精力""学习数学使我精疲力竭"。其次,测量机会成本的题目包括:"为了在数学上取得成功,我不得不放弃其他喜欢的活动""为了学好数学,我不得不放弃很多东西""为了擅长数学,我不得不牺牲很多空闲时间"。最后,测量情绪成本的题目包括："我宁愿不学数学,因为它只会让我担心""当我学习数学时,我很生气""数学对我来说真的是个负担""学数学让我很紧张"。然而,使用该量表进行测量后发现,学生的努力成本认知与情绪成本高度相关(相关系数 $r > 0.90$),表明这两个维度的测量问题之间可能存在类似的问题。因此,对于该量表的测量结果需要进行更深入的检查和分析。

在费拉克等(2015)开发的含 19 道题目的成本认知量表中,除了努力、机会和情绪成本外,还新增了一个名为"外部努力成本"的维度,从而将成本认知的结构数量从三类扩展到四类。这个维度的测量题目如"我有很多其他的责任,无法为这门课付出必要的努力"。尽管费拉克等人(2015)认为"外部努力成本"是一个独特的贡献,因为它指出学生在除学习环境以外的地方可能还有多种责任需要承担,这也会减少他们对学业任务的参与,但这个维度可能存在问题。它不能被认为是严格意义上的学习成本认知结构,因为它关注的是一些外部客观因素带来的负面影响,而不是学生自我逃避学习的心理机制,这与成本认知强调个体主观评估的定义不太相符。这个研究还有一个有趣的发现。在开发量表之前,研究者另外找了一批学生,让他们描述他们最想上和最不想上的课程。结果发现,学生们都提到了努力,但对于同样的努力,他们的评价却截然不同。对于他们想上的课程,尽管需要额外的努力,但学生们认为这是积极的表现。但对于不想上的课程,额外的努力则被视为一种成本。这个现象启示我们在编写测量题目时需要更加关注主观认知。仅仅用客观语气陈述课程的特点,如"这门课难",并不能有效地测量出学生的成本认知,因为课程即使有难度也可能让学生认为这门课是很有价值的,能够帮助自己成长,增加学术能力。相反,如果我们这样表述这道题目——"这门课太难了",就能体现出主观性的负面评价,"太难"说明这门课的难度或工作量已经超出了临界值,是让人充满负担感的程度,从而会被认为是具有负面成本的。

随着多维成本认知结构的不断完善,研究者认为有必要编制一个适用于非西方文化下学生的成本认知量表,并对已有的成本认知结构做出更清晰的厘清和界定(Jiang等,2018;2020)。他们提出,重视自我认同威胁给学生带来的消极感受是非常关键的,尤其是在东亚文化下。在东亚国家,以结果为导向的应试教育使学校环境中的竞争尤为激烈,失败与社会比较常常是不可避免的。因此,学生很容易感到自我认同受到威胁。为了更为直接地指代个体感知到的因失败或比较产生的消极自我信息和负面评价对自我价值或自尊的威胁,学生可以使用"自我成本"。基于此,姜等(2020)将"心理成本"区分为自我成本与情绪成本,在保留努力成本和机会成本的基础上,最终开发和验证了一个含12道题目的四因素量表。该量表已多次在韩国和中国中学生样本中进行施测,具有良好的信效度,能够有效评估学生的学习成本认知(Gaspard 等,2020;Jiang 和 Rosenzweig, 2021)。

虽然学习成本认知的评估工具不断丰富,但到目前为止仍然存在一定的局限性。每个局限都为未来的研究提供了可能的方向。评估主要依赖学生的自我报告,这可能存在社会赞许效应。此外,本土化的评估工具相对较少,而这些测量指标在中国学生群体中是否具有"强"和"中等"证据水平与稳定性还需要进一步检验。因此,今后需要努力构建起一个更加系统、发展和动态的评估体系。未来在评估工具方面的研究可以从以下几个方面考虑:(1)结合社会他人评价等多主体报告形式,或者采用更为客观的实验室行为观察和测验任务的形式来收集数据,以增强测量结果的稳健性;(2)针对不同年龄段的学生群体、不同学科或学习任务编制专项评估工具。后续还可以结合计算机网络、多媒体、虚拟现实等技术,编制更贴近生活情境、更准确有效的评估工具;(3)开展更精细的测量,比如可以考虑使用分时点的日记研究法(daily diary),通过学生的每日记录,观察其学习成本认知随时间变化的过程。又或是采取经验取样法(experience sampling method),选取题目较少的量表在几周内进行重复测量,从而增强测量的可靠性,进一步解释个体内部的心理状态。

❦ 成本认知对学习的影响 ❦

诱发回避性动机

人类行为的基本驱动力有趋近和回避两种，它们是学习动机的两个基本形式。区别趋近性动机(approach motivation)和回避性动机(avoidance motivation)的核心在于刺激的效价(积极或消极的属性)。在学习环境中，如果学生认为学习是有益、有吸引力、值得期待的正向刺激，那么他就是持有趋近性动机。反之，如果学生认为学习是有害、厌恶或者不想做的负向刺激，那么他就是持有回避性动机(Atkinson, 1964; Lewin, 1938)。不同于趋近性动机，回避性动机很容易导致学习适应不良，比如学习效率低下、拖延等逃避学习的行为，还伴随着较低的幸福感(Roskes 等, 2014)。此外，如果把具有挑战性的学业任务看作一种压力源，那么有趋近性动机的个体会保持积极的心态，通过自我提高等方式克服学业的挑战，并维持有效的学习行为；而有回避性动机的个体则会通过转移注意力或者远离自我威胁的方式来逃避学习，最终导致厌学情绪，进而损害学业发展。

研究发现，许多因素与回避性动机密切相关。这些因素包括学生对成本的认知、害怕失败和受到负面评价、低能力信念等(Barron 和 Hulleman, 2015; Elliot 和 Covington, 2001)。其中，成本认知是青少年面对学习时所连带负性事件的主观认知，它突出了回避性动机产生的核心心理机制，也是诱发回避性动机的关键决定因素。换言之，学生逃避学习的动机很可能源于他们过分关注学习所需要付出的代价，感知到了过高的学习成本，如需大量投入时间和精力、被迫放弃其他活动，还有压力、焦虑及对失败的恐惧等消极情感体验(Barron 和 Hulleman, 2015)。一些质性调查也证实了这一点,学生不喜欢或逃避某些任务的主要原因是他们对任务的成本认知。例如,在小学阶段,沃特金森等(2005)采访了 10 名三年级学生,探究了他们逃避参加课间体育活动的原因,结果发现小学生们面对参与体育活动的自我成本问题时感到非常困扰,如因表现不佳而被其他同学取笑、身体不适等。研究者(Chen 和 Chen, 2012;Zhu 和 Chen, 2013)询问了六到九年级学生不喜欢体育课的原因,发现大部分学生的回答都强调了成本认知,包括因感到疲惫而产生的情绪成本、因更想参与其他活动而非体育课所产生的机会成本以及因不恰当的考核方式而受到自我威胁所产生的自我成本。此外,德拉瓦尔等(2014)要求一些中途退出线上课程的高中生报告放弃课程的具体原因,发现学生们自发列出的原因涵盖了努力成本、机会成本、自我成本及情绪成本这四种成本认知,比如认为工作量过大、课程安排与课外活动有冲突、感到不堪重负和害怕等。在大学阶段,研究者(Chen 和 Liu, 2009)对中国大学生进行了调查,发现大学生们对体育活动的成本认知也是导致他们不喜欢参加体育活动的根本原因,如因工作量太大而产生的努力成本等。总的来说,学生们逃避学习或参加课外活动,其核心原因就是对成本的过高关注,从而抑制了他们的积极性和创造力。

损害学习发展与学业表现

实证研究结果显示,成本认知会给学生的学业表现与发展带来诸多不良后果。首先,若学生过度关注任务成本而忽视任务本身的价值,将导致学习整体价值下降。埃克尔斯等(1983)在期望价值模型中已指出,个体进行选择时需要权衡成本和价值以做出决策,形成整体价值认知,从而指导其行为。然而,当学生的成本认知占主导时,他们可能会觉得某项学业任务付出过高,例如"如果我做作业,我就会错过微博上发生的一切"或"如果参加这门专业课,我就不能再选择另一门感兴趣的课程",导致学生对任务的整体价值评估降低,因此可能不会选择完成该任务(Wigfield 等,2017)。

其次,成本认知增多还会导致学生出现更多的适应不良现象,如考试焦虑、无条理性和拖延(Jiang 等,2018;2020)。研究者(Song 等,2019)发现,若学生对努力成本产生较高认知,便倾向于在学习中投入最少的努力。伯杰和卡拉贝尼克(Berger 和 Karabenick, 2011)发现,成本认知与数学学习策略的使用相联系,高成本认知的学生可能会更常使用简单低阶的学习策略,如复述。勒特雷尔等(2010)发现,较高成本认知与大学生较低的数学课程参与度相关。同时,增多的成本认知也会影响学生的学习目标设定,使其更容易采用表现回避目标定向,即学生会想方设法逃避竞争情境,以避免表现得比他人更差或更愚蠢(Conley, 2012;Jiang 等,2020)。

此外,若学生认为投入学习会带来较多负面成本,就会对其学业表现产生不利影响(Barron 和 Hulleman, 2015;Jiang 等,2018)。康利(2012)通过聚类分析发现,成本认知是区分不同数学学习动机模式的关键变量之一。相比于低成本认知的学生,高成本认知的学生表现出更低的数学测验分数。此外,成本认知对个体自我能力信念与学业成绩间的关系起到调节作用。这表明高成本认知学生的学业成绩较低,即使他们拥有较高的能力信念(Perez 等,2019)。高成本认知与低成绩水平之间的联系在多门学科中均有体现,如数学、生物和德语(Gaspard 等,2017)。最近的研究表明,若学生的动机信念模式中存在学习成本认知较高的情况,他们会表现出较低水平的学习投入和学业成绩,呈现出较为复杂的学习适应状态(Jiang 和 Zhang, 2023)。

成本认知还会影响学生的学业选择,如不愿意参与某个课程或学科(Jiang 和 Rosenzweig, 2021)。学生的成本认知使其参加进阶课程的可能性下降了 17%,且与高中毕业率和大学入学率的降低密切相关(Johnson 和 Safavian, 2016)。伯杰等(2018)发现,无论是既往有阅读困难症状的学生还是没有阅读困难的学生,其努力成本认知越高,在第二学年继续课程学习的意愿越低。巴特尔和威格菲尔德(2003)发现,成本认知对女性攻读研究生的意向有负面预测作用,女大学生的成本认知越高,其打算读研究生的意向越不强烈。同时，科学（science）、技术（technology）、工程（engineering）和数学（mathematics）等STEM学科对于一个国家的高质量发展尤为重要，而成本认知能够正向预测学生对于这些学科的消极态度与退学意向。具体来说，鲍尔等（2017）发现随着情绪成本的增加，小学生更有可能对STEM学科持消极态度，比如他们觉得学习数学和科学对未来获得好工作没有帮助。佩雷斯等（2014）发现随着努力成本和机会成本的增加，大学生更有可能失去学习STEM专业的意愿，甚至出现想要退学的想法。

成本认知的累加趋势

学习动机领域素有"八年级之殇"之说，青少年学生在进入八年级前后的这段时期会出现全方位的学习动机水平下滑，因为进入中学之后各学科难度显著增加，而整体的学校环境更加强调学生之间的横向对比。这些因素导致了青少年学生的自信心和学习兴趣等动机指标都会出现明显的下降趋势（Jacobs等，2002；Watt，2004）。近期的纵向研究表明，成本认知也很可能是影响动机减弱的重要因素。各个年龄阶段的学生都能感知到一些不同类型的成本。这些成本认知随着学段的提高而增加，尤其在中学阶段出现明显。巴伦和赫尔曼（2015）发现学生的自我能力信念与价值认知在五年级到七年级中呈小幅下降的趋势，同时成本认知则呈小幅上升的趋势。在八年级结束时，学生的自我能力信念与价值认知会大幅下降，而成本认知则会大幅上升。而且，越优秀的学生对学习的成本认知越高（Gaspard等，2017）。

即使学生已经进入大学学习，在整个大学期间，他们仍然面临着各种成本认知。并且，成本认知会继续增加，其中努力成本增长最快（Robinson等，2019）。因此，对学习成本认知进行更多的关注和探索非常必要，并且应考虑将成本最小化作为促进深层认知加工和学习表现的策略，以减缓其增长进程。

❧ 学习成本认知的干预 ❧

直接干预措施

巴伦和赫尔曼(2015)提出,通过干预来减少学生对学习成本的看法是有希望实现的。罗森茨威格等(Rosenzweig 等,2020)向这个目标迈出了重要的一步,首次设计出了有效减少学习成本认知的干预方案。具体来说,他们将 96 名大学生随机分配到实验组和对照组。与控制组不同的是,实验组的 48 名大学生需要完成两次干预活动,每次持续 10 到 15 分钟。

在第一次干预中,实验组的学生首先需要阅读四段话,这些话来自其他学生,主要描述了主人公学习物理课程时遇到的困难或挑战以及对这些挑战作出的正向解读。例如,"完成物理作业很费劲,但一旦我知道自己有期望,这种努力就不会觉得累""准备考试很辛苦,但我提醒自己这是暂时的""兼顾物理和其他课程的学习是一项挑战,但其他学生也正经历着同样的事情,随着时间的推移,我意识到自己之前可能低估了任务所需的努力量""非常努力地学习却没有获得好成绩令人沮丧,但这种沮丧是暂时的,并且其他学生也有同样的经历"。这些语录实际上是由研究者代笔编写的。在编写前,研究者还进行了开放式调查,要求 187 名大学生描述他们在物理课上遇到的学业挑战,并写下他们遇到的与不同成本类型相对应的具体挑战。研究者尽可能地使用学生自己的话来编写语录,以确保这些语录的内容能准确反映学生在物理学习方面的成本认知。为了确保实验组学生能充分参与,学生阅读完所有语录后被要求回答"这段话与你自己的经历有多少相似之处?"和"这段话读起来有多有趣?"这两个问题。此外,学生需要将每段话按照从最喜欢到最不喜欢的顺序进行排列,并写下最喜欢某段话的具体原因。最后,学生被告知他们也要写下一段话来作为未来学生的阅读材料,这段话将以自己的视角去描述本人曾在学习中遇到的挑战以及有效应对措施。

在第二次干预中,实验组的学生首先回忆上一次的干预内容,回答"你对上次的活动有什么印象?"和"自从完成上次活动后,你觉得在物理课程中遇到的挑战是否有所改变? 以及为什么有或为什么没有改变?"这两个问题,然后再次阅读两则描述相似内容的新语录。最后,学生需要再次为未来的其他学生另写一段话,其内容仍然是关于本人在物理学习中遇到的挑战以及是如何战胜它的。

该研究表明,干预措施有助于学生从更积极的角度去看待所面临的学业挑战。学生能够认识到,困难或挑战也是学习过程中的一部分,并且一些任务会随着时间推移而变得不那么具有挑战性,因此能够减少对学习成本的认知。此外,当学生认为自己遇到的挑战是其他人也经历过的,他们就会意识到挑战不是由于自身能力不佳所造成的,不会觉得自己的努力白费了或者自己缺乏聪明才智(Walton 和 Cohen, 2011)。因此,能够激发他们更大的投入和努力。该研究还发现,相较于控制组,实验组学生的平时成绩和期末考试成绩有明显提升,此外,对于初始分数较低的学生,影响更加显著。通过干预措施,能有效减少初始成绩较差学生的学习成本认知,并提升他们的自我能力信念。

间接干预措施

当学生不愿意学习时,可能是因为他们并不明白自己为什么要学习。换句话说,他们并不清楚所学内容的价值,因为所有的学习任务都是被提前安排好的。对于学业任务而言价值认知具有保护作用。当学生认为学习具有不可忽视的价值时,其带来的积极影响可以抑制或抵消学习成本认知带来的潜在破坏性影响。因此,采用价值引导等干预措施能够增加学生的积极想法，帮助其有效应对学习成本认知，从而减少学生的回避性动机与行为。

1. 增加有用价值

有用价值干预（utility-value intervention）的核心机制是要求学生将正在学习的内容和自己的生活联系起来，让他们认识到当前的课程学习及课后作业等任务对于他们此时或未来的目标非常有用，以此来激励学生。2009 年，全球权威学术期刊之一《科学》（Science）发表了首个有用价值干预，引起了广泛关注（Hulleman 和 Harackiewicz，2009）。随后的十几年里，有用价值干预在多个学段和学科中被不断验证和精进，并被认为是所有价值认知中最容易实践的方面。例如，实验研究表明，仅让大学生阅读展现生物医学有用性的短文（如，生物医学研究如何帮助患有早期脑损伤的婴儿学会像其他婴儿一样移动），就能明显提高他们学习生物医学的积极性（Brown 等，2015）。然而，有用价值干预通常需要通过多次简短的写作练习来实现。这是因为相较于阅读信息，当学生将信息写下来时，他们能够学到更多（Bertsch 等，2007）。实验也表明，学生自行生成有用的价值信息比从外部获取信息更有效（如直接告诉学生学习内容很有用等）。特别是对于缺乏自信的学生，直接向他们传达有用的价值信息反而会对其兴趣和学业表现造成消极影响（Canning 和 Harackiewicz，2015）。因此，干预的关键是让学生努力为自己找到与学业任务相关的有用价值，而这可以通过简单的写作练习来实现。

写作干预的具体形式是什么？ 有两种典型的写作形式被广泛使用，这些干预技术有时被称为"说即是信"或"自我说服"练习。通过这些练习，学生可以自行寻找并建立起对自己个人有意义的联系，从而最终激发学习动力。第一种写作形式是让学生写一篇短文，说明当前的学习内容对他们个人来说有什么用处。例如，在首个有用价值干预中，研究者赫尔曼和哈拉克维茨（Harackiewicz）（2009）要求一组高中生从学期初开始，每 3 或 4 周写一篇关于科学课上所学内容在他们自己生活中的有用性的短文，而控制组则只是被要求总结他们所学的内容,写下正在学习的课程材料的摘要。研究结果表明,相比于控制组,干预使那些一开始自信心不足、低预期的学生意识到他们所学的内容与其生活相关且有用,从而促进了他们的学习兴趣,提高了学业成绩,效果非常显著。这说明,对于当前表现不佳、成功预期低或总是自我怀疑的学生来说,有用价值干预能够提供给他们一些有效的外部支持,让他们集中注意力去发现某些值得为之努力的原因,从而减轻了他们对于学习附有成本的想法,使学生更多地关注学习价值,更多地参与到学习活动中去。此外,赫尔曼等(2010)在大学生中实施了同样的干预,并得出了相同的结果。

第二种写作形式是让学生写信给某人,向其描述这些学习内容对收信人本人来说有什么用处。例如,坎宁等(Canning 等,2018)在研究中给了生物医学相关专业的大学生这个任务:"请选择这门课程中的某个概念或主题,并提出一个与之相关的问题。然后,写一封 1 到 2 页的信给一位家庭成员或朋友,解决并讨论该问题与这位重要他人之间的相关性。请一定包括本单元课程材料中的具体信息,解释为什么这些信息与这位重要他人的生活相关或者对这位重要他人有用,以及这些信息如何适用于这位重要他人,并举出例子。"其目的是让学生们思考课程内容如何与他们自己或其他人的生活联系起来,挖掘有用价值。研究结果显示,这种干预提高了该学期的完课率和学生的课程成绩,并让学生更愿意选择参加下一学期的课程和坚持本专业。

写作干预需要进行多少次才会起效? 坎宁等人(2018)的研究发现,干预的剂量次数和时间安排对最终效果的影响十分重要。首先,该研究表明,在整个学期中安排一篇短文写作和在每个课程单元中安排一篇短文写作(共三篇)对学生的学业成绩及课程参与意愿都有类似的且显著的促进作用。一篇短文之所以产生强有力的影响可能是因为它具有新颖性;而三篇短文则主要靠其持续性影响来获得理想的效果。因此,研究者建议采用三篇的形式。这样做的好处在于:一是能够锻炼学生的写作技巧,第一次尝试阐述课程材料对他们的用处后,学生在第二次或第三次写作中会更自如地与之建立个人联系，这种反复练习可以显著提升他们的写作质量和表现；二是反复写有用价值短文的过程中，学生会以不同的方式思考或接触课程材料，从而增加对课程内容的熟悉程度，进而提高学生成绩表现；三是有多篇干预短文的情况下，学生有机会获得来自干预者的反馈，从而可以更多地发掘课程材料的有用价值。例如，如果在第一篇有用价值短文中，某位学生只是与材料建立了相对表面的联系（如"碳水化合物很重要，因为人类需要它们才能生存"），而没有与课程内容建立更深层次的个人联系（如"作为一名跑步者，我可以利用我在这门课上学到的有关碳水化合物的知识来制定自己的饮食计划，并为了参与马拉松进行最佳训练"），干预者可以就此反馈和鼓励学生与课程建立更具体的联系。如果学生只完成一篇短文写作，这种反馈过程可能就不会发生。因此，多次短文写作可以优化这一过程。

写作干预安排在什么时候才会起效？ 干预的时间安排因学生的初始能力水平而异。研究者们发现，对于成绩较低的学生来说，在学期初接受干预可以获得最好的效果，因为这样能让他们迅速进入状态，从而促使他们在后续课程中有所进步。而对于成绩较好的学生来说，则只需要在整个学期中进行较少次数的干预，且安排在学期末的效果最好，这样能够助推他们在下个学期继续有良好的表现。

除了以上的写作干预法，研究人员还提出了一种新型的短期课堂干预方法，即让学生阅读并回应其他人的语录（quotation）来提高学习效果。加斯帕德等人（2015）对德国九年级学生的数学学习进行了实验，其中一组学生被要求撰写一篇将数学与生活联系起来的简短文章，另一组则需要阅读其他学生描述数学对自己有用情况的语录，并根据个人相关性大小评价这些语录。研究结果表明，与撰写文章的干预条件相比，阅读和评价语录的学生表现出更高的数学有用价值，其原因可能是这种语录反思能够更有效且更令人愉悦地发掘所学内容的实际应用意义。而作文写作是在学校学习中常见的典型任务，本身可能会引起学生的厌恶反应。此外，"其他学生"的人物设定通常是大学生等年轻人，这也可能会影响学生产生榜样效应。魏丁格尔等（Weidinger

等,2022)后续的研究也证明了这种语录评价任务的干预有效性。他们使用了一个仅需 25 分钟的简短版语录评价任务,学生在阅读完六则语录之后,针对每则语录指出他们是否听说过,并写下他们认为最让自己信服的内容,再依据个人相关性对这些语录进行排名。研究结果显示,语录评价任务可以立即产生积极影响,显著提升学生对数学有用价值和成就感的认识。

还有一种有效的干预方法可以帮助学生认识到课程内容的有用性,那就是通过学生的父母来实现。哈拉克维茨等(2012)进行了一项干预试验,着重向实验组的父母提供两本手册和一个网站。第一本手册详细说明了数学和科学在日常生活及各种职业中的实际应用,指导了父母如何与青少年谈论数学、科学以及它们与个人生活之间的潜在联系。第二本手册则通过各类案例强调了数学和科学课程的有用价值,例如关注这两门学科与大学专业选择和职业准备之间的联系。手册还指导了父母如何与孩子交流,鼓励孩子发掘数学和科学对他们个人最有意义的方面。网站则提供了大量与STEM 学科和职业相关的链接资源,并解释了这些学科与日常生活之间的联系。此外,该网站还提供了针对当前大学生的采访,其中大学生们讨论了高中时期学习数学和科学课程的重要性。实验结果表明,接受干预的高中生选择参加高年级数学和科学课程的意愿明显强于对照组的学生。这表明,通过影响父母进而影响学生的有用价值是有效的。但需要注意的是,这种干预的有效性取决于父母能否将他们通过手册和网站获得的有用信息成功传达给孩子。虽然后续分析发现该干预效果有限,可能只会改善成绩较低的男孩和成绩较高的女孩的学习情况(Rozek 等,2015)。如果女儿的成绩较低,她的父母可能需要更努力地去打破女孩通常在数学和科学方面成绩差的刻板印象,以便更好地将有用的价值信息成功传达给她。尽管如此,考虑到父母在孩子教育中的重要作用,以及许多重要的教育决策和学业选择是在校外做出的,这种干预手段仍值得尝试。

自 2014 年我国试行新高考改革以来,"6 选 3"或"7 选 3"等选考方式已经实现了从"文理套餐"到多形式"自助餐"的转变。这种科学选才的思想在促进学生个性发展的同时,也给学生带来了迷茫和选择困难。为了解决这一问题,人们开始逐渐重视基础教育阶段的职业生涯规划教育。职业生涯规划教育课程是增加学生对于学习有用价值认知的有效途径。在国外,研究者开发了一个可在全校范围内实施的"CareerStart"干预项目(Wooley 等,2013)。该项目使用的教学课程通过特定的职业示例将核心学科(如数学、科学、语言学和社会学)与这些职业信息联系起来。各学科教师在课堂教学时为学生提供与课程内容相关的职业实例,旨在帮助学生认识到他们在学校所学的知识与未来职业和工作机会之间的联系,并在老师的带领下思考自身的职业可能性。研究者们发现,与对照学校的学生相比,实行 CareerStart 项目的学校学生认为学习具有更高的实用性和重要性,并能够更好地参与学校学习,获得了更高的考试成绩。同时,该项目也可以帮助学生解决迷茫和选择困难的问题,让学生更加准确地把握自己的未来方向。

2. 增加兴趣价值

个体的兴趣价值认知是一种强大的内驱力,能够让人快速把注意力集中在感兴趣的事情上(Pekrun, 1992; Hidi 和 Ainley, 2008),甚至在精力不充沛的情况下也愿意去做。研究人员发现,增加兴趣价值可以减缓中学生的努力成本认知,从而促进他们在学习上的投入与努力(Song 等,2019)。因为当个体对某项任务感兴趣时,会发自内心地享受去做这项任务,而不关心任务所需要的工作量和努力,甚至认为与兴趣相结合的努力不是成本,而是一种充满价值的体验(Inzlicht 等,2018)。此外,对于个体的情绪成本认知,兴趣所带来的愉悦体验也可以使人摆脱焦虑、烦躁等负面情绪,为学习创造积极的环境。因此,兴趣在人们学业表现上扮演着助推器的角色,增加兴趣价值可以减少学生对学习的负面评价与认知,并支撑他们投入学习。

当下人工智能的蓬勃发展为教育改革注入了新的动力,自适应学习技术(adaptive learning technology)已成为实现个性化学习的关键之一。它基于个体的兴趣或能力素养,动态调整课程内容的难易程度或类型,从而促进学习者的主动学习和学业发展。例如,沃金顿(Walkington, 2013)成功地采用自适应学习技术对中学生的数学学习进行了个性化教学,提高了他们的数学成绩。沃金顿指出,自适应学习技术利用了学生的兴趣,是一种支持学习的强大方式。虽然自适应学习技术并不直接减少成本认知,但这种基于兴趣的干预措施确实可以让学习更加有趣、生动。因此,教育工作者可以借助新兴技术策略来创造一个激动人心、有趣的学习环境。

3. 自我肯定与增加归属感

在教育中,一些看似微小的社会心理干预通常与课程内容无关,而是针对学生对学校的想法、感受和认知开展一些小练习。这些干预虽然看起来微不足道,但最终却产生了惊人的效果,且作用甚至能延续几个月到几年。应用这些心理干预也可能有助于减少成本认知。

自我肯定(self-affirmation)是指在具有挑战或威胁的情境下,通过将自己看作是一个整体上胜任、优秀和有效的个体,从而减弱相关威胁情境对自我的负面影响(Sherman 和 Cohen, 2006)。科恩(Cohen)等人在《科学》(Science)杂志上发表的文章指出(2006;2009),自我肯定干预能够减少对威胁信息的知觉,例如种族或性别刻板印象所带来的威胁。通过实验研究,他们让学生完成一项 15—20 分钟的课题写作练习,思考并写下自己认为最重要的价值观(例如与家人或朋友之间的亲密关系、运动能力、知识学习等),并描述为什么认为这一价值观对自己很重要。学期结束后,黑人学生的成绩有所提高,缩小了原有 40% 的黑人学生和白人学生之间的差距。如果进一步补充该项写作练习,这个效果可以延长至两年,原本属于后进生的黑人学生在随后两年中也得到了进步。这些研究表明,确认重要的价值观会唤起个体对其核心身份来源的意识,并为个体提供一种更强的“我是谁”的感觉,从而减弱相关情境对自我的负面影响(Cohen 和 Sherman, 2014)。从这个意义上来看,自我肯定干预可以降低学生的自我成本认知,因为自我成本的本质就是担忧或害怕与潜在失败相关的自我价值威胁。

在当前竞争激烈的学习环境中,学生更容易受到自我价值的威胁。引导学生在自我叙述中加入自我肯定,可以提醒他们自己是谁,什么对他们来说最重要,进而有效地减弱社会评价压力带来的负面影响,并促进经常经历社会评价压力的青少年的心理和行为调整。

社会归属感的不确定性与情绪成本有关。因为这两者都涉及到参与特定活动时的消极情感反应。因此,增加学生的归属感也可能会降低成本认知。在沃尔顿和科恩(2011)的研究中,他们针对社会归属感设计了干预措施,并招募了黑人和白人大一新生。在实验条件下,被试学生会阅读一份调查报告。该报告主要讲述了很多学生在开学时不适应学校生活,但随着学期的推进,慢慢地不再受这个问题困扰。读完报告后,被试学生需要写一篇短文,主题是给明年入学的新生一些建议,并谈一谈自己是如何适应新环境的。研究结果显示,和控制组的学生相比,实验组的黑人学生从大二到大四期间的学习成绩有所提高,黑人和白人两个种族群体之间的原有差距也减少了52%。接受干预的学生三年后报告的幸福和健康指数都有所提升。这种社会归属感干预的重点是引导学生认识到,自己对环境的忧虑源于刚来到新环境,而且自己对归属感的担忧是普遍的(其他学生也经历过)、暂时的,而且是高中到大学过渡的正常挑战。因此,这能帮助少数种族群体的学生减少认为自己不属于大学的看法,更好地融入环境,并提高他们的积极性和表现。这一有效的干预还表明,让学生以更积极的方式重新解读自己正经历的学业挑战可能是减少他们学习成本认知的一种方法。

4. 提供自主选择

美国著名作家苏斯博士(Dr. Seuss)曾经说过:"你的头里有大脑,你的鞋里有双脚,你可以选择把自己带往任何方向(*You have brains in your head, You have feet in your shoes, You can steer yourself in any direction you choose*)"。莱奥蒂等(Leotti等,2010)在知名期刊《认知科学趋势》(*Trends in Cognitive Science*)上撰文称"人生来

喜好选择（*born to choose*）"，认为自主选择是人类的天性。在生活中，当面临自主选择或他人代为选择时，人们往往总是偏好自主选择的选项，即使为此付出代价也在所不惜（陈煦海，吴茜，2019）。因此，在学习环境中给学生提供一些自主选择，很有可能帮助他们减少学习成本的认知。

根据目前的研究来看，提供自主选择可能对努力成本和情绪成本的影响作用最明显。首先，人们在自主选择的任务中会投入更多的时间和精力。例如，朱可曼等（Zuckerman 等，1978）让一些被试解决自主选择的谜题，另一些被试解决预先确定的谜题。任务完成后，让被试单独留在实验室面对一些额外的谜题，结果发现那些解决自主选择题目的被试会主动解决更多的额外谜题。勒高和因兹利奇（Legault 和 Inzlicht, 2013）通过斯特鲁普（Stroop）实验也有类似的发现，相比于没有选择权的被试，有选择权的被试更加重视自己选择的任务，表现也更好，而且对错误的敏感性更强，动机性更强。另外，在团队合作中，相较于随机分组，人们在自主选择加入的团体中付出了更多的努力，从而表现更好（Chen 和 Gong, 2018）。基于这些情况来看，在自主选择的任务中所投入的努力很可能不再被视为一种成本。

其次，人们获得自主选择权时会有更多的积极情绪体验，大脑中的腹侧纹状体会因此被激活（Murayama 等，2016）。腹侧纹状体是与奖赏系统和愉悦体验相关的关键脑区，当它被激活时，说明个体可能正在经历由奖赏所带来的快乐。村山等（2015）还发现，自主选择权在一定程度上会抵消消极反馈所诱发的负性情绪，可见这对减少情绪成本认知来说意义重大。根据自我决定理论，自主需求是人类三大核心心理需求之一。当自主需求得到满足时，会促进个体心理成长，增强其幸福感，发展内部动机，并促进动机的内化与整合。这对学生的学业发展具有重要意义，学生能够表现出更好的学习适应性并获得积极的学习成果。此外，这种心理特点普遍存在，在中国的教育环境中也同样适用（Yu 等，2018）。为了促进学生自主需求的满足，教师可以采用自主支持型的策略，营造自主支持型教学氛围。例如，在布置课业时，教师可以在提供清晰一致的指引和要求的前提下,尽可能多样化学习任务的具体形式,以便给学生提供自主选择的机会。

总的来说,如何巧妙地运用自主选择偏好这种人类固有的心理特点来开展教育,以及如何在人才培养和人才选拔之间取得平衡,都是教育改革中值得关注和讨论的重要议题。可以说,当前新高考改革所设计的"3 + 3"选科模式就是一种有力的尝试。

干预工作的未来走向

通过以上讨论,我们可以得出一个结论:目前直接减少学习成本认知的干预实际上非常少,仍处于起步阶段;在其他干预措施中,有用价值干预可以发挥重要作用。因此,我们可以看出,针对学习成本认知的教育干预设计和施行还有很长的路要走。

总的来说,干预的可持续发展可以通过三个方向实现。第一,除了有用价值干预外,还需要开发针对其他几个期望价值信念(如成本认知、期望信念、兴趣价值和成就价值)的目标干预手段。这些动机信念都会对学业结果产生影响,当想要减少学生不愿意学习的心理和行为时,以成本认知为中心的干预措施将是最有效的。

第二,进行多结构组合干预。与单一认知信念干预相比,多结构干预有独特的好处,并且具有更大的潜力。首先,由于学习环境非常复杂,即使在同一个教室里,不同的学生也会面临不同的动机挑战,因此多结构干预可能会影响更多的学生。其次,该方法可以通过支持多种动机信仰来改善干预效果的总体强度,从而获得更好的效果。例如,自我能力信念和学习成本的认识都可以预测学业成绩,那么双重干预可能比仅针对其中之一的干预更有效。研究人员已经发现任务期望和任务价值观之间的交互效应(Jiang 和 Rosenzweig, 2021;2011; Trautwein 等,2012),这表明在某些情况下干预多个结构甚至可能产生叠加效应。最后,多结构干预更有可能影响多种学习结果。

例如,如果研究人员在一项干预中针对任务价值观的多个组成部分,他们就可能同时干预学生的学习行为和选择。亚齐和韦恩斯坦(Acee 和 Weinstein, 2010)设计了一项多结构组合干预,要求学生阅读一系列文章并完成相关活动。其中,关于统计学习趣味性的阅读信息是针对兴趣价值的,关于统计知识的学术和专业用途的阅读信息是针对有用价值的,关于统计知识如何帮助学生成为聪明消费者的阅读信息是针对成就价值的。学生在活动中还被引导通过头脑风暴来想象和对比学习统计的利弊,尝试用积极的想法去代替消极的想法,从而一定程度上应对了成本认知。最终,与对照组学生相比,干预组学生对统计学的整体价值感知更高,并且他们也更有可能访问干预后几周提供的一个统计学网站,也获得了更高的统计学考试成绩。需要注意的是,多结构组合意味着更微妙的干预设计,而不仅仅是单一结构干预方案的简单组合。例如,由于多结构组合可能需要学生完成不同的活动,这就要求研究人员依据发展阶段去考虑何时进行干预最为适宜。年幼的学生处理任务和参与活动的能力通常更有限,因此在小学阶段实施可能更具挑战性。如果干预中包含的要素过多,学生反而可能会拒绝参与、无法集中注意力并且无法内化干预中提供的信息。

第三,要充分考虑期望价值信念的动态(dynamic)、协同(synergistic)和情境(situated)性质。首先,我们需要注意到学生的动机信念是动态变化的,无论是从短期还是从长期来看。在特定的发展时期内,如从小学到中学或从高中到大学,研究人员可以在动机可能会出现下降的一些特定时间节点进行干预。同时,在一些关键的时间节点,比如第一次课程考试之后,也应该考虑采取相应的干预措施。干预措施还可以尝试减少学生在每天家庭作业过程中或每周课程中对学习成本的感知。其次,干预措施还应该关注动机信念之间的协同作用,以及认知信念对相关信念的后续影响。除了前述的多结构组合干预策略外,还要关注个体跨学科领域的相互作用。当前大多数干预措施都让学生专注于单一学科领域的价值或成本,而忽略了他们对其他学科的成本认知或价值认知。只关注单一学科领域可能会产生意想不到的负面后果,比如加斯帕德等(2016)发现干预虽然提高了学生对于数学学习的有用价值认知,却也降低了学生对德语学习价值认知。

第四,需要注意的是,学生的动机信念不是凭空产生的,而是具有情境性的。他们的动机信念与特定的学校、社区及其所处的种族、民族、文化和性别群体密切相关。在不同的文化背景下,学生们可能以不同的方式解释成本认知等概念。并且,不同文化背景下的学生可能对不同的学科都有不一样的成本认知,比如英语学科对于非西方文化下的学生来说,成本认知可能会更明显。干预中很难存在一套"最佳"的实践方案,因此,在干预措施中,需要考虑不同类型学生的情境性,并选择适合的干预措施。未来,需要更频繁地使用来自不同文化群体的学生来测试干预措施,以了解干预对不同类型学生的效果以及哪种类型的干预最能引起学生的共鸣。同时,将相关干预措施和材料本土化,并应用于中国教育情境中,进行中国式的学习成本认知干预也十分重要。要完成更广泛的教育改革,这是一项具有挑战性的工作。想直接从教育政策、学校管理等宏观层面来改善当前的教育环境是非常复杂且难度较高的。相比之下,大多数本章中讨论的干预措施都致力于帮助学生自行调节他们的动机信念,因此非常具有应用和参考价值。

❧ 学习成本认知的未解之谜 ❧

虽然学习成本认知作为研究和实践主题的历史很短暂,但在概念、测量和干预等方面已经取得了很多成果。作为学生厌倦学习的早期征兆和致使回避性动机的关键因素,学习成本认知越来越被教育工作者所重视。当然,仍有一系列未解之谜需要研究人员去探索。

学习成本认知的性别差异

现代期望价值理论的研究一直非常关注性别因素。埃克尔斯等人（1983）最初提出了这一理论模型，以帮助理解青少年在与学业相关行为方面的性别差异，例如女生为什么不会选择高级数学课程或追求理工科职业。现代期望价值理论表明，女生可能更加关注学习整体价值。例如，瓦特等（Watt 等，2012）的研究发现，考虑未来职业发展时，学习的整体价值对于女中学生来说是一个关键影响因素，而对于男生则不是。尽管成本认知是影响学习整体价值的一部分，但目前有关男、女学生在成本认知上的差异表现的研究仍然很少。龚等（Gong 等，2023）在调查 464 名中国中学生后发现，女生在学习成本认知方面的整体水平显著高于男生。类似地，在一项跨文化研究中，研究者取样了 598 名中国中学生和 617 名韩国中学生，结果发现，相比男生，中国和韩国的女生会感知到更多数学学习方面的努力成本（Gaspard 等，2020）。此外，一项针对德国初中生的研究也发现，在数学学习中，女生会比男生感知到更多的努力成本和情绪成本，但在机会成本方面则没有明显的性别差异（Gaspard 等，2015）。因此，有关性别对成本认知的影响，还需要进一步研究。

学习成本认知的发展模态

目前，对于学习成本认知的纵向追踪研究还较为稀缺。尽管有个别研究发现，当青少年面临更高学业要求的初二阶段时，他们的学习动机会出现明显的下降趋势，并且在这段时间内，学生对于许多学科的成本认知也在增加（Gaspard 等，2017）。此外，在大学前两年中，工程专业大学生的成本认知继续随着时间的推移而增加，并且努力成本比心理成本增长得更快（Robinson 等，2019）。虽然已有研究揭开了成本认知增长趋势的面纱一角,但这种趋势表现为线性增长还是非线性增长？不同学段或不同年龄阶段的发展速度及整体发展趋势是否存在差异？发展过程中是否表现出个体差异及异质性发展模式？所有这些都尚未可知。

社会与环境因素对学习成本认知的影响

随着时代的发展,教育环境已经发生了翻天覆地的变化。教育心理学研究者开始更加关注社会、文化等环境因素对学生个体学习动机和学业发展的影响(Eccles 和 Wigfield, 2020)。个体的能力信念和学习价值及成本认知与这些更广泛的环境因素相联系,并且作为中介进而影响个体在学业任务上的选择与表现。关键的社会因素,如父母、教师和同伴等重要他人的行为和信念,很可能会影响个体的成本认知。此外,环境相关因素也很可能会影响个体对能力信念、学习价值认知和成本认知的不同看法,从而形成不同的认知组合模式。例如,在不同的学科领域中,不同的学生可能会具有不同的成本认知模式。因此,我们仍需要进一步通过实证研究考察社会与环境因素对学习成本认知的影响。

学习成本认知的神经机制

我们每天都在用大脑思考,而我们的心理现象与大脑的运作密切相关。近年来,以功能性核磁共振成像(fMRI)为代表的脑成像技术的不断成熟和普及给心理学研究带来了新的数据和资料。这种脑成像技术可以帮助研究人员深入了解某个心理现象,它提供了检查个体在从事感兴趣的心理活动时大脑活动的能力。针对成本认知,相关的神经科学研究主要关注人们在决策情境下权衡收益与成本的计算过程。

在现实生活中,人们经常会面临许多大小各异的选择。根据价值决策理论,人脑会给不同选项分配不同的价值,然后进行比较,选择最大价值的选项。因此,人脑如何计算和整合不同的收益和成本并形成主观价值,一直是研究者关注的问题。已有研究发现这主要得益于人类拥有相互关联的大脑网络,涉及前额叶皮层(prefrontal cortex,PFC)和被称为纹状体(striatum)的基底神经节的一部分。巴斯滕等(Basten等,2010)的实验通过功能性核磁共振成像技术发现,伏隔核(nucleus accumbens, NAcc)作为腹侧纹状体(ventral striatum)的一部分负责加工收益大小,而杏仁核(amygdala)负责加工成本大小。它们输出的神经信号被输入到腹内侧前额叶皮层(ventral medial prefrontal cortex, vmPFC)和背外侧前额叶皮层(dorsolateral prefrontal cortex, DLPFC)进行价值比较(comparator region),腹内侧前额叶皮层输出神经差异信号进一步被输入到顶下回进行信息累积(accumulator region)。当信息累积达到决策标准时,人们就做出了决策。

当人们面对已知概率和收益的风险情境时,所做出的决策被称为风险决策(decisions under risk)。人们会通过单独计算风险和收益大小来做出决策。这个过程涉及到的脑区有内侧前额叶皮层的背侧和腹侧,随后这些脑区的输出信号被传送到其他脑区,如顶上皮层(superior parietal cortex, SPC)、枕中回(middle occipital gyrus, MOG)和腹侧纹状体等进行整合,从而形成主观价值(朱海东,汪强,2015)。具体来说,内侧前额叶皮层的背侧表征风险偏好的体验,其腹侧表征收益大小偏好的体验。在模糊风险条件下,负责主观价值计算的脑区有纹状体、内侧前额叶皮层、后扣带回、左侧杏仁核和颞上沟(superior temporal sulus, STS);而在确定风险的条件下,负责主观价值计算的脑区有纹状体和内侧前额叶皮层,两者共同的神经基础是纹状体和内侧前额叶皮层,说明不管是模糊风险还是确定风险的条件下,人们计算和整合风险属性的神经基础都离不开纹状体和内侧前额叶皮层。同样,当人们面对由多个风险收益构成的决策时,负责期望价值表征的脑区涉及内侧前额叶皮层。

此外,相关的神经科学研究已经证明,眶额叶皮质(orbitofrontal cortex, OFC)是一个和价值分析紧密相关的大脑区域。眶额叶皮质编译各种来自外界环境的信息并进行价值分析，以指导未来的决策行为，起着决定性作用。眶额叶皮质对抽象的价值信息十分敏感，是大脑内分析比较价值的关键区域之一。研究表明，眶额叶皮质损伤患者常常表现出决策缺陷，并容易陷入一些问题行为，如赌博和吸毒，同时还存在情绪控制方面的缺陷。在对赌博行为的研究中发现，眶额叶皮质损伤患者倾向于选择高风险低成功率的选项，并希望一次性获得大量奖励，但最终往往以失败告终。这些问题行为与失去眶额叶皮质对腹侧纹状体的有效控制有着紧密联系，正常的大脑通路中，眶额叶皮质连接着腹侧纹状体并控制其对奖赏的本能反应。相比于腹侧纹状体对各类奖赏本能的反应，眶额叶皮质则更多地在分析比较各类奖赏的相对价值，如果腹侧纹状体的活动失去了来自眶额叶皮质的有效控制，人们会对各类奖赏信息失去分析比较的能力，从而难以形成正确的动机以指导行动（姜怡，2016）。

还有一些功能性核磁共振成像研究结果与特定的成本认知类型有联系。例如，学生的自我成本认知会受到社会比较的影响，并且社会比较会影响腹侧纹状体的活动（Fliessbach 等，2007）。有关努力成本认知的研究表明，以纹状体为代表的奖赏网络编码了以努力为基础的收益及成本评估（Massar 等，2015）。此外，前扣带回皮层（anterior cingulate cortex，ACC）也被认为与调节努力的主观体验有关。相对于低努力条件，高努力条件导致前扣带回的激活显著增强，并且被试对于高努力的预测同样会激活前扣带回（Croxson 等，2009）。研究者们认为，前扣带回的这种激活模式与被试对努力的厌恶有关。还有研究发现，伏隔核激活的幅度随获得奖励所需的精神努力程度而变化，当固定奖励时，在对努力的高需求下，伏隔核的激活程度不如低努力条件，而且这种影响的大小与背侧前扣带皮层（dorsal anterior cingulate cortex，dACC）的先前激活相关（Botvinick 等，2009）。另外，高努力条件下，杏仁核区域的活动增强，杏仁核长久以来被认为是大脑的情绪中心并且对恐惧等负面信息尤其敏感，这说明努力会与负性情感系统相关联。

如前所述,尽管许多研究者试图探索决策中的成本信息,但目前仍不清楚学习情境下成本认知的神经机制。未来的研究需要将传统的教育心理学研究和新兴的神经科学研究结合起来,从大脑皮层活动的变化角度客观地分析各种复杂的学习成本认知。这有助于更深入地理解学生回避性动机和逃避学习行为的原因,最终实现促进学生学习和发展的教育目标。

第五章　自我怀疑与回避性目标

　　期末考试开始前，小明、小白和小王三个学生在聊天。小明问道："这次期末考试，你们有什么目标吗？"小白说："我的目标是要进入班级前三名，让大家都知道我是个多么厉害的人！"小王则说："我没什么特别的目标呢，只想把平时学的知识内容好好理解，然后考试时好好发挥出来就行了。"小明听完说道："你们的目标听起来都很好，我的目标就是别考倒数，别被老师和爸妈批评就行。"

　　小明、小白和小王对这次考试有不同的目标，他们对自己目标的陈述是比较典型的三种成就目标的例子。小明追求不要让自己倒数，类似于表现回避目标；小白希望在考试排名上超越他人，对应的是表现趋近目标；小王追求的是对知识的掌握和能力的提升，对应的是学习目标。不同的目标会导致不同的学习结果和行为，学生追求这些目标的背后其实也体现了三位学生对自身能力的判断和对成败的评估。在真实的教育情境中，成就目标导向复杂多样，对学生心理健康与学业表现均有重要影响。

❦ 成就目标的概念与理论框架 ❧

为什么学生面对学习任务会有不同的表现？有些学生可以屡败屡战，失败之后继续勇于挑战难题，而有些学生在失败后轻易放弃，拒绝面对难题。针对这个现象，教育心理学家提出成就目标导向理论。成就目标导向指的是学生参与成就任务的目的或原因（Pintrich，2003），其不仅仅局限于我们的第一反应——追求成绩（例如，在课程中获得好的成绩）。

成就目标导向中的目标不同于我们常常说的具体目标，比如说"为了考高分""为了父母的奖励"，这些具体的目标一般可以指引学生采取比较具体的行为，而成就目标导向中的目标更加内隐，代表了一种综合的信念模式，它会促成"人们参与和应对成就情况的不同方式"（Ames，1992b）。不同的信念模式类似于一个人是倾向于趋利还是倾向于避害，比如说面对挑战，如果一个人的潜意识里认为追求利益更重要的话，他就会更加关注如何获得更多的利益，而如果一个人潜意识里认为规避风险更加重要，那么他就会更加关注如何更好地避免伴随的风险。虽然我们常常说追求利益和规避风险两者是要同时考虑的，但是人们往往会在这两者中有所偏重，因此不同信念的人面对任务时会不自觉地表现出不同的行为。同时，成就目标导向也反映了一种标准，个人往往会通过这种标准来判断自己的表现和能力，判断自己的成败（Pintrich，2000a）。

成就目标理论的发展

小明、小白、小王追求的这三种成就目标也不单单是一位教育心理学家的研究成果,而是经过了十几年,通过不同的学者对理论的不断完善提出的。成就目标的理论来源可以回溯至 20 世纪 80 年代,德韦克的理论从针对学生对失败有不同的反应出发,发现了学生不同的目标;同一时代的尼科尔斯(Nicholls)从儿童对能力这个概念的认知变化出发,也提出了类似的目标概念;而艾姆斯(Ames)和阿彻(Archer)将各位学者提出的相似的结构进行整合,提出了更加宽泛的框架。到了 90 年代,埃利奥特在原框架的基础上增加了效价维度,提出了成就目标三分法及之后的 2×2 成就目标框架。基于 2×2 成就目标框架理论,学者们还发展出了 3×2 框架。

　　1. 德韦克的成就目标框架

　　德韦克(1986)提出目标这个概念源于她对小学生学习无助现象的研究。在一系列研究中,德韦克和她的同事(1973)发现,能力相同的孩子面对失败会表现出不同的反应:一些孩子会把失败归因于没有好好努力,认为继续努力就可以更好,有较积极的情绪,这些孩子在之后也会表现出持续的坚持和对挑战的追求,属于适应性较好的学习模式。而另一些孩子对失败的反应则是适应不良的习得性无助模式,这类孩子会把失败归因于自己的能力不足,并且认为不管再怎么努力,自己的能力都不可能再提升,有较消极的情绪,并且在之后表现出较差的坚持和逃避挑战的倾向。

　　为了解释这两类不同的反应模式,德韦克提出了成就目标。成就目标指的是在成就情境中从事行为的目的(Dweck 和 Leggett,1988)。不同的儿童在学业成就上可能追求着不同的目标,并且这些不同的目标类型提供了一个框架,可以组织对失败的情绪、认知和行为反应。德韦克提出了两种成就目标:学习目标(learning goal)和表现目标(performance goal)。学习目标是指将发展能力和掌握任务作为目标;表现目标则侧重于将证明自己的能力作为目标。当个体以学习目标为主时,他们更倾向于认为失败是成长的必经之路。对他们而言,失败并不意味着自己天赋不足,而是需要自己使用新的策略或投入更多的努力来掌握知识、获得进步,因此会出现适应性的掌握模式。而如果学生以表现目标为主,他们更倾向于将失败归因为能力差、天赋差且无法进步,因此会更容易出现无助反应模式。而如果学生认为自己的能力较差,这种无助反应会更加明显(Elliot 和 Dweck,2013)。

德韦克还认为造成人们采用不同目标类型的部分原因是人们对于能力有着两种不同内隐观念:能力增长观(incremental theory)和能力实体观(entity theory)。持有能力增长观(即成长型思维)的人认为智力是一种可以提高的可塑性品质,这类人一般采用的是学习目标。而持有能力实体观(即僵固型思维)的人认为智力是一种固定的,不会改变的品质,他们一般采用的是表现目标。因此,德韦克的完整理论模型由内隐能力观念组成,而内隐能力观念是成就目标的前提,这些理论与感知的能力有交互作用,可以预测学生们面对失败的反应模式。持能力实体观的学生,由于认为能力是稳定不变的概念,他们倾向于追求表现目标,最关注的是他们的表现如何被评价,如何与他人的表现相比较,如何超越别人。相比之下,持有能力增长观的学生认为能力是可以提高的,他们更可能专注于掌握目标,如努力提高能力,使用自身提升作为标准来判断是否成功达到目标,而不是与他人进行比较。

2. 尼科尔斯的成就目标框架

尼科尔斯提出成就目标这个概念源于儿童对能力这个概念的认知发展变化的研究(Nicholls,1989)。根据尼科尔斯一系列的研究(1976,1978,1980,1984b),一般 5 岁左右的儿童不区分能力和努力。也就是说,在他们眼中,高能力本质上就等同于通过努力学习来提高,付出的努力越多,能力就越强,学习和进步等同于能力。而到 12 岁左右,孩子们对能力有了不同的理解,分化出了能力和努力两种概念。这时的孩子们会更多地认为能力是天生的天赋,并且无法改变。因此对一个人能力的有效推断必须通过考虑与他人表现的比较和努力程度。例如,当一个人以更少的努力就可以做到与其他人一样的表现,或者以相同或更少的努力但表现得比其他人更好时,就可以推断这个人是更有"能力",更有"天赋"的。因此 5 岁左右孩子眼中的能力是未分化的能力概念,在对自己的能力进行客观的判断时,他们单纯以从任务中感受到的能力感和进步感作为判断依据；而12岁以上的孩子可能会使用更复杂的认知过程，他们开始倾向于观察与别人相比自己做得如何，别人是否和自己一样付出了相同的努力。

尼科尔斯(1984a)将他的研究拓展应用于青少年和成人成就动机的问题时，他假设每个人在成就环境中的目的都是证明能力，但他认为一个人可以在分化或未分化的意义上追求能力。他认为，在一般情况下，人们会寻求未分化意义上的能力，尼科尔斯使用术语"任务参与"(task-involvement)来描述个体将获得未分化意义上的能力作为目标而产生的状态，即一种更重视内在动机的状态。然而，某些情况，如人际竞争较激烈的环境会促使人们产生在分化后的能力概念上寻求能力的状态，也就是与任务参与目标相反的概念——"自我参与"(ego-involvement)，这是一种对自我极其关注的状态。尼科尔斯将任务参与与成就相关的情感、认知和行为的积极模式联系起来；而将自我参与与情感、认知和行为的消极模式联系起来。另外，自我参与被认为与能力的感知相互作用，因此自我参与主要对那些认为自己能力较低的人来说是更有害的。尼科尔斯将任务参与和自我参与这两种不同的倾向分别描述为任务导向和自我导向(Nicholls等,1989)。

德韦克和尼科尔斯提出的成就目标导向的概念有许多相似之处，尤其是对两种不同性质的成就目标的划分，一种目标侧重于能力的发展或任务的掌握(即学习目标，任务参与)，另一种目标侧重于能力的证明或展示(即表现目标，自我参与)。

3. 艾姆斯和阿彻的成就目标框架

艾姆斯和阿彻(1987,1988)认为德韦克、尼科尔斯和其他学者提出的结构有很高的相似性，应该进行理论整合。他们将理论家们所讨论的各种目标概念转化为清晰的框架，确定了两种类型的成就目标：掌握目标(mastery goal)和表现目标(performance goal)。

掌握目标与前面提到的学习目标基本相同，即专注于学习，根据自我设定的标准或自我完善来掌握任务，发展新的技能，提高或发展能力，试图完成一些具有挑战性的事情,以及试图获得一些新的见解或领悟(Dweck 和 Leggett, 1988)。与此相反,表现目标导向代表了对展示能力的关注,持表现目标导向的学生关注自己的能力相对于他人的能力是高是低。具体而言,他们试图获得超越他人的成绩,试图成为群体中的佼佼者,努力成为小组或班级中任务表现最好的人,避免能力低下或显得无能的判断,积极寻求公众对自己高表现水平的认可(Dweck 和 Leggett, 1988)。

艾姆斯和阿彻的理论整合可能促成了 20 世纪 80 年代末和整个 90 年代对成就目标的研究热潮。许多学者从研究中得出的结论是:采用掌握目标会导致各种积极的结果,而采用表现目标导致的结果不一致,可能是消极的也可能是积极的,总的来说,表现目标并不一定会导致适应不良(Harackiewicz 和 Elliot, 1993)。

4. 埃利奥特的成就目标三分法框架

到了 20 世纪 90 年代末,埃利奥特等学者(Elliot 和 Harackiewicz, 1996)指出学生往往受到了两种不同效价的动机所驱动。他们提出,个人可以被激励去超越他人,展示自己的能力和优势,反映出一种表现趋近目标;与此相反,个人可以被激励去避免失败,避免显得无能——这是一种表现回避目标。埃利奥特认为在成就目标导向的研究中被忽视的"趋近—回避"的区分,可能有助于解释表现目标结果的不一致之处。

其实,在早期的成就目标文献中,"趋近—回避"的区分已经得到了一些初步关注(Dweck 和 Elliot, 1983; Nicholls, 1984a),但后来这种区别在 20 世纪 80 年代并没有得到很好的发展。大部分学者还是认为表现目标都是趋近型的,比如德韦克倾向于认为表现目标是指学生追求与他人相比可以有更好的表现,并且认为表现目标对学生产生的影响是积极正面的(Dweck 和 Leggett, 1988)。

埃利奥特(1994)根据表现目标是将参与者的注意力吸引到积极结果(这意味着激发趋近动机)或消极结果(这意味着激发回避动机)的可能性来对表现目标再次分类。因为他发现,趋近动机倾向于产生一套积极的过程和结果,而回避动机则倾向于产生一套消极的过程和结果。对现有研究的分析也得出了同样的结论(Elliot, 1994;

Rawsthorne 和 Elliot，1999)。因此，埃利奥特(1994)提出应该将表现目标这个概念分为独立的表现趋近和表现回避两种概念。

　　由此，产生了成就目标三分法框架——学习目标，表现趋近目标，表现回避目标。按照埃利奥特的定义，学习目标主要关注能力的发展或对任务的掌握；表现趋近目标倾向于关注自己比他人有能力(即超越他人)；而表现回避目标主要倾向于避免表现出自己比他人无能(即不比他人表现差)。埃利奥特和丘奇(Church)(1997)用实际课堂的数据进一步证实了这个框架的效用，他们发现在控制了学生对自己能力期望的情况下，学生采用学习目标时，他们的内在动机会提高；采用表现趋近目标时，他们的学习成绩会提高；而采用表现回避目标时，他们的内在动机和成绩都会下降。随后的许多研究都证明了成就目标三分法框架在解释学生学习效果方面的有效性(Elliot，2005)。

　　埃利奥特三分法框架中的三个目标可以根据能力的定义和评价方式来区分(Elliot，1999)。学习—表现的区别是指能力是以自身和任务为基准来定义(学习目标)还是以相对标准(表现目标)来定义。趋近—回避的区别涉及能力是更倾向于被积极评价(学习目标和表现—趋近目标)还是被消极评价(表现—回避目标)。因此，埃利奥特三分法框架中的三个目标可以被概念化为占据二维平面 2×2 空间中的三个象限，而这个二维空间的两个维度分别是能力定义维度和效价维度。

　　5. 2×2 成就目标框架

　　尽管三分模型将趋近—回避维度整合到了表现目标中，但学习目标并没有区分趋近和回避这两个效价。这就提出了一个问题，即能力的定义和效价是否可以完全交叉，是否可以创建一个 2×2 的成就目标模型。即能否区分学习趋近目标和学习回避目标。

　　埃利奥特等学者认为，目前成就目标三分法的概念空间中，留下的空格代表了一种被忽视但很重要的目标类型，即学习—回避目标。采用学习—回避目标的人避免了基于自我或任务来判断的无能(例如，不失去自己的已有技能或不误解材料)

(Pintrich, 2000b)。学习—回避目标的加入,构成了完整 2×2 的成就目标框架,其中包含四种不同的目标类型:学习—趋近(即三分法框架中的学习目标),学习—回避,表现—趋近,表现—回避。埃利奥特和麦格雷戈(McGregor)(2001)证明,这四种类型的目标都有不同的特征和效用,随后的学者也进行了一些研究,进一步确立了 2×2 框架的效用(Cury 等,2006)。

宾特里奇(Pintrich, 2000c)系统描述了四种成就目标导向的特点(见表 5 - 1),并根据能力概念维度和效价维度分出了四种目标类型:

(1)学习趋近目标导向的个体更关注自身能力的提高和对知识的掌握。在以往的研究中,采用学习趋近目标的学生表现出了最有适应性的学习行为和情绪,比如说对于学习任务有着更高的兴趣,积极参与课堂,面对失败时有良好的情绪,愿意继续付出努力。总体来说这是最优的一种目标导向;

(2)学习回避目标则强调避免不理解或不能胜任的学习任务,避免失去已有知识和技能,根据自己能力的提高或降低来评价能力。学习回避目标往往更常见于某个领域的专家,青少年学生群体中则较少出现;

(3)表现趋近目标导向的主要目的是使自己显得比他人更优秀,更期望可以获得对自己能力的积极判断。在以往的研究中,采用表现趋近目标的学生的学习行为和情绪有好有坏,他们可能会非常有竞争心,为了超过别人而积极参与课堂,获得比较好的成绩,但是也很有可能因此而感到焦虑,尤其是在经过失败和挫折后;

(4)表现回避目标的个体尽量回避对自身能力的消极判断,避免使自己显得比别人更愚蠢或能力差。采用表现回避目标的个体最明显的表现是倾向于逃避学习、逃避考试,最有可能出现厌学、逃学的情况。他们往往对学习有较低的兴趣,认为自己的能力差,更多出现消极情绪,包括羞耻感和焦虑感。表现回避目标与适应不良的学习行为和情绪最相关,且没有研究表明它有积极的影响,因此这也是最需要我们关注的一类目标。

表 5 - 1　2×2 成就目标导向框架(Pintrich，2000c)

能力定义 ＼ 效价	趋近	回避
学习目标	个体更关心的是掌握任务、学习和理解。根据自己的进步程度和对任务的理解深度来评价自身表现。	个体更关心的是避免误解、不能学习或不能掌握任务。判断成功的标准是在自我比较的基础上准确无误地完成任务。
表现目标	个体更关心的是超越别人以显得自己最聪明。根据与他人的比较来评价自身表现，比如在班上考得最好。	个体更关心的是避免自己显得低能，显得比别人笨。根据与他人的比较来评价自身的表现，比如不是班上最差的。

　　虽然 2×2 成就目标理论的提出得到了许多支持，但效价维度的必要性其实一直存在争议。比如米奇利等(Midgley 等，2001)学者认为大多数研究结果都显示表现趋近目标和表现回避目标与适应不良的学习模式相联系，并没有必要将两者进行区分，从而支持将成就目标导向仅分为学习目标导向和表现目标导向。但从理论上，有学者认为趋近和回避的区别是成就动机研究的标志(Atkinson，1957)。追求趋近性目标的学生倾向于追求成功，可以被视为是进取型的学生，他们更关注收获；而追求回避性目标的学生倾向于避免失败，可以被视为防御型的学生，他们更关注损失。这两类目标相当于决策中追寻利益或规避风险这两种不同的思维。

　　此外，由于追求这两类目标的学生他们的思维不同，因此采用的策略和行为也会有所不同。类似于阿特金森所提出的"避免失败者"和"追求成功者"的特点，追求回避性目标的学生倾向于拒绝困难的任务或者选择非常容易的任务来避免失败，他们也会倾向于选择过于困难的任务，因为对于这类任务，即使失败了，也可以找到借口，减少失败感。而追求趋近性目标的学生倾向于选择具有一定挑战性，能最大限度地满足其成就需要的任务。因此，趋近和回避目标对学生结果的影响应该是有区别的(Elliot 和 McGregor，2001)。例如，趋近目标可能会与认知、动机和行为等结果有积极的相关性,而回避目标则与认知、动机和行为结果有更强的消极联系。

在实证研究方面,研究人员已经发现了其他动机要素和认知结果与表现趋近目标、表现回避目标这两种目标之间存在着不同的关系。大量研究表明了表现趋近目标导向有其积极作用,其与众多适应良好的动机行为有积极的联系,比如对任务价值有较高的判断、较高的学业效能感、投入更多努力、较高的学业成绩(如 Pastor 等,2007)。而表现回避目标导向只与适应不良的结果有关,没有证据表明它有积极的影响。使用因子分析进行的研究也发现,趋近型和回避型的表现目标是独立存在的(Elliot 和 McGregor, 2001),因此有必要根据趋近和回避效价对成就目标取向进行区分。

6. 3×2 成就目标框架

3×2 成就目标框架是从 2×2 成就目标框架中衍生出来的。争议主要出现在能力定义这个维度上,埃利奥特等学者(2011)认为学习目标其实包含着两种评价标准:第一种侧重于绝对的能力标准,即试图把一项任务做得尽可能好;另一种标准侧重于个人内部的能力,即试图做得比过去的自己更好。虽然绝对标准和内在标准在目标追求中经常是相辅相成的,但这两个目标其实也是相互独立的。举个例子,当学生做数学练习的时候,如果他的目标是把所有题目都做对,那他采用的即是任务趋近目标(task-approach goal);而如果学生的目标是试图比以前做得更好,那他采用的即是自我趋近目标(self-approach goal)。而在回避效价上亦是如此,采用自我回避目标(self-avoidance goal)的学生会尝试避免在数学考试中表现得比以前更差,而采用任务回避目标(task-avoidance goal)的学生会试图避免做错题目。

在更详细的目标调节机制上,任务导向和自我导向的目标在几个方面有更明显的不同之处(Elliot 等,2011)。与基于自我的能力评估标准对比,基于任务的标准与任务本身更紧密地结合在一起,在大部分情况下,人们可以在工作时直接从任务中获得及时和持续的反馈。也就是说,相比之下使用基于任务的标准确定成功或失败更加简单直接。而如果一个人以自我能力为评估标准,他/她对自己能力的判断往往是更主观且抽象的,因为他/她必须将自己当前能力与过去能力的心理表征进行比较。因此,以自我为评估标准的目标导向在使用时是更加复杂的,也对人们提出了更多、更高的认知上的要求。

基于这些差异,人们可以假设任务趋近目标会更有利于促进个体任务过程中产生心流体验并且提升内在动机。追求任务趋近目标的学生,更加关注于如何解决任务中出现的问题,对于自己的成功或失败的后果考虑得比较少,注意力较集中,容易引发心流体验。而自我趋近目标与个体自身有更紧密的联系,每个人就是他/她自己的基线,促进个体坚持并不断激发其对成功的渴望。任务回避目标和自我回避目标与掌握回避目标类似,比他人回避目标更积极,比任务趋近和自我趋近目标更消极。而2×2框架中的表现目标相当于3×2框架中的他人目标(other goal),这里使用简单的"他人"作为标签,以便与"任务"和"自我"标签相对应。

综上所述,专注于绝对标准的任务目标可以与专注于个人内部标准的自我目标分开,并且这两者都可以与基于他人标准的目标区分开。因此,3×2的成就目标模型的框架依旧包含能力定义和效价两个维度,但能力定义维度被分为三种:任务、自我、他人;效价维度依旧分为趋近和回避(Elliot等,2011),总共包含了六种不同的成就目标(见表5-2)。其中,他人趋近和他人回避目标的陈述与2×2模型中对表现趋近和表现回避目标的陈述相同。基于任务的目标根据任务的绝对要求来定义能力,例如正确地解决问题、理解概念。其中,任务趋近目标是试图正确回答问题,比如说,目标是正确理解一个概念,正确完成一个数独游戏;而任务回避目标是试图避免错误地回答问题,比如说,避免误解某个概念,更关注避免填错数独。自我导向的目标将自己过去的表现作为标准来评判自己的能力,例如一个人过去是如何做到的。其中,自我趋近目标是试图比以前纠正更多的问题,试图比以前更快地理解一个概念,比以前更快地完成数独;而自我回避目标是试图在一个问题上避免比过去的自己做得更慢,避免错得更多。

表 5-2　3×2 成就目标导向框架

能力定义　効价	趋近	回避
任务目标	个体更倾向于试图尽可能好地完成任务,掌握任务所需的能力,正确地解决问题。根据任务的绝对要求、任务的完成情况来评价自身表现。	个体更倾向于试图避免在任务上出错,避免误解任务所需的知识。根据任务的绝对要求以及任务的完成情况来评价自身表现。
自我目标	个体更倾向于实现自我能力,试图比过去的自己做得更好。根据与过去的自己比较来评价自身表现,比如比过去更全面更快地解决任务。	个体更倾向于避免失去自己原有的能力,避免比过去的自己做得差。根据与过去的自己比较来评价自身表现,比如没有比过去完成得更慢。
他人目标	个体更关心的是超越别人以显得自己最聪明。根据与他人的比较来评价自身表现,比如在班上考得最好。	个体更关心的是避免自己显得低能,显得比别人笨。根据与他人的比较来评价自身的表现,比如不是班上最差的。

关于 3×2 框架的现有大部分实证工作已经证实该模型的各拟合指数比其他模型(如 2×2 框架和三分模型)更贴合实际数据。在几个不同的国家和几种不同的语言环境下(包括英语、法语、西班牙语、普通话、匈牙利语、挪威语),在所有可能的替代方案中,数据明确且一致地支持 3×2 模型对现实数据的解释力更好(Elliot 等,2011)。

多个团队研究了 3×2 框架中的目标与各种过程和结果之间的联系。任务趋近目标能积极预测任务兴趣和满意度(Gillet 等,2015)以及任务参与(Flanagan 等,2015),并且与学生对能力的感知呈正相关(Mascret 等,2015a);自我趋近目标是任务兴趣和满意度的积极预测因子(Mascret 等,2015b),他人趋近目标是获得的成绩的积极预测指标(Elliot 等,2011)并且与自我效能感呈正相关(García-Romero, 2015)。而他人回避目标能正向预测忧虑,且能负向预测成绩(Elliot 等,2011)。这些发现与 3×2 模型的预测一致,并为任务和自我的区分提供了进一步的支持。

　　尽管上述关于模型拟合和预测模式的发现明确支持 3×2 模型，但埃利奥特等人也提出仍有需要注意的问题。首先，在许多研究中，3×2 框架中的所有 6 个目标之间都是正相关的，许多目标之间的相关性甚至非常高；在任何研究中，都没有任何目标之间显示负相关的关系。这是预料之外的，特别是对于在能力区分的定义和效价上存在差异的目标，例如，任务趋近目标和他人回避目标之间没有检验出负相关。其次，相比 2×2 成就目标框架中各目标对各种学习结果较明确的影响作用，已经观察到的 3×2 的目标对学习结果和行为的影响不够明显也不够明确，并且许多预期的关系没有得到验证（Elliot 等，2017）。

　　埃利奥特等学者认为，各目标之间的高度相互关系和薄弱的预测模式之间很可能是相互关联的问题，并且两者都源于自我报告措施的局限性。当被调查者看到大量具有共同特征且似乎合理、就社会评价而言可取的描述时，他们往往都会使用“满意策略”选择过得去的答案而不是联想自己的实际情况，选择最佳的答案，以试图付出最小的努力并避免歧视（Krosnick，2000）。“满意策略”导致方差减少，相互关系膨胀和预测性降低（Krosnick，1991）。特别是当自我目标和任务目标被单独作为标准提出时，成就目标的共同特征（它们共享能力的定义和价态；它们都代表对能力的承诺）非常突出，所有项目听起来都是合理的，就社会评价而言是可取的（因为它们代表了对能力的承诺）。因此，在 3×2 框架的测量中，受访者容易采用满意策略，从而产生了研究者观察到的实证研究结果中的不合理之处，另外，项目数量的扩展以及任务导向目标和自我导向目标之间细微的区别也加剧了测量的困难（Elliot 等，2017）。

　　虽然埃利奥特等学者提出了两个解决方案：问卷项目的改进；研究人员从此框架中选择部分目标进行更深入的研究。但问卷项目改进需要研究人员长时间的探索和尝试，而这期间其他相关研究仍然需要继续；而从框架中选择部分目标的研究方法破坏了框架的整体性考量，并且在整体存在问题的情况下研究其部分成分，这类研究的理论基础就显得不够扎实。总之，3×2 成就目标框架仍有较多待解决的疑窦，而相比之下,3×2 成就目标框架的基础——2×2 成就目标框架显然发展得相对更加成熟,因此目前关于成就目标导向理论的大多数研究仍然基于 2×2 成就目标框架进行。另外,对 2×2 成就目标框架的不断深化研究也可以为未来发展成熟的 3×2 成就目标框架的相关研究提供一定的理论基础。本章的内容也主要基于 2×2 成就目标框架进行介绍。

"我是为了什么而学习"——来自学生的自述

成就目标理论的起源是德韦克对习得性无助现象的研究以及尼科尔斯对儿童能力概念的认知发展研究,其并不是直接从学生的学习目的出发的,因此学者们认为也需要探索实际课堂中,学生所采用的成就目标究竟有哪些,以及成就目标的理论框架是否可以完全囊括学生们的目标。

为了解决这个问题,布罗菲(Brophy, 2005)呼吁应该研究当学生被要求用自己的话描述他们的目标时会报告的内容,而不是单单使用仅提供有限选项的问卷。目前使用开放式问题进行调查的研究较少。李和奉(Lee 和 Bong, 2016)通过三个研究,对总共 984 位韩国各年级初中生进行开放式问题调查。虽然是在韩国进行的相关研究,但鉴于东亚各国的文化背景和教育现况比较相似,其对于中国教育来说也有一定的参考价值。根据成就目标的定义,他们设计的开放题目为"你学习的原因是什么?请按重要性顺序写下你研究的五个最重要的原因"。并且学生们被告知他们不必局限于五个理由,而应该尽可能多地写下理由。他们的研究可以为我们解答两个问题:(1)学生为什么学习;(2)学生会采用单一的成就目标还是多种成就目标。

1. 学生对于为什么学习的回答

开放题在所有三个分研究中总共收到了 3 399 个回答。学生们的回答经过整理后被主要分成了 32 个类别,其中数量最多的三个回答分别是"实现梦想""赚钱""进名校"。次高频率的类别,也就是第 4—5 位分别为"为了自己的幸福""找到更好的工作"。6—9 位占总频率的 4%—5%,分别是"让我的家长开心""作为学生的职责""获得社会认可""升学"。而"避免来自父母的压力""获得知识""因为别人要求我学"为第10—12 名。其余类别仅占总答复的不到 3%,具体的数据见表 5 - 3。

表 5-3　开放式问题回答情况

排名	学习目标	数量	占比	2×2 成就目标框架中的类别
1	实现梦想	453	13.33%	
2	赚钱	278	8.18%	
3	进名校	238	7.00%	表现趋近目标
4	为了自己的幸福	229	6.74%	
5	获得更好的工作	211	6.21%	表现趋近目标
6	让我的家长开心	183	5.38%	
7	作为学生的职责	179	5.27%	
8	获得社会认可	141	4.15%	
9	升学	137	4.03%	
10	避免来自父母的压力	120	3.53%	
11	获得知识	113	3.32%	学习趋近目标
12	因为别人要求我学	108	3.18%	
13	因为学习有用	77	2.27%	
14	避免在社会上落后	73	2.15%	表现回避目标
15	为了找工作	72	2.12%	
16	避免被认为能力差	59	1.74%	
17	为了证明能力	57	1.68%	
18	避免比其他人更差	51	1.50%	表现回避目标
19	为了让我自己满意	49	1.44%	
20	为了一个好的分数	47	1.38%	
21	为了提高能力	42	1.24%	学习目标
22	为了适应社会	39	1.15%	
23	因为很有趣	33	0.97%	

回避性动机与学生学习

排名	学习目标	数量	占比	2×2 成就目标框架中的类别
24	避免让父母失望	27	0.79%	
25	为了我自己	24	0.71%	
26	为了帮助别人	22	0.65%	
27	避免将来后悔	16	0.47%	
28	避免无知	15	0.44%	
29	比其他人做得更好	15	0.44%	表现趋近目标
30	为了交朋友	10	0.29%	
31	为了保护我的骄傲	9	0.26%	
32	为了避免坏成绩	8	0.24%	
	其他	263	7.77%	
总计		3 399		

在学生具体的回答中,类似"获得知识"或"为了提高能力"的回答体现的是学习趋近目标;"避免将来后悔"和"避免无知"等回答体现的是学习回避目标;"进名校""获得更好的工作""比其他人做得更好"这样的回答体现了表现趋近目标;而"避免在社会上落后""避免比其他人更差"则体现了表现回避目标。整体上埃利奥特和麦格雷戈的 2×2 成就目标框架可以解释的学生回答数占总频率的 22.8%左右,其中表现趋近目标占比最高,约为 13.7%;其次是学习趋近目标,占 4.6%;表现回避目标占 3.7%;而学习回避目标最低,占了不到 1%。

研究者还注意到许多回答都提到了未来(例如,"进名校""获得更好的工作")。许多学者认为,未来目标应在更广义的层面上运作,应与具体的成就目标区分开来(Mansfield, 2012)。为了获得更具可比性的结果,李和奉(2016)排除了具有未来和社会性质的回答后,对于具体的学习成就目标的回答数量变为 495 个,埃利奥特和麦格雷戈的 2×2 成就目标框架总体可解释所有具体目标回答的 47.7%,其中学习趋近目标可解释的数量最多,占 31.3%,其次为表现回避目标,占 10.3%,学习回避目标和表现趋近目标的占比皆为 3.0%。

　　2×2 成就目标理论框架只解释了学生具体的成就目标问卷的 47.7%,这个结果似乎说明了这个理论框架无法很好地解释学生的真实目标,但出现这样的结果也可能受限于一些特有的原因。首先,在本章开头我们提到过,成就目标理论中所说的目标更加内隐,包含了一种综合的信念模式,它导致了"人们接近、参与和应对成就情况的不同方式",与我们常说的目标其实有一定的差别,因此学生对于学习目标开放式问题的回答可能和相对内隐的信念模式并不完全吻合。其次可能是东西方文化有所不同,毕竟整个框架是西方学者通过对西方学生的研究提出的。而东方背景下的父母养育和教育模式都与西方有所不同,在此研究中学生的回答"履行作为学生的义务""避免家长担心"等,都体现了东亚学生可能在义务、责任感等方面与西方学生有所差别。这也为亚洲学者研发适合于亚洲学生的成就目标框架提出了要求。最后,在此研究中,部分学生的回答较为模糊,比如"为了我自己",则没有办法确定学生是因为获得了知识技能而满足,还是因为超越他人而满足。并且此研究的编码较为严苛,比如没有被编码的"为了一个好的分数"和"为了避免坏成绩",这些回答背后可能暗示的是表现趋近和回避目标,但是由于没有明确表示是与他人的比较来评判能力,所以没有被编码。根据当前研究的情况,埃利奥特和麦格雷戈(2001)的 2×2 成就目标框架的解释力度还是比较合理的,2×2 成就目标框架对研究学生的成就目标的指导意义不可否认。

　　2. 学生采用单一成就目标还是多种成就目标

　　许多学者的研究中都提出,个人可以在给定的背景下同时追求多个目标(Pintrich, 2000c)。学习目标和表现目标这两种取向并不一定是完全互斥的,表现趋近目标可能与学习目标一起,共同促进个体的适应性动机。从这个多目标的角度来看,同时追求学习目标和表现趋近目标比单独追求学习目标可能更有益(Luo 等,2011)。

在之前提到的李和奉（2016）的研究结果也显示，在学习目标可以被 2×2 成就目标框架解释的 517 名学生中，445 名学生（86.1%）只提到了框架中的一个目标。其中，288 名学生（55.7%）提到了表现趋近目标，98 名学生（19.0%）提到了学习趋近目标，44 名学生（8.5%）提到了表现回避目标，而提到表现回避目标的学生较少，只有 15 人（3.3%）。追求多目标的学生有 72 人（13.9%），其中最常见的组合是表现趋近目标和表现回避目标，有 38 名学生，此外有 21 名学生同时追求学习趋近和表现趋近目标。然而，如果只分析面向当前的成就目标而排除掉指向遥远未来的目标时，在符合 2×2 框架的 171 名学生中，绝大多数学生只追求一种成就目标，其中有 136 人报告了学习趋近目标（79.5%），回答表现回避目标的学生有 26 名（6.1%），只有 3 人回答了表现趋近目标（1.8%），没有学生提到学习回避目标。

3. 学生的成就目标取向的发展变化趋势

学生的成就目标取向在不同学习阶段是有明显变化的。学生在小学低年级主要采用学习目标，而到小学高年级、初中及高中时，对于学习目标的追求逐渐减少，而逐步增加对表现目标的追求。奉（2009）发现一到四年级的韩国小学生普遍追求的是学习趋近目标，其次是表现趋近目标，两个回避目标得到的平均评分明显低于两个趋近目标。而五到九年级的两组年龄较大的学生对表现目标的追求最为明显。王和波梅兰茨（Wang 和 Pomerantz, 2009）探究了中国学生和美国学生从七年级到八年级间所采用的成就目标的发展变化，发现无论是美国学生还是中国学生都越来越少地使用学习目标的导向。

可以看出儿童的成就目标的发展变化符合前文尼科尔斯提出的儿童对能力这个概念的认知变化，大多数幼儿都持有智力增长理念（Dweck 和 Leggett, 1988），儿童对自己能力的评价更多的是基于任务而不是他人比较得出的（Harter, 1975），并且倾向于在强调掌握任务而不是比较优势的学习环境中发挥作用（Eccles 等, 1993），所以学习目标最能代表他们在学校各种行为的原因。而 10 到 11 岁以上的儿童已经可以开始区分能力和努力两种概念(Stipek 和 Mac Iver，1989)，并使用社会比较信息来评价他们的工作质量(Butler，1989)。也正是在小学的这最后两年，与同伴的竞争和对相对能力的关注在学校环境中逐渐成为主流。当学生进入初中后，他们则会进入到一个强调能力，赞扬能力的学习环境(Eccles 等，1993)。因此，在小学高年级和初中的环境中，学生更多地追求表现目标也就显得不足为奇。

而到了高中，中国学生的学习目标取向依旧呈曲线下降趋势，尤其是在高一学年下降明显，在之后下降速度减缓；表现趋近目标和表现回避目标都呈曲线上升趋势，并且在高一两个学期之间以及高二两个学期之间有较大变化，最终在高二下学期到达顶峰(徐鑫培，2016)。高一上学期到高一下学期之间的巨大变化很可能是因为老师以及家长从一开始的致力于帮助学生尽快适应高中生活迅速转变为希望学生关注学习成绩所引起的，而高二两个学期之间的变化也很可能是情境发生了巨大变化，比如说开始强调将来分班，强调文理成绩差异。学生进入高中后面临着更大的学业压力，高中环境更强调竞争和排名机制，学生会感知到教师和家长更强调结果导向的学业表现(Eccles 和 Roeser，2009)，因此高中生也会更加关注将自己的成绩与他人比较，较少关注提升自己的能力。长此以往，随着年级逐渐升高，学生也会渐渐地对社会比较的信息和个体能力差异更为敏感，从而更为关注如何展示能力或回避无能(Eccles 和 Roeser，2009)。

高中阶段是否应该强调表现目标？一项元分析研究表明，表现趋近目标在高中阶段与学业成绩成正相关(Linnenbrink 等，2008)。虽然表现趋近目标对学业成绩的确可能会产生一些促进作用，因为在东亚的文化圈里比别的学生好基本上就意味着要比别的学生考到更高的分数，但是对于学生的心理健康来说，表现趋近目标不应该被提倡。相较于学习目标取向的学生，追求表现趋近目标的学生往往更加关注竞争，竞争压力和焦虑情绪更大。在面对多次挫折的情况下，一方面他们会有较大的保护自尊的需求，希望可以超过他人，另一方面他们又会感受到自己的能力不足以证明自己的优秀,进而可能转为追求表现回避目标。因此在高中阶段不提倡对于表现目标的强调,虽然其对成绩的负面影响可能不大,但对学生的心理健康会有较大的负面影响。

§ 表现回避目标:特征与诱因 §

　　小明最近有些低落,他觉得自己真的不够聪明,做作业和卷子的时候,总是有很多题目做不出,只能靠猜,他总想着老师和爸爸妈妈看到作业肯定又会批评自己,父母说自己好笨的场景不断浮现在脑海,小明想着想着,都有点出汗了,没办法集中精神做作业。别人做一个小时的卷子,小明需要两个小时。第二天,卷子确实错得有点多。小明看了看小王和小白干干净净的卷子、优异的排名,对比之下,自己卷子上的一个个红叉和倒数的名次显得自己有些蠢,他羞愧得想把卷子藏起来。课上老师批评了学生们这次卷子做得不够好,但还好这次老师没有特别批评自己,小明希望老师像这次一样别再特别注意到自己。但是这节课依然不好过,听不懂老师的讲解,他担心如果问别人的话,会被别人觉得自己很笨。于是这些不会的问题就这样被搁置了下来。放学后,小明一点也不想做老师发的难题集,因为做了肯定错很多,又会让大家都觉得自己很笨,还不如不做,这样大家就不知道他不会做了。

　　小明现在陷入了一个困境,他的各种不适应表现都属于追求表现回避目标的特征。在成就目标框架中,学习目标导向的学生表现出的适应性是最高的,表现趋近目标对学生的影响好坏参半,对比之下,追求表现回避目标的学生往往表现出的特征都比较消极。

表现回避目标的特征

学习成绩是能够直观反映学生学习情况的指标之一。追求表现回避目标的学生往往会有较低的成绩。人们在了解成就目标导向理论之后,通常会认为追求学习目标的学生肯定会有比较高的分数,而追求表现目标的学生肯定会有比较低的分数。而在早期的目标理论研究中,也确实普遍发现学习目标与成绩及各种认知结果之间是正相关的关系,而表现目标与各种认知和行为结果之间存在负相关关系(Ames, 1992b)。

但在森科和迈尔斯(Senko 和 Miles, 2008)的研究中,完全追求学习目标的学生表示,他们根据材料的有趣程度来确定学习材料的优先级,以至于他们甚至忽略了一些自己认为比较沉闷的话题,这种仅仅基于兴趣的学习方法往往导致的很明显的现象就是偏科,自己感兴趣的就多学些,不感兴趣的就少学。甚至当感兴趣的学习内容与学校的学习内容非常不一致的情况下,他们可能就会忽视学校的学习内容,而对各科作业和考试都完全不感兴趣。并且由于他们对自己能力的评判标准是自己感兴趣的任务,他们对于成绩所反映的信息的关注也较少,因此追求学习目标的学生其实并不一定会有高成绩。对于这类学习目标导向的学生,教师的一大任务是激发他们对学习内容的兴趣,而有意思的是这类学生一般也认为是否能够引起学生的兴趣是判断一个教师是否厉害的最基本要素(Senko 等,2012)。

反观表现趋近目标的学生,他们根据学习成绩与他人比较以判定自己的能力,因此会密切关注教师教授的内容和提出的要求,并依靠教师提供的线索来学习如何进行更有效的学习(Vermetten 等,2001)。表现趋近目标的学生还会主动寻求那些将会在考试中进行测试的材料(Shell 和 Husman, 2008),并且与学习目标相比,表现趋近目标的学生对其他人提供的学习相关提示的质量也会进行更敏锐和准确的判断(Poortvliet 等,2007)。这类学生倾向于采用"战略性学习"的方法,其特点是寻求线索,仔细计划,并使用任何会产生高分的学习策略(Entwistle, 1988),以此来提高学习成绩(Diseth 和 Martinsen, 2003)。因此,表现趋近的学生会认为教师应该清晰地表达出他们对学生未来表现的具体期望。

相比学习目标和表现趋近目标,表现回避目标对成绩的消极作用是显而易见的。大量研究发现,表现回避目标会导致较低的学习成绩(Harackiewicz 等,2008)。虽然表现回避目标的学生也是采用与他人比较的方式来确定自己的能力,但由于这类学生的目的是避免自己看起来愚蠢。相对表现趋近目标的学生来说,表现回避目标的学生倾向于不去完成有难度的任务,以避免暴露自己的错误,他们会表现出更多的退缩行为和更少的任务参与(Pintrich, 2000c)。

表现回避目标损害学习成绩的具体影响机制是非常复杂的。从认知方面来说,追求表现回避目标可能会让学生的认知能力降低,这使得学生想要努力学习却有心无力。表现回避目标与任务分心(Lee 等,2003)和低工作记忆(Huijun 等,2006)有关。也就是说,避免自己显得愚蠢的想法可能会具有侵入性,可能会是过去父母批评的场景,过去丢脸的场景,这些隐藏的记忆会突然浮现并影响追求表现回避目标的学生,让学生将注意力从学习任务转移到一些不必要的担忧上。这是符合逻辑的,因为正如前文所说,采用表现回避目标的学生更加关注的是威胁和惩罚,此类负面反馈相比奖励会让人产生更强的警惕心和压力。在压力较重的情境下,负面反馈的记忆或者对未来负面情况的想象可能不受控制地出现,打断个体对学习任务的思考,造成侵入性思维。在认知策略的使用方面,沃尔特斯等(Wolters 等,1996)发现,追求表现趋近目标会促使学生更多地使用深度认知策略和自我调节策略。而表现回避目标的学生则不太可能花费时间和精力使用深度学习策略。表现回避目标的学生往往会消极地预测自己的学习结果,因为如果付出了努力,但是结果仍然不好的话,可能意味着他们缺乏能力。而不努力采用学习策略的学生则有表现不佳的借口,因此表现回避目标引导学生干脆不努力,不使用深度学习策略,以避免暴露自己的能力不足,产生类似于"我不是笨,我就是没有认真学而已"的自我设限(self-handicapping)。

　　表现回避目标对学生的其他动机因素也会有一定的负面影响,比如说他们往往会认为自己的能力较差,不能很好地完成任务,也就是自我效能感较低,经常对自己的能力感到自我怀疑或担忧。同时,表现回避目标导向的学生倾向于评估自己的能力较差,但为了不让别人发现自己的能力较弱,为了营造"我不是不会做,只是不想做"的假象,他们往往会避免付出努力,避免使用深度学习策略,导致他们的能力更差,自我效能感更低,形成了恶性循环。表现回避目标对内在动机、学习兴趣和任务内在价值也有负面影响(Rawsthorne 和 Elliot, 1999)。表现回避目标对内在动机的破坏机制可能与上文对认知策略的描述类似。持有表现回避目标的学生可能认为,如果表现出了对学习任务的兴趣,就意味着需要在此学习任务中有不错的表现,如果感兴趣且努力做了但还是做不好,就会被认为是自己的能力问题,所以宁愿不表现出自己的兴趣,一句"无聊"就可以作为自己失败的理由,即"因为不感兴趣所以做得不好,而不是因为能力不足"。另外,在学习成本方面,表现回避目标与自我成本和情绪成本也显著相关(Jiang, 2020)。持有表现回避目标的学生可能会感受到学习任务会损害自己的自尊,感受到比别人差是非常伤自尊的事情,由此把关注点转移到那些更差的学生身上以挽救自尊。追求表现回避目标的学生,往往也会有更高的情绪成本,也就是说他们会在任务中感受到更多的负面情绪。比如,小明在做作业时感到的焦虑紧张和看到自己的卷子错很多时产生的羞愧情绪就是很典型的例子。

　　情绪体验在学习生活中非常重要,会影响学生的幸福感、心理健康,也会影响学习效率。学习目标往往与积极情绪有关,如希望、骄傲和学习的乐趣。学习目标导向的学生将进步较少或没有达到学习期望视为成长的机会,当他们面对失败的时候,会倾向于将失败归因为没有花足够的时间和精力,因此也更积极地面对失败,从失败中学习。因此,学习目标导向的学生通常有更高的幸福感(King 和 McInerney, 2014)。相反,以成绩为导向的表现目标的学生可能会把这些问题视为他们不如别人的信号,因此表现目标导向的学生会经历更多的压力和羞愧。但也有表现趋近学生会出现这样的自我报告——"他们说我不行,那我更要证明自己",因此表现趋近目标也可以引发学生证明自己的欲望。相比之下,表现回避目标更会导致学生对如何学习产生困惑(Senko 和 Miles, 2008),经常引发羞耻感和焦虑感,进而对学生的学习发展产生阻碍(Pekrun 等,2006)。

在学习行为层面,表现回避目标导向的学生更有可能会采取自我设障策略,这类学生不仅仅会出现逃避考试、逃避作业、拖延、逃学等这些避免暴露能力的行为,他们还更有可能采取一系列不利于学习的自己给自己设置障碍的行为,例如减少努力和设定不切实际的目标来掩饰失败等(Lovejoy 和 Durik, 2010)。当然,我们也需要认识到这些行为背后的原因依旧是复杂的,可能不仅仅是目标导向的影响。拿作弊行为举例,表现目标导向的学生比学习目标导向的学生更有可能在学习过程中选择作弊行为(Van Yperen 等,2011),因为表现目标相对来说更倾向于展示自己的能力或者回避被他人认为愚蠢,作弊成功是可以达成这些目标的。但作弊也可能受到特定情境和自我效能感等因素的影响。再拿学生寻求帮助的行为为例,寻求帮助对于学生的学习也是非常重要的行为,当遇到自己没有办法解决的问题时,寻求老师、家长和同龄人的帮助可以更好地提升学习表现。表现回避目标的学生不太可能寻求帮助,因为他们认为这会暴露出他们较低的能力。总体而言,表现回避目标导向的学生倾向于避免引起他人的注意,避免寻求他人帮助(Butler 和 Neuman, 1995)。久而久之这会形成一个恶性循环,最需要帮助的孩子,反而寻求帮助最少,没有获得足够的帮助,他们的学习成绩就会越差,而成绩越差,他们就更加不愿意暴露自己的无能,更加不会去寻求帮助。因此,家长和老师不仅仅要主动去帮助这类学生,还要帮助他们意识到犯错和不理解都是正常情况,可以寻求他人帮助。

表现回避目标的诱因

表现回避目标对学生的学习动机和学习行为的不利影响显而易见,那么为什么学生会持有表现回避目标呢? 究其原因,个体因素和外界环境的影响都很重要。如果追求表现回避目标的小明正在害怕自己的错误很丢脸时,老师说:"犯错一点都不丢脸,再学就好了。"这个时候小明或许就会倾向于更积极地面对自己的错误。而追求学习目标的小王即使听到老师说"你们再不好好学,下次又要倒数了",也可能会觉得倒数没关系,只要掌握好知识就好了。个体和环境这两类因素互相影响,无法分离,同时影响学生的成就目标取向。

1. 个体因素

造成表现回避目标的原因中,最重要的个人因素就是对失败的恐惧。担心他人如何评估自己,自我怀疑和担心犯错误,非常有可能导致有问题的学习行为(Slade 和 Owens, 1998)。对失败的恐惧使个体倾向于减少失败的可能性,从而导致表现回避目标(Elliot, 2006)。就像小明做卷子的时候总回想自己的错误和老师的批评,一想就会出汗、紧张,这就表现出他对失败的恐惧。那些有很强表现趋近目标的学生倾向于展示自己的能力并表达对能力的信心,努力向他人证明自己的优秀(Grant 和 Dweck, 2003)。相比之下,对于有强烈的表现回避目标的学生来说,最重要的是向他人隐瞒自己的能力不足。如果向他人暴露了自己能力的不足,可能会带来一系列负面后果,比如家长老师的批评,甚至是被同学认为没有交往价值。而避免这些可怕后果的最快捷简单的方法就是不再接触相似的任务。

表现回避目标的学生害怕失败后其他人会认为他们笨,特别是他们会预想失败后感到羞耻的场景,这样的预想往往来源于过去的负面反馈。学生在收到负面反馈后对表现回避目标的追求会增强。米德尔顿等(Middleton 等,2004)发现,早期的表现趋近目标能预测后期的表现回避目标。这说明学生热衷于证明自己比别人优秀也有可能最后转变为用努力掩盖自己能力的不足。一些原本在前一个学习阶段表现很好的学生进了很好的初中/高中后，在新的环境下，发现自己的同学都比自己更好，会产生落差感，让他们意识到自己实际上并没有那么聪明，原本轻松可以完成的作业开始变得艰难，即使付出更多的努力也无济于事，父母也会很失望，各方面的压力都会让习惯了优越感的学生想要回避暴露自己的无能。

　　当然，在面对负面反馈的时候，也有一些追求表现趋近的学生不会轻易接收他人的评价，不会从负面反馈当中放大他人对自己的失望，也不会放大自己的无力感。他们会觉得这次失败只是能力没有完全发挥出来，或者对方没有完全看到自己的优点和能力，下次一定要证明给他们看。这种战斗欲很热血的表现，往往是因为过往经验中父母或老师有足够的正面反馈让他们能够坚定相信自己的能力。但这种热血往往会有些短暂，在他们成功证明过自己一次后，可能会出现松懈、再次落后的情况。再次收到负反馈之后，他们又开始热血，于是容易出现较大的成绩波动，老师们常称这类成绩波动为"过山车/坐电梯"。而当遇到持续的负面反馈并且缺少正面反馈时，这样的热血也会被耗尽，在他们预想到自己可能没法很好地证明自己有能力时，为了保护自己的尊严他们会这样说服自己：证明自己的能力又有什么用呢，这种事情也没什么意义，因此减少表现趋近目标，慢慢转变成回避倾向。研究者通过系列研究已经证实了如果学生在真实情境中收到较低的考试分数，他们就会减少对表现趋近目标的追求，增加对表现回避目标的追求（Senko 和 Harackiewicz，2005）。未成年人所追求的表现趋近目标实际上是有些脆弱的，这类目标往往在收到一定的负面反馈后会出现回避倾向的转变。更好的方法应该是让学生意识到应该和过去的自己比较，这样可以更好地专注于发展自己的能力，也就是形成学习目标。

　　总之，个体对失败的恐惧会使他们倾向于采用表现回避目标，而这种恐惧往往来源于过去他人的负面反馈。来自重要他人的负面信息有可能破坏学生对能力的感知和信念(Pajares, 2006)，即使是认为自己能力很强的表现趋近目标的学生也可能因为意识到自己不够好，转为表现回避目标。对于学生害怕失败这点，家长和老师需要减少对学生的惩罚和负面反馈，而是要给出更多有价值的建议和意见，由此让学生意识到失败是很正常的事情，不应该被苛责，还要鼓励学生勇敢面对自己目前尚不理想的能力，让学生相信继续努力就可以有所进步。

从害怕失败这个个人因素当中，我们其实也可以发现表现回避目标对未来的预想往往是失败的，所以他们会害怕。这些学生认为自己没有办法很好地完成任务，也就是说他们认为自己的能力不够好，并且能力是没法通过努力提高的，这种能力无法提升的信念属于德韦克提出的僵固型思维(参见第三章的内容)。在德韦克的理论中，这两种思维模式会导致不同的目标取向，持有成长型思维的年幼的孩子更有可能采用学习目标取向，倾向于发展自己的能力；而持有僵固型思维的孩子则有可能采用表现目标取向，倾向于证明自己的能力。持有僵固型思维的孩子如果同时有着较低的自我效能感，他们会更加倾向于追求表现回避目标。学生自我效能感低，也就是认为自己的能力无法胜任当前的任务，就像小明看到难题集，意识到这个任务可能有困难时就会想"我估计不行"，往往接下来的行为就是放弃任务，因为不尝试就不会暴露自己的能力不足。而认为自己能力比较强的人会更倾向于向他人展示、证明自己的能力，也就是采用表现趋近目标，他们往往会显得更加有内在动力，这些孩子喜欢具有挑战性的任务，使他们能够证明自己的能力。但是也要注意之前提到过的负面反馈，当持表现趋近目标的学生遇到负面结果，长期成绩不如预期，他们就可能意识到自己的能力比别人差，对表现趋近目标的追求会减少。在这个过程中，成长型思维可以在一定程度上弥补低自我效能感对学生目标导向的影响。当学生收到负面反馈，感受到自己的能力较弱时，成长心态让学生意识到，虽然现在自己的能力较差，但付出努力之后能力是会增长的，学生的焦点被引导至努力之后的进步，也就是趋近目标，即更关注积极的能力发展。

在个体相关的因素中,完美主义倾向也与表现回避目标密切相关。研究完美主义的学者施特贝尔和奥托(Stoeber 和 Otto, 2006)围绕两个维度定义了完美主义:完美主义追求(perfectionistic strivings)和完美主义担忧(perfectionistic concerns)。完美主义追求代表着诸如高个人标准、为自己的表现设定严格标准和追求卓越等表现。完美主义担忧代表了诸如对错误的关注、对行动的怀疑、对他人反对的恐惧以及期望与结果之间的差异等表现。研究表明,完美主义担忧与表现回避目标呈正相关(Stoeber等,2008)。这和以往理论家通常将完美主义视为"追求完美"不同,完美主义也有可能根植于避免无能的愿望(Kaye 等,2008)。

2. 外界环境

由前文可知,他人的负反馈是导致学生追求表现回避目标的因素之一。除此之外,老师、家长和同龄人的言行以及社会文化大背景也可能会导致个人追求表现回避目标。关于外界环境对学生的影响,研究者认为最关键的并不是学生所处的实际环境,而是他们如何主观地感知和解释这些环境中所传达的信息。学生每天待的时间最久的环境就是课堂。在"学生成就目标趋近的大体变化趋势"中,我们提到过学生进入初中后,就进入了一个以能力为中心、提倡竞争的学习环境,促使着学生会更加强调表现目标。课堂环境很难简单地被区分为趋近型或回避型,但课堂环境的特定特征,如任务难度和评估反馈,可能通过改变学生对能力的看法间接影响目标取向(Linnenbrink 和 Pintrich, 2001)。

爱泼斯坦(Epstein, 1989)确定了课堂有六个维度是可以影响学习动机的,它们分别是:任务设计(task),权力分配(authority),认可和奖励(recognition),分组安排(grouped),评估实践(evaluated),时间分配(time),可以用首字母缩略词 TARGET 表示这些维度(Meece 等,2006)。其中除了权力分配对引导表现回避目标的作用不是特别明显以外,其他特征中,教师如果出现不适宜的设计,都有可能导致学生更倾向于形成表现回避目标。

（1）任务设计

第一个维度是任务特征。这个维度涉及的细节繁多，比如教师对学习活动和作业的设计，包括任务种类多样性，教师如何介绍和呈现它们，任务的难度等方面。当学习任务比较统一，方便社会比较，以及当老师对任务的介绍涉及可以用来证明自己是否聪明时，学生往往会被引导追求表现目标。同时，当任务难度过高，使得学生认为自己没有能力完成时，为了避免暴露无能，学生会倾向于追求表现回避目标。任务的多样性可以帮助学生保持兴趣，让学生选择进行不同的任务，可以减少社会可比性，促使学生减少对表现目标的追求，帮助学生形成学习目标导向（Nicholls，1989）。

教师对任务的描述应该帮助学生意识到任务和自己的相关性，应帮助学生意识到学习内容的意义，由此可以促进学习目标的形成（Brophy，1987，2005；Meece，1991）。结合任务多样性，让学生选择对自己有意义、自己感兴趣的任务，既可以保证各个学生的任务不同，减少社会比较，又可以帮助学生意识到这个任务对自己的意义，增加兴趣。如果老师对于学习任务的介绍涉及让学生验证自己是否足够聪明，往往会使认为自己不太聪明的学生恐惧失败和批评，因此追求表现回避目标。任务难度上，提供最佳挑战水平的任务是最好的。最佳挑战水平相当于在学生的最近发展区中的难度，让学生在经过指导后努力一下可以完成任务的难度是最好的。这样的任务既不太容易产生无聊，也不会太困难以至于产生焦虑，可以促进学习目标的形成（Lepper 和 Hodell，1989）。如果任务难度较大的话，认为自己较差肯定做不好的学生就不会付出足够的努力，因为付出了努力还没做好就会暴露自己能力较差，学生会倾向于表现回避目标。强调特定和短期目标的任务，发展学生的组织和管理技能，并教他们有效的任务策略也可以帮助学生朝着学习趋近目标努力，在完成这些目标时学生就会感受到自己的进步和自我效能感，也会帮助学生减少形成表现回避目标的倾向。

（2）时间分配

与任务难度很相关的另一个课堂维度是时间分配，在更短的时间内完成相同的任务和在相同时间内完成更多的任务都意味着难度的上升。这个维度包括练习量的适当性,教学的速度以及完成任务所需的时间(Epstein, 1989)。时间与任务的设计密切相关。如果任务时间比较紧的话,学生可能认为以他的能力,再努力也做不完任务时,由此可能出现表现回避性倾向。促进学习目标养成的有效策略是为在完成工作方面有困难的学生调整时间或任务要求,并允许学生计划他们的工作时间表和进度时间表。例如,允许学生在计划工作和任务时有一定的自主权和选择。这些有效的策略也可以减轻学生对学习的焦虑,从而提高自我效能感和学习动力。

(3) 评估实践

第三个维度是评估,指的是监测和评估学生学习的方法。公开的评价会增加社会比较和表现目标取向的可能性。例如,在公告板上披露学生所有课堂作业的成绩或者在教室里直接公布测验成绩等行为,都会向所有学生提供有关表现和社会比较的信息(Rosenholtz 和 Simpson, 1984)。而认为评估过于苛刻的学生,会认为自己永远都不可能达到教师的标准,从而形成表现回避目标(Church 等, 2001)。教师需要注意到,向学生反馈评估结果的语言以及用于评估表现的标准都会影响个人成就目标取向。教师如果传达"错误是学习中正常的一部分,努力改正很重要"的反馈,将帮助学生形成学习目标。当评估标准允许评估个人的进步而不是与他人的比较时,学生更有可能关注学习和掌握知识,而不是竞争和表现目标。标准化考试和其他传统的课堂评估,如考试,为一些学生提供了证明自己能力的机会,但并非所有学生都适合这种形式。教师必须谨慎地使用将学生进行相互比较的评分系统,因为比较会降低那些与同龄人相比处于劣势的学生的自我效能感。

(4) 认可和奖励

在评估之后,教师往往会给学生一些认可和奖励,这也是第四项课堂维度。这里应当重点关注奖励的使用方式。表达认可对学生可能产生重要的激励作用,但如果使用的细节不适当也会产生消极作用。比如"小明,你这次的排名还不错"是基于学生与他人的比较而赞扬学生,相当于引导学生追求表现目标。但是实际情况是小明的排名仍然属于较差的水平,只是比上次的排名上升了一两名,那就会使这个表扬"名不副实",微妙地传达了类似于"我就知道你没有能力再进步了,我也不介意你失败"的信息。小明也会被这种态度影响,认为自己能力差且无法进步,更加倾向于采用表现回避目标。

为了培养学生形成学习目标取向,艾姆斯(1992b)建议教师认识到学生的努力、进步和成就,并且让学生有机会获得认可和奖励。如果有些学生觉得他们永远无法获得奖励或认可,他们就会不那么有动力。这意味着对于一些成绩不是非常理想的学生来说,老师也应该给学生适当的认可,并且这些奖励或认可不能仅仅基于总体成就或表现,而应当基于进步和努力。在团体中公开的表扬需要更加谨慎,因为没有被表扬或许在敏感的学生眼中就是一种隐形的负反馈,公开表扬一部分学生可能会使其他学生受伤、失望,而私下向学生表达认可既可以激励该学生,也不会以牺牲其他学生为代价。

另一方面,根据德韦克所提出的成长型思维和僵固型思维,作为家长和老师应当尽可能地认可学生的努力,而不是认可他们的智力和能力。"你这次很努力,花了很多心思,很棒"要比"你真聪明"更好地传达有效的鼓励信息,促使学生形成学习目标。当经常被夸"聪明"的学生,进入竞争更激烈、周边学生更努力的环境时,往往会感到自己其实没有那么聪明,但是为了维持自己聪明的形象,学生就会倾向于追求表现回避目标,他们会倾向于表现出自己对学习缺乏兴趣,或者不努力,以此作为成绩不理想的借口,不暴露自己较差的能力。

(5) 分组安排

第五个维度是分组安排。近年来,小组协作学习被大力提倡。传统的教学情境是全班活动,往往是教师控制的、正式的和竞争性的(Eccles 等,1984)。相比之下,小组活动往往较少受到教师的控制,也对学生管理学习时间和活动提出了更高的要求。小组活动为学生提供控制和选择的机会,同时最大限度地减少横向比较的小团体活动,能够有效地促进个体的内在动机和任务参与(Ames 和 Ames,1984)。当小组成员对小组的学习结果共同负责时,学生对个人评估的关注就会减少,从而将注意力集中在学习任务而不是自己与他人的对比上。这会促进学生形成学习目标导向。虽然小组活动对学生发展有很多益处,但如何分组需要慎重。同质合作小组可能会体现较强的社会比较信息,那些被分在差生组的学生可能会产生较低的自我效能感,从而追求表现回避目标。而分在强组但对自己不够自信的学生,也可能会害怕暴露自己的能力,或无法满足老师的期待,害怕自己不论怎么努力也够不到老师对自己的期望或害怕让老师失望,因此追求表现回避目标。教师应为异质合作小组和同伴互动提供机会(Ames,1992a),也就是让表现较好的学生和较差的学生之间有更多的互动机会。异质小组的合作任务不仅对表现较差、自我效能感较低的学生非常有益,对表现较好的学生其实也有益处,表现较好的学生可以通过向其他同学讲解问题来加深自己对问题的理解。

(6) 权力分配

另外,课堂维度中还包括权力分配维度,指的是给予学生指导自己学习的权力,帮助学生培养学习的独立感、自主感和对学习活动的控制感。给学生一些选择学习任务的自主权,学生会愿意选择自己感兴趣的任务,促进学习目标的形成。

除了学校课堂的一些因素,父母的支持和期望也有重要的作用。父母对孩子的学业能力充满信心,提供温暖的育儿氛围,培养孩子的自主性,参与孩子的学习以及学校和课堂相关活动,都有助于孩子形成积极的自我认知和学习动机(Gonzalez-DeHass等,2005)。但要注意,过高的期望和要求也会让孩子恐惧自己没有能力满足父母的愿望,从而转向表现回避目标。教师和父母还应该注意和学生交流时的话语,其可能无意识间就会引导学生采用表现回避目标。比如说,成人在督促学生学习的时候往往会用"快点学习,不然下次又要倒数了"这类的表述。这类话既表示了对于学生成就的期望较低,又强调了社会比较的信息,是典型的会引发学生表现回避目标的语句,让学生的注意点集中在负面反馈上。

虽然老师和家长作为在学习环境中的权威成人角色,对学生的学习动机有着重要的影响,但同学之间的互相影响同样不能被低估。同伴互相影响成就目标的一般方式是通过社会传染(Aarts 等,2004)。社会传染是指他人的行为和态度可以潜移默化地影响自己的行为和态度。社会传染假设动机、态度、行为和其他心理状态可以无意间从一个人传播到另一个人(Levy 和 Nail, 1993)。由于学生,尤其是青春期的青少年学生,在自己的观念没有定型时,非常容易受到身边同龄人的影响(Li 等,2011),社会传染其实在学校环境中普遍存在。当关系好的同学在讨论题目时强调掌握方法、强调进步时,同伴之间更容易形成一种学习目标导向的氛围。而如果身边的同伴一直用成绩来比较的时候,可能会出现两种情况,一种是学生厌恶这种比较因此疏远伙伴,另一种就是跟着伙伴一起比较。而如果周边的伙伴追求表现回避目标,常常说"我也不指望了,只要不是最后一名就好",学生也有可能会受到影响倾向于表现回避目标,即"近朱者赤,近墨者黑"。

在家长、老师、同学背后还有更加间接地影响着学生成就目标取向的外界因素——社会文化背景。社会文化首先对于父母的观念和目标追求会有一定的影响。在一项研究中,绝大多数(69%)的亚裔父母为他们的孩子列出了以表现为导向的学术目标,相比之下,只有 25% 的欧美父母列出了这样的目标(Ablard 和 Parker, 1997)。亚洲父母对子女教育的高度重视(Mau, 1997),可能会导致其对孩子施加过大的成就压力。但有趣的是,面对这样的压力,亚洲的孩子可能不会做出反抗,反而会认为这是父母对自己的关爱,而自己需要用高成绩来回报父母,这是一种责任。这主要是因为在强调集体主义的东亚文化中,个体之间往往以相互依存的方式运作,"同生死,共存亡"是家庭成员之间的关系。对学生来说,家庭成员的思想、感受和行为在很大程度上决定了他们的学习行为。因为保持自我和重要他人之间关系和谐很重要,所以那些持有相互依存自我概念的人对重要他人的反应表现出强烈而持久的关心,并表现出取悦他们的强烈愿望。

正因如此,亚洲学生对自己成功和失败的定义在很大程度上取决于父母和老师的认可和反对(Markus 和 Kitayama, 1991)。尤其是在孩子眼中,父母,特别是母亲,可能会被认为是为自己的教育作出巨大牺牲的人物。孩子们有动力与母亲保持牢固的情感纽带,从而将母亲对教育的价值观同化为他们自己的价值观。另一方面,学生试图用学业成绩来弥补父母的牺牲,避免让父母丢脸,从而非常看重如何在学业任务上避免表现失败。不管是为了对父母和祖辈的荣誉尽到家庭责任和义务,还是为了和父母的价值观保持一致,在中国学生中持有表现回避目标取向可能被看作是合理且受到认可的。研究表明,在集体主义文化中,追求表现回避目标与适应不良的结果之间的关联会比个人主义文化中的更弱(King 等,2014)。

综合而言,我们有必要同时关注个人因素和外界情境这两类因素对学生成就目标的影响,努力培养学生形成学习目标而避免形成表现回避目标。但是个人因素和环境因素如何具体地相互作用对学生产生影响仍然是个需要进一步深入研究的问题。对于某些类型的目标取向,可能存在情境影响可以覆盖这些个人因素的情况。例如,当情境特征和线索非常强调表现取向时(比如中国的高考体系),大多数学生都会采用这种取向,而不管他们最初的目标取向如何。在没有强烈的环境线索的情况下,个人目标取向可能优先。此外,因为发展的差异,年幼的孩子大多并没有形成稳定的个人目标取向,这使得他们更容易受到环境的影响,而年龄较大的学生已经形成了更稳定的个人目标取向,因此较少受到情境的影响(Pintrich, 2000a)。

❦ 学习情境中的其他回避性目标 ❦

几位大学生在外聚餐聊天,小张问:"小徐,你最近在忙什么,看你每天都学得很认真的样子。"小徐回答:"我在准备高中数学教师资格证考试,发现以前学的数理化知识都忘得差不多了,不知怎么有点焦虑。"小张说:"无所谓啦,反正大学考试成绩只要合格就可以了,做一做之前的考题,肯定可以通过。"谈话间,小赵一直保持沉默,他很担心自己说话太无聊,不讨人喜欢,万一像过去一样得不到别人认同就更糟了,还是保持沉默最安全。

除了表现回避目标,在学习情境中,还有其他类型的回避性目标。在这段小对话当中,小徐对遗忘已掌握的数理化知识表现出了焦虑,追求的是学习回避目标。小张的目标是付出最少的努力来通过考试,追求工作回避目标(work-avoidance goal)。而小赵害怕别人对自己有消极的印象,尽量避免与他人冲突,属于社交回避目标(social-avoidance goal)。这些回避性目标普遍存在,并且对学生的学习表现、心理状态等各方面有重要的影响。

学习回避目标

在埃利奥特等学者提出 2×2 成就目标框架后,学习回避目标是否存在一直是个争议。在 2×2 成就目标框架被提出之前,学者们所提到的学习目标主要指学习趋近目标:学生试图接近或达到目标。最初,许多成就目标的研究人员很难构思一个将学习和回避相结合的目标,很可能是因为自成就目标这个概念提出以来,学习目标就被看作是完全积极的。

从概念上讲,将学习和回避结合起来是可以解释的:能力是基于任务或个体内部轨迹来定义的,而效价维度则旨在避免无能。因此,学习回避目标是需要努力避免无法胜任任务或个体的能力产生退步。埃利奥特(2005)将学习回避目标定义为"努力避免失去自己的技能和能力或避免这些能力停滞不前、忘记自己学到的东西、误解材料或使任务不完整"。我们可以想象日常生活中追求掌握回避目标的例子:运动员保持自己较高的竞技水平,公司职员尽量不让销售额低于去年的成绩等。在学习情境下,学生也可能专注于避免误解或避免未能掌握学习的内容(Pintrich, 2000c)。这样的目标听起来可能有悖常理,但它可能在某些情况下发挥作用。

埃利奥特(1999)从大龄运动员的角度讨论了学习回避目标,他们不想落后于过去的自己,因此采取学习回避目标,导致他们避免参加某些类型的活动甚至选择退役。也就是说,随着个人年龄的增长,大龄运动员开始注意到自己的认知和运动技能下降,他们会担心不能像过去那样出色地完成任务。因此,为了避免暴露自己的退步,他们避免参与竞技运动。同时,研究者也承认,在儿童和青少年当中,追求学习回避目标的可能比较少,因为他们仍然处于获取新知识和开发新技能的过程中(Bong, 2009)。埃利奥特(2005)也明确表示学习回避目标的情况可能不如其他三个成就目标那么普遍。对学习回避目标是否存在的争议也表现在掌握回避目标的诱因上。埃利奥特和麦格雷戈(2001)发现,促使学生形成学习回避目标的是僵固型思维,而不是成长型思维。也就是说,当一个人更加相信能力是固定的,是无法提升的时候,他/她追求掌握回避目标的可能性更高,这和促使采用表现趋近目标和表现回避目标的前因相似。同时,学习回避目标对学生的影响也好坏参半,类似于表现趋近目标。一方面,学习回避目标与焦虑、拖延和适应不良的完美主义呈正相关,并且负向预测学习成绩(Senko 和 Freund, 2015);另一方面,学习回避目标又可以促进学习策略的使用,并提高个体寻求帮助的行为(Madjar 等,2011)。研究人员得出的一般结论是学习回避目标的影响比表现回避目标的影响更积极,但不及学习趋近目标有效。虽然学习回避目标不如其他三种目标常见,研究者们也需要对学习回避目标的基本机制和前因后果进行更加深入的研究。

工作回避目标

除了学习目标和表现目标的基本区别之外,其他类型的目标取向也被广泛研究。

尼科尔斯等(1989)提出了工作回避目标,追求这类目标的人群追求避免工作任务,或进行比较简单的作业。米斯等学者(Meece 等,1988)认为工作回避目标就是希望不费吹灰之力地完成学校作业,也就是追求最低限度地付出努力。埃利奥特(1999)认为,工作回避与学习目标和表现目标不同,它代表的是没有成就目标。对于追求工作回避目标的学生来说,"成功"是根据最小的工作支出来定义的,而不是根据能力的定义来衡量的。追求工作回避目标的学生非常追求自己在学习上付出的性价比,通常不会付出超过最低要求所需要的努力。

从学生的外在表现来看,工作回避目标的表现和表现回避目标的表现有相似之处,追求这两种目标的学生都可能会出现回避难度较高任务的外在行为。但与表现回避目标这种有逃避倾向内涵的目标相比,工作回避目标是完全不一样的,追求工作回避目标的学生往往对自己的能力没有要求,他们的要求往往来自父母或者老师,他们学习的原因可能只是老师和家长以及社会的硬性要求。老师要求他们做完这些作业,那么他们就只会做老师布置的作业;家长为他们设立了不考倒数第 10 名的目标,那么他们考到倒数第 11 名就完成了任务。当然他们完成这些要求的前提是他们愿意听从老师和家长的要求,或者他们害怕没完成任务而受到惩罚。这种没有自己目标的学习实际上可能比表现回避目标更加危险,当他们不再愿意听从长辈的要求,很可能就会直接放弃学习这件事情。因此,尽管工作回避目标和表现回避目标都有回避倾向和类似的行为表现,但工作回避目标和表现回避目标在各自的心理机制上还是存在明显的差异。

工作回避目标的负面影响也是非常明显的。研究发现,工作回避与高中生的深度认知加工、学习满意度、幸福感、自我效能感和学业成绩都呈负相关(Harackiewicz 等,1997)。更值得注意的是,虽然表现回避目标对学习结果的影响可能会受到文化的调节,但工作回避目标的负面影响似乎是普遍的。不管是个人主义的西方文化背景下,还是集体主义的东方文化背景下,工作回避目标都对学习造成了不良影响。

回避性动机与学生学习

工作回避目标的部分诱因和表现回避目标相似,比如僵固型思维。持僵固型思维的学生往往认为智力和能力都是固定且不可控的,如果他们发现学校的任务太难,就会放弃。学生可能会告诉自己,如果他们无论如何都无法成功,那么努力工作是没有用的,因为他们缺乏学习任务所需的智力和能力。另外,如果学生感觉自己缺乏对学习的自主感,缺乏对学业成功的追求,缺乏自信,或对任务没有兴趣,认为任务没有意义,那么学生很可能会追求工作回避目标(Jagacinski 等,2019)。孩子从一开始就是随大流进入学校学习的,所以不知道学校和学习的意义是非常正常的,这时候的成就目标往往是父母和老师施加给学生的目标。但当孩子渐渐懂事之后,他们会有自己的想法和目标,这时候长辈再施加控制有可能导致孩子出现叛逆倾向,孩子只是希望自己的意见被看到,得到重视。当孩子没有办法反抗时,只能服从老师和家长安排。在这个过程中,他们可能会意识到自己的意见是无用的、没有意义的,有自己的目标和期望的孩子反而会失望、受伤。为了保护自己,他们甚至会抑制自己的想法,渐渐从不敢有自己的想法到不进行思考。当他们真的需要独立、需要有目标的时候,他们就会很迷茫,无法为自己做决定。由此可见,工作回避目标是完成任务,而不是做好任务。

当学生觉得学习任务对自己不重要、学习很无趣的时候,学习的目的可能就仅仅只是避免老师和家长的惩罚。无聊和无助等情绪也是追求工作回避目标的关键预测因素(Jarvis 和 Seifert, 2002)。无聊有可能是因为学习任务过于枯燥或是简单重复,而无助则有可能是由于任务难度较大,使学生自我效能感降低。因此,老师对于学习任务的难度也需要谨慎考量。影响学生是否追求工作回避目标的环境因素中,教师的支持可以弥补工作回避目标的负面影响。为了防止学生支持工作回避目标,教师需要更加主动地为那些不按时完成作业的学生提供额外的帮助。

工作回避目标也具有同龄人之间的社会传染性,因此拥有对学校持积极态度的朋友也是有益的。利维(Levy, 1992)证明,当个体决定是参与还是回避一项任务时,其身边的直接社会环境可以影响这样的决定。由于人们会进行社会学习,不自觉地模仿周围人的各种情绪或行为（Hatfield 等，2009）。当学生看到同学逃避学业或者从同学的各种态度、情绪、行为中推断出了同伴有逃避学业的倾向时，学生可能会通过模仿的方式采用工作回避目标。

在社会心理学中，一种更具体的社会传染类型被称为"去抑制传染"，可以用来解释工作回避目标是如何传播的。具体来说，去抑制性传染解释了一个有趋近—回避冲突的人（例如，不确定是否做功课）通过观察他人的决定而摆脱这种冲突（Levy 和 Nail，1993）。虽然与从众现象相似，但去抑制性传染与从众仍有所不同，因为去抑制性传染始于内部冲突，往往源于社会环境中他人的影响（Nail 等，2000），单纯的从众概念中可能不包括内部冲突的元素。学生在追求工作回避目标之前可能会感到怀疑、犹豫和纠结，而当学生发现了有其他已经逃避学业的人并没有受到惩罚，他们很有可能就会采取同样消极的目标。简而言之，当学生在考虑是否要完成一项任务时，观察到同学拖延或逃避学习任务会促使学生选择工作回避。尤其是在强调社会和谐的集体主义社会当中，融入社会群体尤其重要，与他人融洽相处的需要可能促使学生跟随身边的同伴一起追求工作回避目标。总而言之，社会学习、去抑制传染和与他人保持良好的关系都会导致工作回避目标在同学之间传染，这也凸显了早期有效课堂干预的重要性。教学策略，如合作学习（Johnson 和 Johnson，2009）和同伴学习（Bowman-Perrott 等，2013）被证明有一定改变工作回避目标取向的作用，因为有同龄人支持的学生不太可能采用工作回避目标。一些学生在回答"你为什么学习时"，如果他说"因为别人都在学习，所以我也学习"，那么这就是一个良好的学习氛围对学生的正面影响，尤其是在学生本身没有明确的成就目标的情况下。

社交情境中的回避目标

如前所述，教室是社交场所，学生对待社交关系的方式对其学业有重要影响

(Rodkin 和 Ryan,2012)。个体心理学家阿德勒(Adler)曾说:"人的一切烦恼,皆源于人际关系。"社交关系对于个体心理健康和心理适应的影响往往比其他因素更强。尤其是青春期人群,他们有较多面对新的社交环境的机会。其自我意识在快速发展,一部分青少年可能会出现"假想观众"现象(认为他人非常关注自己),这使得他们的社交关系对心理和学业都有着重要影响。因此在社交领域的回避性目标也非常值得我们探讨,在这一部分我们将简单介绍两个社交领域中包含的有关回避性目标的理论:社交成就目标和社交回避目标。

1. 社交成就目标

成就目标导向可以向社会关系领域延伸,学生不仅对于自己的学习能力有成就目标,还有培养和展示社交能力的成就目标,这类目标被称为社交成就目标(social achievement goal)。社交成就目标一般分为三种,包括社交掌握目标(social mastery goal,也被称为社交发展目标,social development goal)、社交表现趋近目标(social performance-approach goal,也被称为社交证明趋近目标(social demonstrate-approach goal)和社交表现回避目标(social performance-avoidance goal,也被称为社交证明回避目标,social demonstrate-avoidance goal)。具体而言,追求社交掌握目标的个体更关注于改善关系质量和培养社交能力;追求社交表现趋近目标的个体更关注于如何展示自身的社会能力和赢得他人的积极评价;追求社交表现回避目标的个体更加关注于避免被他人评价为社交无能或不受欢迎。

将前文对学术能力成就目标影响的描述迁移到社交成就目标的影响上,我们可以假设社交掌握目标有着较普遍的积极影响,社交表现回避目标普遍对学生有消极的影响,而社交表现趋近目标的影响比社交掌握目标更消极,比社交表现回避目标更积极。实证研究也证明了这点,追求社交掌握目标的学生表现出了更好的适应性,他们更加关注关系中积极的一面,有更多的亲社会行为,因此表现出了更好的情绪,这也使得他们有更高的课堂参与度和较弱的抑郁症状(Zhao 等,2016)。社交表现趋近目标对学生的影响好坏参半，这些学生可能会有更好的课堂参与度和较弱的抑郁症状，但他们会出现更少的亲社会行为和更多的攻击性行为。因为在青少年群体中，攻击性行为可能意味着"酷"和在同伴中较高的社会地位（Ryan 和 Shin，2008）。追求社交表现回避目标的学生更倾向于关注社交关系中的消极方面，因此他们对自己所处的社交关系的认知更加负面，认为自己的社交能力较差，对他人消极评价的恐惧增加，更有可能出现焦虑情绪，他们倾向于逃避与他人社交的情境，因此也会有更强的孤独感和较差的同伴质量（Horst 等，2007）。此外，社交表现回避目标和更差的课堂参与度也有关系，因此对成绩也有一定的负面影响（Zhao 等，2016）。

2. 社交趋近目标和社交回避目标

社交趋近目标和社交回避目标分别指的是个人倾向于追求潜在的积极关系结果（例如试图加深与一个人的关系）或者倾向于远离潜在的消极关系结果（例如试图避免与一个人关系中的冲突）。这类目标往往出现在亲密关系或友谊中，并且可能有多种更具体的目标形式。一些社交趋近—回避目标可能关注特定关系或一般关系，比如说友谊趋近—回避目标（friendship approach-avoidance goal），一些社交趋近—回避目标可能关注各种关系中共同的话题，比如说在亲密关系、亲子关系中都会存在的依恋趋近—回避目标（attachment approach-avoidance goal）。不管是哪种类型的社交趋近—回避目标概念，趋近目标往往被认为是更积极的、更有适应性的，而回避目标是更加消极的、会导致不良后果的（Tanaka 和 Yamauchi，2001）。社交趋近目标可以让个人获得更高的社交满意度和更高的社交频率，感受到更少的孤独感；而社交回避目标正相反，会让个人感受到更多的孤独感和负面社交事件的影响，使得社交满意度较低，对社交的焦虑较强，因此与他人社交的频率也较低。追求社交回避目标的学生较少会向他人寻求帮助，因此他们在学业中遇到无法自己解决的问题时，很可能就搁置在那里，以至于成绩往往不够理想。

促使人们形成社交趋近—回避目标的因素包括潜在的气质。趋近气质（approach

temperature)的人更关注事物积极的一面,倾向于追求趋近性目标,而回避气质(avoidance temperature)的人更关注事物消极的一面,倾向于追求回避性目标(Gable,2006)。此外,从过去的依恋经历、社交经历中感受到强烈的伤害、拒绝或者不满意时,个人更可能倾向于追求社交回避目标(Mikulincer 和 Shaver, 2003),对他人拒绝的敏感性更高的个体也倾向于追求社交回避目标(Downey 等,1998)。在强调社交回避目标的坏处和社交趋近目标的好处时,我们并不是要传达社交趋近目标在任何情况下都更可取。相反,在某些社会情境中,回避可能是最佳的调节形式。例如,个体在遇到不敏感或不值得信任的人时,选择追求"避免受伤"的回避目标可能是最明智的。同样,在修复破裂关系或解决痛苦冲突的早期阶段,"不要做任何令人不快的事情"等回避目标可能是最有效的。但就其本质而言,社会回避目标最多只能提供不存在负面社会后果的保护作用,而不能提供积极社会结果。因此,尽管在某些情况下或在短时间内,社交回避目标可能更可取,但一般来说,社交趋近目标是更值得提倡的,因为它们使个人能够获得积极的社交结果,帮助他们满足与他人建立联系的需求并促进他们的整体幸福感。虽然成就目标和社会目标通常因为属于不同的领域而被分开研究,但事实上它们在日常生活中经常交织在一起。研究表明,当个人担心被重要他人拒绝时,他们追求成就的内在倾向就会从接近成功转向避免失败(McGregor 和 Elliot, 2005)。因此老师和家长对于学生的社会目标需要投入更多的重视。

综上所述,无论是在学习情境还是在社交当中,当学生遇到威胁的时候,暂时的回避并不一定完全是坏事。适当的回避可以防止自己受伤和崩溃,但是后退一两步给自己一段缓冲后,就应该对威胁进行分析思考,调整自己的心态情绪,让自己更好地重新面对困难,解决困难。回避性目标隐含人们面对威胁感到恐惧,而长期习惯性逃避困难的个体很可能形成一种固定的思维模式和行为模式,即一退再退便无处可退,而原本微小的困难却像滚雪球一样越来越大,需要花费更多的时间和努力去解决。

❧针对成就目标的教育干预❧

基于成就目标理论的干预

目前,教育心理学领域对于成就目标的干预研究相对来说比较少。成就目标干预措施可以被分为两种类型:一种侧重于环境成就目标的结构方面,也就是更关注于改善教学环境;另一种直接关注学生的个人成就目标采用,也就是更关注对个人认知、信念的干预。以下试图描述每种类型的干预措施,针对每种类型提供几个例子,并讨论干预措施的必要性和前景。

首先,一些干预措施侧重于对环境结构的改变以影响个人的成就目标,使用这种干预类型的研究通常基于前文提到过的 TARGET 框架(Ames, 1992b)。比如,林内布林克(Linnenbrink, 2005)的一项研究将教师归为三组:(1)在教学实践中更注重学习目标的课堂特征;(2)在教学实践中更注重表现目标的课堂特征;(3)两者兼有。接下来,她向教师们提供了材料,描述了课堂重点,并提出了侧重于 TARGET 框架中的评估和认可方面的教学实践建议。结果显示,在这三组课堂中,同时强调学习目标和表现目标的课堂实验组的学生表现出了最适应的学习结果,他们的兴趣、自我效能感和成绩都有一定的提高。在另一项体育背景下的研究中,沃兹沃思等(Wadsworth 等,2013)随机分配了小学体育学生,根据 TARGET 框架,比较基于学习目标或基于表现目标的教学效果。每位讲师在每种目标类型的教学氛围下教授一半的课程:基于学习目标的教学氛围侧重于对个人进步的认可,以及以任务为中心的评估和机会选择。基于表现目标的教学氛围侧重于公开展示进步和与他人比较,以此来判断学生的能力,并为学生提供有限的选择权利。结果显示，无论教师是谁，学生在学习目标氛围的课程上比在表现目标氛围的课程上更活跃。

　　其次，一些干预措施特别关注个人成就目标的改变和设定。使用这种干预类型的研究通常基于二分法或三分法成就目标模型，重点是直接又明确地引导个人追求基于学习而不是基于表现的目标。诺尔泽等（Noordzij 等，2013）在工作环境中的一项干预研究中使用了这种方法。他们为失业的荷兰求职者开发了一种学习目标导向的干预，侧重于技能改进和发展，并鼓励参与者采用这些目标，同时反思他们的学习和进步。同时，研究者向参与者提供关于学习目标进展的反馈，并讨论实现目标的可能障碍。结果显示，与对照组相比，学习目标干预中的求职者表现出了更高水平的学习目标和更低水平的回避目标。工作领域中的成就目标干预也可以为我们在教育背景下的干预提供一定的参考。在教育背景下，斯梅丁等（Smeding 等，2013）为法国大学生开发了一种学习目标导向干预。干预将考试重新定义为学习的机会，并帮助学生将考试与自己的学习目标联系起来，而不是追求表现目标。三项随机现场实验的结果表明，该干预提高了较贫困本科生的考试成绩，并缩小了这些课程中常见的成绩差距。针对高中生，马丁（Martin, 2005；2008）开发了一种综合性的学习动机干预措施，其中一个措施就是直接鼓励学生采用学习目标（干预的其他方面侧重于培养自我调节的学习能力并提高学习有用价值认知）。结果表明，经过干预的高中生对学校教育的重视程度、任务管理情况和学生遇到难题时的坚持性均有所提高，而对照组学生在这三个变量上的水平均有所下降。此外，干预组学生的学习焦虑水平也明显降低，而对照组学生的焦虑水平则呈现上升趋势。

　　总体而言，这些干预研究的结果令人鼓舞，基于成就目标理论的干预措施应该能够有效地改善学生的学习积极性和学习效果。当然，对成就目标的干预仍然处于发展的萌芽阶段，研究者还需要相当多的努力才能够真正确定和推广对成就目标行之有效的教育干预。

老师和家长应该怎么做

老师和家长应该怎样做才可以让学生采用更加适应性的成就目标,继而引发积极的学习行为呢？基于学习目标相关的理论,以下是一些比较适合老师和家长的做法。

第一,布置与学生的个人目标相关的任务。同样的学习环境,每个学生看重的东西是不一样的,有些更加希望获得好成绩,有些更加希望获得友谊、归属感等社会目标。例如,如果一个学生的归属感目标很高,她可能会从合作学习小组中受益,因为该活动使她能够与其他学生一起工作,并可能有助于她实现建立友谊的目标。因此家长和老师布置给学生的任务最好可以多种多样,并且允许学生为了完成任务使用不同的方法和程序,这将增加激活个人相关目标的可能性。

第二,确保目标清晰,并需要让学生了解他们需要做些什么以实现目标。确保目标能够有效实现的策略包括为目标设定具体子目标,以帮助学生监控自己的进度。比如说教师帮助学生将大型任务(如主要论文或报告)分解为具有特定截止日期的子部分(例如大纲、研究笔记、初稿、最终草案)。将较大的任务分成更小的部分可以使任务对学生来说更容易管理。具体的截止日期有助于教师监控进度,也有助于学生自我调节他们完成任务的行为。

第三,帮助学生激活多个目标。在学校取得成功的学生可能会追求多个目标,特别是社会责任目标。因此,可以提供多样化的解释来告诉学生学习在各方面的重要性(例如提高能力、获得奖励、感到成就感、帮助社会等),多样化的解释更有可能激活学生的多个目标。当学生学习的原因是基于多种目标时,那么即使其中一个目标遇到些挫折,没有成功,学生的学习动力也不会减少太多,因为还有其他目标促使他们去学习。

以上三点是关于成就目标的建议,其可以适用于比较广泛的学习和生活环境,而课堂环境中的目标导向更加重要,因为学生倾向于采用在课堂上强调的目标导向。研究表明,学习目标取向与更好的动机和认知结果有关,因此课堂环境中的目标导向应有助于促进学生对于学习目标的采用。鉴于有关表现趋向目标性质的辩论和未解决的问题,我们不推荐任何促进表现目标的策略。以下是一些比较适合教师在课堂上促进学生采用掌握目标的方法。

- **专注于学习活动中有意义的方面。** 教师可以强调学术任务如何与校外实践相关联。比如说,生物老师可以让学生参与一个关于当地水质的项目。学生从当地溪流和该地区的主要河流中收集水样,进行水质测试,然后讨论他们的发现对饮用水、卫生和污染用水的影响。这类实践任务可以让学生意识到掌握这些理论知识的意义。

- **设计新奇、多样、有趣的任务。** 教师应为学生提供各种任务,并确保这些任务具有新颖、有趣或令人惊讶的功能,可以吸引学生。很多老师通过游戏、角色扮演等方式提高学生兴趣。比如数学老师使用计算机程序帮助学生练习算术技能。这些程序将算术问题嵌入游戏挑战和丰富的虚拟情境中。相比于纸质习题,学生更加喜欢这种新奇的练习。

- **设计具有挑战性但对学生能力而言合理的任务。** 比如说英语老师可以给不同的学生提供不同的额外任务。所有学生都有一些核心项目,听说读写与单词、语法可以有不同的搭配,这些项目的难度可以有不同的等级。额外的任务可以包括创意写作任务以及基本的语法和拼写作业。学生可以选择他们要完成哪些额外的任务,但英语老师可以引导学生在他们可以改进的领域工作。因此,有些孩子在他们的任务中有更多的语法作业,而另一些孩子有更多的阅读理解作业。这种个性化的作业在电脑系统的支持下可能会更加容易,可以允许老师们在不公开课堂分组的情况下,布置不同难度级别的任务。

- **为学生提供机会,让他们对活动有一定的选择和控制力。** 也就是 TARGET 理论中影响学生学习动机六维度中的权力维度,指的是给予学生指导自己学习的权力,要给学生培养学习的独立感、自主感和对学习活动的控制感的机会(Ames, 1992b)。来自目标理论和自我决定理论的研究表明,为学生提供一些选择项,允许他们自行抉择,会增加他们的控制感和自主感,有助于提升其兴趣和认知参与(Deci 和 Ryan, 1985)。允许学生选择的内容也需要慎重考虑,比如让学生在一定范围内设定学习速度或如何完成任务。这些选择机会为学生提供了选择,并鼓励他们培养学习责任感。当然,决定作业的内容范围最好还是由教师完成限制,比如语文老师可以要求学生选择自己感兴趣的作者或者文学形式进行总结展示,再比如历史老师可以允许学生在报告或作文的主题上进行一些选择,可以限制一般主题或范围(例如唐朝等),这都给了学生一定的选择范围并且符合学生的兴趣。同时,学生必须具备必要的认知和自我调节技能来应对这一责任(Corno 和 Rohrkemper, 1985),比如幼儿或一些有学习障碍的学生没有自我调节技能来适应允许选择的课堂情况,那么这些机会就不太可能对他们的动机和成就产生积极影响(Ames, 1992b)。

● **注重个人进步、学习、进步和掌握。**比如数学老师,可以向学生提供有关他们日常练习的个人反馈,重点是教他们如何掌握所需的技能或知识,以及表扬他们在过去几天或几周内的改进。此外,还可以让学生将他们的作业、试卷等整理在档案中,然后定期进行单独审查,帮助学生看到他们是如何进步的。

● **努力使评估具有私密性,而不是公开性。**虽然不可能将所有的评估都设为私密,毕竟教室是公共场所,但教师可以最大限度地减少公开评估。如果一位老师曾经让学生喊出他们的拼写考试成绩来节省时间或者使用每个人都能看到的大公告板来显示每个学生的所有作业、测试和论文上的成绩,那老师最终会发现,它促进了很多学生之间的社会比较和竞争,因为它提供了关于谁做得好、谁做得不好的公开信息。表现优异的学生似乎在比赛中茁壮成长,但长期表现不佳的学生就会开始抗拒参加考试。他们准备考试的效率和意愿都会变差,渐渐追求表现回避目标。虽然这些方法对班级管理很有帮助,但老师还是应该停止使用这种公开比较信息的方式,而给学生他们自己的练习结果和成绩。

- **帮助学生把错误看成是学习的机会。**比如数学老师可以在黑板上展示一些学生作业中的问题或者是一些难题,并让两三个学生组成不同的小组来处理不同的问题。当学生完成后,每个小组单独向全班解释他们是如何解决问题的。老师和学生可以向团队询问有关其方法的问题,看看是否有困难以及他们在问题解决方案中的进度。错误被视为一种学习方式,因为班级看到并讨论了小组为了解决问题使用的方法和过程。此外,由于学生以两到三人为一组,因此没有一个学生认为自己对问题负有全部责任。

- **利用异质合作小组促进同伴互动;使用个人任务来体现掌握情况。**老师可以允许不同掌握程度的学生在一个组互相帮助。而当变换不同小组任务的时候,老师需要根据不同学生的技能和知识的掌握情况改变小组成员。鼓励学生通过承担责任来积极参与。在每个单元结束时,学生根据他们在测试中的表现和他们参加小组活动的情况进行评分。

- **对于有困难的学生,调整其时间要求;允许学生计划自己的工作时间表和进度时间表。**每个班上都会有几个学生相对有学习问题。如果最初学生很难在规定的时间内完成分配的工作,老师可以单独会见这些学生,与他们一起调整每项作业要完成的量或时间节点,并且表达对其最终能够完成所有工作的希望。

- **整体课堂文化可以致力于培养学习共同体(Bransford 等,1999),重点是一起学习。**这种类型的文化包括学生和学生之间的协作学习,学生和教师之间的协作学习。教师的角色不再单单是传统教学中的学习内容的提供者,也不再是令学生畏惧的学习成果的评估权威者,而是开展探究教学活动的组织者、和学生一起学习的协作者、支持者与合作者。在探索式教学中。这种文化可以帮助学生采用学习趋近目标并专注于学习。

这些教育实践的建议都是通过真实教育案例实施的,老师需要通过自己的巧思来完成教育中的种种挑战,帮助学生以掌握所学的知识、提高自己的能力为目标,发展出更有适应性的学习模式。

第六章　负面情绪与回避性动机

　　初三的小明最近感觉自己的压力太大了。这种压力不可名状，细说起来倒不是因为一两次考试的失利，而是随着中考的脚步临近，不知从何处开始蔓延的紧迫感开始铺天盖地地压向他。作业量增加，课间时间减少，午休被替换成了每日练习，小明的生活里不再有活动或者社团，他就像是不停旋转的陀螺轮转于试卷间。尽管如此，小明的成绩却并没有因为学习时长的增加而提高。家长和老师看在眼里，急在心里，于是进一步加紧了对小明的管教。但是小明自己又何尝不着急呢？"我还能追上吗？为什么我的努力没有用呢？我的家长、老师是不是也都对我不再抱有期望了？我怎么办？"一时间，繁重课业带来的疲惫，迟迟看不到成效的焦虑，不知未来去往何方的迷茫，以及不知怎么回应期待的烦躁，无数种情绪充斥在小明的脑海中，最终化为压力二字，压得他喘不过气来。

　　当我们用第三者的视角去观察的时候，往往看到的是一个人外显的行为，比如说上课发呆、沉迷游戏、作业拖延。反之，当我们让一个学生自己阐述其状态时，他给出的往往是一些内化的观念或者感受：我很累，我不想学。而往往被忽略的，不被任何一方所察觉的就是连接二者的桥梁——情绪。

以往,关于学习和认知,我们关注的经常是冷认知(cold cognition)。冷认知主要是指抽象的、去情景化的思维过程,主要包括空间导航、工作记忆、思维转换能力(认知灵活性,指在几种思维中快速转换的能力)、抑制能力(抑制、控制能力,指能够抑制或控制冲动并通过使用注意和推理产生反应的能力)等,需要大量逻辑思维和批判性思维的参与。因为这些认知通常不带有情绪因素,所以我们把它叫做冷认知。但是没有人可以像学习机器一样始终稳定、无限制地接收知识。相反,所有人都应该有所体会,我们的学习状态是会不断起伏的。正如前几章节讨论的那样,学习动机毫无疑问会影响到我们的学习状态,而情绪在我们的学习生活中更是无处不在。情绪是一个从进化最初就伴随在我们体内的系统,它与所有"非条件反射"一样,往往是下意识地在工作,包括但不限于给我们提示,帮助我们做出某些决定或者行为。学习情绪自然也是学习过程中的重要影响因素:比如考试结果不如意时,我们总难免先要面对伤心再试图反思,更有甚者对当前的学习任务心生逃避;又或是,在看到壮丽山河时神清气爽,念头通达,面对本没有头绪的写作突然才思泉涌。这就涉及另一个概念——热认知(hot cognition)。热认知主要依赖比较高的情感投入,受到情绪、动机、奖励、付出回报率等因素的影响。在对冷认知的研究进行了很长时间之后,越来越多的心理学家和教育学家,甚至经济学家都重新开始关注起情绪这种看似个人化而又缥缈的成分对于动机以及学习的影响。比如,吉译斯等(Jesús 等,2021)就总结,学生在学习中体会到的享受与他们的学业表现呈正相关,而无聊和愤怒都与他们的学业表现呈负相关。也有研究发现,人们在消沉的心境下会对惩罚和风险更敏感。综上,新的学习研究正从一种冷的认知加工理论转向对学习过程、环境更为整体的认识,而学业情绪正是其中不可或缺的成分。

❦ 情绪的概念及意义 ❦

我们每个人都有情绪，但情绪虚无缥缈又包罗万象，所以 150 年来人们对于情绪的确切定义和内涵还是没能统一答案。有的科学家甚至认为，就像"古典音乐"这个名词一样，情绪这个条目是不能被精确定义的，我们只能举出例子然后说"愤怒是一种情绪"。但好消息是，科学家们还是就情绪的一些特性达成了共识，这可以帮助我们展开后续一系列的讨论。

情绪是什么？

1. 情绪的定义

首先情绪是由各种刺激所引起的，它是对刺激产生的普遍性和功能性反应（Keltner 和 Shiota，2003）。刺激可能是实际发生的，例如得到表扬的孩子会感觉到开心、亲人离世会让我们非常难受等；刺激也可能是由我们的记忆和想象引发的，比如做噩梦时感觉到非常害怕、想到即将到来的面试感到紧张。功能主义特别强调环境（刺激）的重要性，直接将情绪定义为个体与环境事件之间关系的心理现象（Klinnert 等，1983）。他们认为情绪最主要的功能就是帮助我们应对各种刺激，所以情境存在是情绪存在的前提和意义。

被激发和唤起后，情绪系统开始运作。情绪是由多种心理成分协同运作的复杂现象，包括生理成分、认知成分、现象学（感受）成分、动机成分和行为成分等（Kleinginna 和 Kleinginna，1981）。可以理解为情绪将这些"通道"临时整合起来，以便于在当前情境中采取强适应性和环境塑造性的反应。

另外,作为一种主观体验,情绪是非常私人化的。这是因为大多数时候情绪都是基于对刺激的认知评价产生的。拉扎勒斯(Lazarus, 1991)就将情绪定义为个体对所处环境(例如,伤害、威胁、挑战或利益)作出个人相关评估后给出的潜在行为和心理变化。弗里伊达(Frijda, 1988)也认为情绪是具有情境意义的主观体验。面对同样的情境,每个人被激发的情绪很有可能是不同的,而由此唤起的行为则更是千差万别。鲁迅说"人类的悲欢并不相通",正是对此现象最好的描述。

2. 情绪的组成

想象你在森林中探险,这时你听到远处有细微的脚步声似乎正在向你靠近,你慢慢凑近树叶,躲在缝隙后面一看,啊!是一只老虎!这时你会有什么样的感受和反应?你也许会心跳加速、出汗;你可能立刻就会感到惊恐、害怕、不知所措;当然你可能因此僵在原地。这包括了我们上面提到的情绪的几个主要成分:认知、生理、感受和行动。

认知成分主要指个体对于当前情景(刺激)的认知判断。以我们刚刚的故事举例,你为什么会流汗,感到害怕并选择逃跑呢?是因为你认识到了,在你面前的是一只可能威胁到你生命的老虎。如果你发现发出声音的原来是一只小松鼠,你也许就会长舒一口气,觉得幸好只是虚惊一场。认知决定了我们对情景的评估和理解。比如,面对同一位笑容满面的人,有的人认为这是微笑,是友好的标志;但有的人就认为这是嘲讽的笑容,是不怀好意。在如此不同的判断的指引下,人们被激发的情绪自然也有很大差别。

生理成分主要指由情绪带动的生理反应。情绪涉及广泛的神经结构,如中枢神经系统的脑干、中央灰质、丘脑、杏仁核、下丘脑、松果体等;情绪也受到激素和内分泌系统的调节,比如肾上腺激素对压力有显著影响。生理唤醒是一种生理的激活水平。不同情绪的生理反应模式是不一样的,以交感神经和副交感神经为例,前者帮助你激活身体能量,为剧烈运动做好准备,常常出现于恐惧或暴怒时让你心跳加速、血压升高、呼吸频率增加,像小猫"炸毛"那样起鸡皮疙瘩;而后者的作用则主要是帮助你放松,表现为满意或愉悦时心跳节律正常、呼吸平缓,也会加速消化并导致犯困。

感受成分又称为现象学成分,指的是个体对不同情绪状态的主观感受,如喜、怒、哀、乐。我们通常说的"我今天情绪怎么样"往往表达的就是情绪主观感受的这一部分。每个人能够感受到的情绪颗粒度不同,有的人可能对自身的情绪很敏感,但有的人可能只会在"好""一般"和"差"三个选项中摇摆。另外,哪怕对自己的感受非常确认和了解,我们能够说出的也只是借由语言系统所能表达出的对于自己情绪的推理。这就是说在一定程度上,掌握多少情绪单词决定了我们能感受到的情绪的上限。比如说当你知道开心,也知道快乐、爽快、庆幸、美滋滋……并且在看这些的词语的时候能体悟每个词所描述的情况的微妙差别,那么你就能更好地把握自己的情绪状态以及每种状态背后的原因。所以情绪的感受在很大程度上确实是受到感知度和语言限制的。

最后是情绪的行为部分,它是指情绪状态发生时身体各部分协同做出的一系列表现,包括面部表情、姿态表情和语调表情。面部表情能精细地表达不同性质的情绪,因此是鉴别情绪的主要标志,如高兴时额眉平展、面颊上提、嘴角上翘。姿态表情是指面部以外的身体其他部分的表情动作,包括手势、身体姿势等,如人在开心时一蹦三尺高,愤怒时摩拳擦掌等。语调也是表达情绪的一种重要形式,包括言语的声调、节奏和速度等方面,如兴奋时往往语调高昂,语速快;难过时无语凝噎等。表6-1还给出了更多有关情绪组成的例子。

表6-1 情绪成分的案例

情绪成分	主要功能	例 子
唤起	决定意义	收到了礼物、弄丢了东西、通过了很难的考试
主观感受	监测	开心、难过、生气、后悔
生理反应	支持	心跳、血流速度、大脑活跃度的改变
行为趋势	动机	想要接近、想要落泪
主动行为	交流	哭泣、微笑、奔跑、睡眠

3. 情绪与心境、情感的区分

值得注意的是,虽然在日常用语中,情绪(emotion)与心境(mood)、情感(affect)大抵都是近义词,但是在学术领域,研究者们却从细微之处对这三者加以区分。首先,情感是最为笼统和复杂的,它包含了一个人所有的感受、感情以及态度等,也包括了情绪与心境。情感有效价、唤起度和趋向性,比如当我们对某人有很浓烈的正向感情时,我们往往会感受到亲近、依赖,见面时会感到兴奋、开心,这些也会促使我们更愿意与他见面。

那么情绪与心境又有什么区别呢? 罗森博格(1998)认为,情绪与心境在强度和持续时间方面有所不同。情绪是短暂的、强烈的情节或状态,作为一种及时反应,它往往发作得很快,心境则可以持续很长一段时间。随着情绪的逐渐消退,它们可能会变成一般的情绪状态,也就是变成一种蔓延的心境。抑郁就是一种常见的心境障碍。施瓦茨和克洛尔(Schwarz 和 Clore, 1996)进一步将这两者区分开来,认为心境是指没有特定刺激的一般情感状态,而情绪是指具有特定刺激物的情感状态。这些特征提示了我们情绪本身是短暂而易变的,并且是刺激导向的。而心境却需要更长时间的积淀。这为我们研究并干预情绪提供了理论性的依据。也许我们短时间内不能改变自己阴霾的状态,但是通过一次又一次对于情绪事件拆分、理解、梳理的练习,我们能提升自己觉知、处理情绪的能力,最终通过习惯影响整体或更深层次的改变,为自己营造良好的心理环境。

4. 情绪的作用

不少人会说,当今是一个情绪化的社会。我们也因此时常能听见"你需要控制你的情绪""做一个情绪稳定的成年人"这样的呼吁,似乎情绪本身就是不好的、幼稚的,情绪波动就是人无法控制自己的表现。真的是这样吗? 情绪是无用的吗?

事实上,进化论的观点表明情绪实际上是非常功能化的:情绪的进化是因为它们是适应性的(Plutchik, 2001)。还记得我们之前提到的偶遇老虎的场景吗? 如果我们预感到了一些可能发生的危险,害怕和焦虑会帮助我们提早逃离。与之相似的,当面对一个咄咄逼人的人时,我们也会焦虑并逃离,这可能可以挽救生命。而好奇心会引发对信息的积极寻求,进而导致一个人拓宽生存所需的知识。这些都是帮助我们的祖先存活下去的有力工具。

笼统来说,积极的情绪,如好奇心、爱和同情心,被认为会引发相当广泛的思考,有利于个体寻求信息、与他人建立联系并建立资源等(Fredrickson, 1998);另一方面,负面情绪则用于引发特定的行动倾向,例如,愤怒时攻击、厌恶地丢弃以及恐惧地奔跑或冻结(Plutchik, 2001)。当然,负面情绪还有更重要的提示作用。就像好莱坞动画片《头脑特工队》中向大家展示的那样,"忧伤"告诉我们什么对我们来说是重要的,并且帮助我们得到支持;"愤怒"里往往暗含着自尊,它使我们获得维护自己的力量;"恐惧"使我们远离危险;"厌恶"使我们趋利避害。

在今天的学校里,当学校的欺凌者引发恐惧,老师的课程引起好奇心时,回避霸凌者或认真听讲就会非常有用。然而,由于四千年前不存在现在的新情况,例如考试,那么由情绪引发的进化行动倾向有时则可能适得其反。例如,在通过测试时,恐惧引起的逃离倾向可能是没有帮助的。根据进化论的观点,情绪对学习的好坏可能取决于现代社会对我们提出的要求与原始社会对人类提出的生存要求有多相似。当然,如何通过重新理解和管理情绪,使得它如帮助我们生存那样帮助我们生活、学习,也就成为了新时代的挑战。

情绪的种类

情绪有多少种? 生理学家可能会根据人类对情绪面孔的识别和脑电波判定出少数几种,但是认知学家会认为情绪可以有无数种。我们可以试着把情绪看作颜色,这有助于我们理解认知学家的意思:理论上我们可以使用三原色和黑白组合出无数种颜色,然后当我们说出"蓝色"时,我们只是在指代一个颜色大类。这就比较像以集中基本情绪展开的情绪家族,它代表一种定义模糊、包含许多次级情绪的连续体。我们拥有的颜色就是我们能区分出差异的那些,情绪也是如此。所以可以看出,对情绪的分类不同源于大家的标准和出发点。了解分类的依据从某种层面来说也能帮我们更好地了解情绪的拆分。下面我们就来看看最常见的几种划分。

1. 正负效价:积极情绪与消极情绪

效价(valence)可能是对于情绪的最早期的划分方法之一,有很多情绪问卷都参考了这个标准。效价有正有负,在情绪里表现为积极情绪与消极情绪:当我们的需求与客观事物相符时,产生效价为正的积极情绪;反之,会产生效价为负的消极情绪。这种区分方法直观、易于理解。研究认为,积极情绪与消极情绪有两个有趣的区别:

(1)特异性反应与非特异性反应。负面情绪产生特异性反应,即有特定指向的行动;而积极情绪产生非特异性反应,即不指向特定动作。例如恐惧使我们想逃跑,愤怒使我们想攻击,但快乐或满足会使我们做什么?事实上,积极情绪通常与行动缺乏有关,因此人们会变得轻松自满。积极情绪能使我们自由探索或是执行当前所需的任何行动,而不是引发特定行为。

(2)身体反应与认知反应。负面情绪通常产生身体反应,而积极情绪则产生认知反应。害怕时我们会逃跑,生气时我们会出拳,但是感到快乐或自豪时,我们的身体会怎么做?积极情绪似乎会改变我们的思维方式,而不是激发特定的行为。把这两个特征结合起来我们会看到,消极情绪会产生特异性行动反应,而积极情绪会产生非特异性思维反应。

2. 环状情绪结构

罗素(Russell, 1980;1999;2003)较早提出了情绪环状结构。不同于其他研究认为情绪是独立线性离散的,罗素认为除了效价外,所有的情绪还应该有在多大程度上被激活这一指标。因此,情绪的感受方面体现为愉悦度和唤醒度,我们称之为核心情感(core affect)(Russell，2003)。将情绪的愉悦程度和唤醒程度作为坐标轴，情绪排成了一个环形。举个例子，根据这个模型，兴奋可以看作愉快和唤醒的结合，满足则是愉快和平静的结合。该模型关注的是情绪的感受方面，而不是认知、生理变化和行为方面。人们所评定的情绪越相似则距离越接近，反之则距离越远。

这个模型的提出是在一项早期的研究中，罗素(1980)要求参与者根据感知到的相似性将 28 个情感词分类。然后，罗素使用统计技术，根据正相关性对情绪进行评级分组，它的本质就是将相似、相关的情绪词组合在一个圆圈中。这种类似于聚类的分析揭示了两极维度：效价和激活。因此，任何情绪都可以用不愉快/愉悦维度和高唤醒/低唤醒维度来描述。罗素(1980)模型表明，愉悦度和唤醒度是独立的双极维度，这意味着人们不能同时感到愉快和不愉快，人们也不能同时被高唤醒和低唤醒。对于无法言说的相似情绪，罗素后续的研究进一步解释说，所有的情绪发作都是从一个事件导致核心情感发生变化时开始的，但评估、行为和生理变化并没有立刻发生。一旦个体评估和识别出诱发事件并表现出行为和生理变化，原型情绪就生成了。所以，如果我们情绪低落，但不知道为什么，那将代表核心情感的影响。如果我们最终确定我们因为想念家人而感到沮丧，我们就能命名一种情绪。当我们知道推动某种情绪产生的核心原因时，就可以有意识地将这种情绪识别为悲伤。

3. 效价与激活：常见的分类

环状结构奠定了有关情绪分类的基本方法，即提出了效价与激活两个维度。为了便于研究，后来的研究人员又将其转化为 2×2 分类法：将情感状态分类为积极或消极(愉悦或不愉悦)，以及激活或停用(高唤醒或低唤醒)。这样情绪就包括四大类：积极高唤醒度的情绪(positive-high arousal)，如激动、享受、希望、骄傲、兴奋；积极低唤醒度的情绪(positive-low arousal)，如放松、平静；消极高唤醒度的情绪(negative-high arousal)，如愤怒、焦虑、羞耻、沮丧，以及消极低唤醒度的情绪(negative-low arousal)，如悲伤、无聊、疲惫。

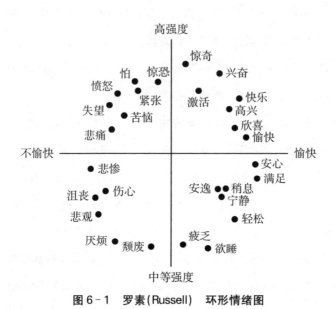

图 6-1 罗素（Russell） 环形情绪图

广泛分布的学业情绪

通过上面的章节，我们对于情绪的概念有了基本的了解，那么下面就让我们聚焦学习领域，看看情绪在学习场景中是如何表现的，它又是怎么影响学习的。与一般情绪一样，学业情绪也是由刺激事件导致的一系列生理唤起、主观体验、行为表达反应。只是这种刺激被限制在了学业这个大范围内。佩库恩（Pekrun，2006）将学业情绪定义为与学术、工作或体育成就活动以及成功和失败结果相关的情绪。俞国良（2006）则将其定义为在教学和学习过程中，与学生学业相关的各种情绪体验。也有学者认为学业情绪包括学生和教师的评价及行动倾向。比如拉扎勒斯（Lazarus，1991）将情绪定义为既不是由环境也不是由个人产生的，而是随时间和情况变化的通过人与环境相互作用而出现。关注教育情境的当代情感理论家进一步认为，情感是情境化的。例如，博勒(Boler, 1999)和扎莫拉斯(Zembylas, 2003)提出了一个单独的案例,即情绪不是私人的或普遍的,因为它们"与行为、与生活经验密不可分"。

目前在研究中使用最为广泛的,是佩库恩对于学业情绪的归纳。他认为与学习相关的最常见的情绪有 9 种,分别是愉快、希望、自豪、放松、焦虑、气愤、羞愧、厌倦、失望。这 9 种情绪涵盖了积极高唤醒度、积极低唤醒度、消极高唤醒度、消极低唤醒度四大类。与之相似的是国内学者董妍、俞国良通过对中国学生反复施测提炼出的 13 种学业情绪,包括:高兴、骄傲、希望、放松、平静、满足、焦虑、愤怒、羞愧、厌倦、无助、沮丧、疲乏—心烦。

学业情绪广泛来说是与学习相关的情绪,更具体来说,佩库恩根据其刺激物的不同将其分为 4 种:分别是成就情绪(achievement emotions)、认知情绪(epistemic emotions)、话题情绪(topic emotions)和社交情绪(social emotions)。

成就情绪特指的是根据与能力相关的标准进行判断的,与学习活动或结果相关的情绪。这些情绪与学生的能力、成就价值、自我成本、归因、心态、回避目标等有关,但最终是由活动表现的。案例包括在课堂上感受到享受或无聊,以及与结果相关的情绪,如考试结果很好时的希望和自豪或考试不理想时的焦虑、绝望和羞耻。这一部分也是学业情绪中最受重视、最常见的。

表 6 - 2　成就情绪分类法(见 Pekrun, 2006；Pekrun 和 Perry, 2014)

关注点	积极的、愉悦的		消极的、不愉悦的	
	活跃	不活跃	活跃	不活跃
关注活动	享受	放松	生气、挫败	无聊
关注成绩	自豪、快乐	如释重负	焦虑、羞愧	悲伤、失望

认知情绪指的是与认知以及认知产生相关的情绪。兴趣、毅力、努力成本与这部分的情绪相关。认知情绪与成就情绪有非常多交融的部分,但是他们的重点是不一样

的。例如,如果学生专注于未解决的问题,那么过程中学生所经历的挫折感可以被视为一种认识情绪,如果强调的是最终失败的结果或者将其定义为能力不足,那此时所体验的情绪可以被视为一种成就情绪。所以认知情绪重点关注在尝试的过程中学生的情绪体验。

由认知问题引起的一系列典型的认识情绪可能涉及(1)惊讶;(2)好奇心和情境兴趣(当认知过程中环境持续引发个体兴趣时则转换成情境兴趣);(3)在严重不协调和信息严重干扰现有认知模式的情况下感到焦虑;(4)重新组合信息时所经历的享受和喜悦,以便解决问题;(5)认为这似乎不可能时体会到挫折感。

话题情绪是指在学习或上课期间,除了学习过程和结果外,学习材料所涵盖的内容也可能会引发情绪。例如,阅读小说时与主人公命运有关的同理心情绪,政治课中涉及的政治事件引发的情绪,或与科学课主题相关的情绪,例如美国儿童在被老师告知冥王星被重新归类为矮行星时所经历的挫折感(Sinatra, Broughton 和 Lombardi, 2014)。同样,教师在备课和教课时的情绪也可以被材料的内容所唤起,比如在教授朱自清的《背影》时教师融入了自身与父亲相处时的经历与情感,并将其传达给了学生。与成就和认识情感相反,主题情感与学习和教学没有直接关系。然而,它们可以通过影响他们在学术领域的兴趣和动机来强烈影响学生和教师的参与(Ainley, 2007)。

社交情绪的前提是学习和教学位于社会环境中。一方面,在学校这个空间中,除了学习之外,每天还会发生很多事情,他们的结果自然地影响着学习情绪。另一方面,即使独自学习,学生也依然身处社会网络的架构中,比如他们的学习目标、内容和结果就是由社会建构的。因此,没有学生能避免受到社会性情绪的影响。进一步细分,社会性情绪能够被分为社会成就情绪和社会非成就情绪。前者包括钦佩、嫉妒、蔑视与他人成功和失败有关的情绪,也包括在班级表现目标等氛围影响下学生个体的情绪。后者则例如与同学或老师的关系可能会影响学习情绪(Weiner, 2007)。因为喜欢或厌恶一个老师从而好好学习或者远离某个学科的现象在学生中,特别是较低年龄段的孩子中特别常见。而积极的教师支持,包括教师在课堂上表现出积极的情绪,被发现与学生报告的学习动机也有相关性。

学业情绪与学习动机的关系

　　学业情绪和学习动机有关系吗?我想任何一个学生都会回答"有关系"。因为这样的体验实在是太频繁了。比如,想要回避的考试或者作业总是和烦躁不安的心情同时出现。无论是动机领域的研究人员还是情绪领域的研究者都不会忽略两者对彼此的影响。但也因为每位学者的研究主体不同,在回答学业情绪和学习动机有怎样的关系时,每个理论有各自不同的侧重。以动机为抓手的研究人员会认为,情绪是贯穿动机的一部分,可以被包含于动机之中。例如,福特(Ford, 1992)指出,情绪是"动机模式的一个组成部分",并将情绪描述为"关于如何影响动机模式的信息来源"。麦金太尔等(MacIntyre等,2009)将情绪的作用描述为"根本性的重要动机",也就是虽然情绪很重要,但从本质上来说它是一种动机(motivator)。韦纳(1986)和艾姆斯(1992)则将情绪更多地视为动机过程的结果。而与之相反,也有学者认为情绪比动机更为本源。如拉扎勒斯(1991a)提出,"解决'认知和情绪之间的关系'的办法是认识到情绪是一个包括认知在内的上位概念",情绪具有内在的动机,因为"我们不会对不重要的事情变得情绪化"(Lazarus, 1991c)。佩库恩(2010)也强调情绪强有力的作用:通过诱导特定情绪可能会触发、维持或降低学习动机和相关的意志过程,这可能是通过处理自我相关和任务相关信息的情绪一致性方式来实现的。激活个体享受学习的乐趣通常可以增强学习动机,而激活个体的焦虑和羞耻感也可能会唤醒避免失败的动机,从而增强学习动机。

　　为了便于研究,理论将情绪和动机等概念分离并强调一个切片的学习状态而不是学习全过程中两者的关系。但我们的真实学习体验往往更为完整:因为烦躁,所以无心学习；又因为没有学习，而更加焦虑……如此循环往复。脑神经相关的研究似乎也证实了这一点。情绪激发并指导行为来达成目的。例如，愤怒激发主观、生理、荷尔蒙和肌肉资源（即激发行为），以实现特定目标或目的（即指导行为），如克服障碍或纠正不公正。这个过程和其他动机所引起的行为是一致的（Reeve，2009）。又比如研究发现焦虑或压力之所以会降低学生对学习任务的关注程度，是因为大脑存在自动化中止机制：即一旦强烈激活杏仁核，个体将立即终止当前行为与思索，转而快速激发与生存有关的反应（胡谊，2007）。但是这种自动化的中止可能由包括情绪和动机在内的各种机制触发。

现在研究者们也达成共识，情感和动机在课堂环境中是不可分割的，我们需要的理论不是将一个过程作为另一个过程的"背景"，我们需要的是综合这些关系的理论。在下一节中我们将会继续对一些整合理论做介绍。

❧ 学习动机与学业情绪的整合理论 ❧

在之前的章节中，我们已经了解到价值、能力、目标、成本等方面的信念是如何作为一种动机对学习，特别是对回避性的学习行为产生影响的。广泛存在的学业情绪和动机如何交互是每个理论都需要回答的问题。接下来向大家介绍一些经典的学习动机或学业情绪理论是如何阐述情绪对学习的影响的。

成就目标理论中的情绪

成就目标理论是一种重要的动机社会认知理论（Pintrich 和 Schunk，2002）。根据这一理论,学生参与成就行为有两个主要目标或原因(Dweck 和 Legget, 1988):学习目标取向反映了对学习和理解的关注,而表现目标取向则反映了对展示个人能力的关注,通常起因更可能与他人有关。这两种目标取向可能导致不同的行为、认知和情感结果。随着研究发展,理论扩展到多重目标视角,除了考虑目标本身(学习与表现),还考虑学生是否趋近或回避该目标。也就是说,我们不仅要考虑学生如何达到学习或展示其能力的目标,还要考虑学生如何避免显示自己的能力不足(详见第五章)。

当成就目标理论的研究者们在探索学业情绪的作用时发现,比起某种特定的情绪,心境更有可能影响学生对目标结构的看法以及他们的目标采纳,而具体的情绪更像是目标导致的一种结果。个人的目标在一定时间内往往是较为稳定的,但特定的情绪通常作为一种结果短暂出现后就逐渐消失在更普遍的心境中,因此,心境对学生的目标采纳和课堂目标认知的影响可能比情绪更大。心境可能通过课堂目标影响个人目标,而目标的选择可能会影响学习结果,从而激发不同的特定情绪。情绪最终归于心境,完成循环。

1. 成就目标与心境

已有研究显示,心境与学生感知到的课堂目标以及个人目标的采纳有关。卡普兰(Kaplan)和米奇利(1999)的研究使用多个时间点和结构方程模型的研究结果表明,学生在学校的积极心境与学习目标呈正相关。学生在秋季报告的积极情感预测了他们在春季课堂上强调学习目标的看法,研究认为秋季课堂以学习为导向的看法与春季的积极情感报告有较高相关。相反,在学校的负面情绪体验降低了在课堂上强调学习目标的可能性。罗瑟(Roeser)和埃克尔斯(1998)发现,学生在学校中的消极心境消极地预测课堂中以学习目标为导向的看法。积极心境更有可能让学生感受到课堂学习目标,消极心境则相反,这可能是因为处于积极心境中的学生更可能认为课堂环境是支持性的,因此在课堂环境中强调学习目标。

心境对表现目标影响的研究则没有统一的意见,虽然有研究报告了在课堂中持表现目标与学校中的积极情感报告之间存在负相关,但更多研究认为心境与课堂环境中是否持表现目标无关。这可能是由于课堂表现目标受到结构变量(如评估和评分实践)的影响更为明显,还没有足够证据证明心境能预测表现目标。长时间的研究追踪发现,对环境强调掌握的感知与消极情感报告的减少有关,而对表现目标的重视则与消极情感报告的增加有关。在考查学生个人目标与情绪关系时,心境对趋近和回避这一维度的影响显现出来。自我调节的社会认知观点表明,根据一个人是否正在接近或避免一个特定的目标,情感可能会有所不同(Carver, Lawrence 和 Scheier, 1996; Carver 和 Scheier, 1998)。他们提出,接近目标通常与兴高采烈(当一个人以自己希望的或是超过自己预期的速度接近目标时)和悲伤(当一个人比自己所希望的速度更慢地接近目标时)有关。相反,回避目标与缓解(relief)(当目标以期望或接近期望的速度被回避时)和焦虑(当目标没有以所希望的速度被回避时)相关联。迈耶和特纳(Meyer 和 Turner, 2002)的实验也证明了情绪很可能是接近或避免学习的动机行动的重要媒介。他们针对学生自我报告的目标、自我效能、一系列面对失败的策略和失败后的消极情绪等数据进行分析后发现,消极情绪与学生表现或是学习目标无关,而与回避目标相关。

对于个人目标采纳,积极的感觉使学生采纳趋近目标而不是回避目标的可能性更大,但可能不会区分学习和表现目标取向。也就是说,处于积极心境的学生可能会认为他们有可用的资源来实现某种结果,这使他们更有可能专注于实现理解的目标或展示其能力的目标。相反,处于消极心境中的学生可能会觉得他们没有资源去接近某个特定的目标,那他们可能会专注于努力避免不想要的结果。此外,负面情绪也可能向人发出存在威胁的信号,使人更有可能专注于避免威胁情况或防止潜在威胁发生。这与回避取向是一致的,在回避取向中,一个人会试图阻止不希望的结果。

2. 成就目标与具体情绪

在完成一项任务时,学生的心情似乎应该出现特定的反应,即某种特定的情绪。

以下采用多维度来讨论所提出的四种个人成就目标取向与情感的关系。在完成学术任务时,学习目标会导致积极情绪的增加和消极情绪的减少。特别是当学生专注于理解,并顺利朝着理解的目标前进时,他们会感到高兴和自豪,并可能更喜欢这项活动。即使以学习目标为导向的学生没有感觉到他们在这个理解的目标上取得了足够的进步,他们也不应该感到任何强烈的负面情绪,因为缺乏进步只是表明他们不够努力,而不是他们应该对自我意识进行负面反思。事实上,以学习目标为导向的学生通常认为困难的情况是具有挑战性的,并且即使成功并不明显时他们可能也会因为尝试掌握一项困难任务的过程而感到高兴(Dweck 和 Leggett,1988)。当然,由于学习目标通常是自我设定的,以学习目标为导向的学生通常会觉得他们在实现目标方面取得了进步。

相比之下,表现趋近目标的结果则相当复杂。有证据表明,表现趋近目标可能会增加积极情绪。然而,一些研究也报道了表现趋近目标会减少积极情绪或者它们是无关的。这也是可以理解的,想象一下,那些非常希望自己表现得很好的学生,他们可能会在达到比别人表现更好的目标方面经历一些成功的,如果此时被问及他们对某一特定任务的感受时,他们会报告快乐或兴奋。然而,随着时间的推移,以表现为导向的学生不太可能始终感到他们正在以足够的速度接近他们的目标,因此可能在感受上逐渐消极。因为他们的目标总涉及他们相对于其他人的表现,以表现为导向的学生容易判断自己没有取得足够的进步。毕竟,从倒数第一进步到平均分远比从平均水平进步到前五名要容易。因此,尽管在某些情况下,以表现为导向的学生可能会因为以足够的速度朝着目标前进而感到自豪或兴高采烈等积极情绪,但更多时候他们会因为自己没有取得足够的进步而感到失望。此外,由于以表现为导向的学生的自我意识和对自己能力的看法与他们实现这一目标的进展直接相关,所以他们更容易感到焦虑。以表现为导向的学生也可能会对那些被认为阻碍他们进步的人感到愤怒,或者因为没有能力实现预期目标而感到悲伤。另外,尽管以表现为导向的学生可能会感到自豪和快乐,但他们时刻都要衡量任务难度与自己的能力，以防止自己表现欠佳。这种担忧可能也会压抑积极情绪。目前，关于表现回避目标的研究还不多，但我们认为表现回避目标会减少积极情绪，增加消极情绪。基于控制过程的观点，当学生希望避免某种不好的结果但是进展不顺时，焦虑是难以避免的。

董妍和俞国良（2010）对1 209名青少年施测的结果也为学业情绪与成就目标的关系增加了新的证据。他们发现学习趋近目标主要与积极的学业情绪显著相关；学习回避目标与积极高唤醒的学业情绪呈正相关，与积极低唤醒的学业情绪呈负相关；表现趋近目标与积极高唤醒的学业情绪、消极高唤醒的学业情绪以及消极低唤醒的学业情绪相关；最后，表现回避目标主要与消极的学业情绪相关。从中我们可以再一次看出学习趋近目标和表现回避目标对情绪有明显的倾向，而学生的表现趋近目标则会使他们的学业情绪更为复杂。

控制价值理论与情绪

学业情绪的控制价值理论是在综合了包括压力评估和相关情绪的交互理论（Folkman和Lazarus，1985）、知觉控制理论（Patrick，Skinner和Connell，1993）以及成就情绪的归因理论（Weiner，1985）等理论的基础上，由珀克伦提出的聚焦于学业情绪的理论框架。在当前的学业情绪领域，该理论有较高的影响力。

学业情绪贯穿于学习活动的全过程。个体在学业情境中的积极和消极情绪体验主要源于个体对成就活动及其结果的评价和解释：我是否达成一个好的结果（成就情绪）？解题过程是不是遇到挑战（认知情绪）？学习的材料所涉及的话题是否有趣（话题情绪）？整体学习氛围怎么样（社交情绪）？这些问题可能都会影响学生在学习活动中的情绪，并且不同的情绪可能是叠加的。控制—价值理论认为，基因与个人气质会对这些问题的回答有一定的影响——比如，"我是不是一个喜欢挑战的人"和"我是不是感性的人"可能会影响学生的认知情绪和话题情绪。

控制—价值理论的核心观念是,学生对自己的控制与学生对学业的价值判断是影响学生各种学业情绪的主要原因。其中,情感控制包括学生对自己能否很好地掌握学习内容或者顺利地完成学习任务的主观判断及期望(expectancy),以及学生对于过往事件结果的归因(attribution);价值(values)判断则是指学生对当前正在面对的学习任务对自己是否有价值的评价,这种价值可能是内源的,如兴趣,也可能是外源的,如学好这个内容对未来有用。可能有细心的读者觉得这个结构十分熟悉。没错,这与第四章中提到的动机的期望—价值理论模型的核心内容结构是十分类似的。总的来说,这一部分描述了学生对自己和对学习任务的双重评估,控制—价值理论肯定了这种评估对学业情绪的重要影响。

除了个体对学业的主观控制和主观价值判断之外,特定的社会环境也会影响学业情绪。模型中提到,这些特定环境包括:能力支持、自主支持与控制、成就期望和目标结构、成就结果和反馈、社会关系等。当然,学业情绪最终还是会指向学习过程与学业成就。经过了广泛的检验和论证的部分包括但不限于学业情绪对认知资源、学习动力、学习策略、自我调节的影响。简略来说,溢出的学业情绪可能会占据认知资源从而导致学生无法专注于当下的任务。积极情绪可能会使得学生更愿意学习,也可能会使他们愿意向老师、同学寻求帮助,在学习过程中保持对自己进度的监控和调节等。而消极情绪则更有可能使学生的重心从学习上偏离或是怂恿他们选择不利于学习的策略。

最后,学习与成就作为结果会对情绪、个人评价甚至环境氛围产生反作用力。毕竟学习生涯是漫长的、由无数学习活动共同组成的。一次成功能激发愉悦的情绪,也许会让我们提升对自身的评价,也有可能激励或振奋我们的伙伴与老师;而一次失败会让我们沮丧或者愤怒,可能会引发我们对于归因的思考,也可能会挫败班级氛围。每一个现在都在决定着将来,我们和学习的关系也是在这种动态中一次次被打磨、凝练出来的。

归因理论与情绪

在海德的朴素归因理论基础上,美国心理学家韦纳提出的归因理论可以说是最广为人知的心理学理论之一。归因指根据自己或他人的行为推导行为产生的原因与过程。找到原因后,我们可能就会调整自己的信念或者方法,所以归因方式被普遍认为会影响之后的行为及动机的强弱。也就是说我们如何相信,事物就会如何发展。

韦纳认为我们可以从三个维度来找到原因,即控制点(因素源)、稳定性与可控性。控制点指个人对关键因素处于个人条件(内控)还是外在环境(外控)的判断。以考试失败为例,自身能力不足是一种个人条件,而考场环境太嘈杂是一种外在环境。稳定性,顾名思义是关键因素在性质上是否稳定,或者是否具备跨情境的一致性。对同一项任务来说,难度就是稳定的(或者说一个好的学习任务难度应该保持稳定),但是个人的运气、身体状况等可能每天都是有起伏的。最后,可控性是指个体自认关键因素是否能由个人意愿所决定。在考试前,我们能做的就是努力学习,提升自己对于知识点的把握。剩下的则需要在考试中随机应变,也就是不可控。

归因理论认为,我们对成功和失败的解释会对以后的行为产生重大的影响。如果把考试失败归因为不够努力,那么我们可能会希望自己之后花更多的时间在学习上,并且对下一次考试成功还是有所期待;如果把考试失败归因为一种内部的、稳定的但是不可控的因素,那么我们会对改变现状失去信心,并认为以后的考试是非常可能失败的。可以想象,后一种归因方式是更为绝望的,甚至容易引发习得性无助——也就是破罐子破摔。

成败原因	归因维度					
	内外源		稳定性		可控性	
	内部	外部	稳定	不稳定	可控	不可控
能力	√		√			√
努力	√			√	√	
工作难度		√	√			√
运气		√		√		√
身心状况	√			√		√
其他		√		√		√

　　在韦纳的归因理论中，对情绪也有简单的描述。韦纳认为积极的结果会使人开心，消极的结果会使人挫败、难过。而真正有意义的、可能会引发思考的是那些意料之外但重要的失败。在这种失败带来的惊愕和难过中，我们会开始归因。通过对背景、性质等一系列事实的锁定后，我们还是可以从控制点（因素源）、稳定性与可控性三个方向对原因进行描述和分类，而这三个维度分别可能激发一些特定的情绪。

　　内部的控制点会带来我们对自尊的考察。因为内控是指我们将事情成败的关键因素归纳为自身条件，此时成功与否似乎就反映着我们自身素养的高低。可以想象，一场实至名归的胜利带给胜利者的是骄傲与自豪。但是如果个体觉得自己德不配位，那么高荣誉对他们反而可能是一种折磨——这也是"冒名顶替综合征"患者的真实感受。反之，当一个学生本来就对自己能力抱有怀疑时，一场考试失利只会让我们确信自己的能力不足。长此以往，他们很难再对自己抱有信心，这被称为典型的自尊受挫。稳定性会影响的是我们对成功的期望。如果失败是由不稳定的因素导致的，比如因为吃坏肚子漏写最后一题而考了不理想的成绩，学生不至于对下一次考试绝望。可是如果学生认为自己成绩差就是智商不高，并且同时认定智商是先天的、无法改变的，那么他们自然得出一个结论——无论我怎么努力，成绩也不会提高。可以想见，从他们的内心出发，考试就是一场注定失败的征途。可控性的危机基于羞愧与后悔之上。人的可控性与他们的羞愧的关联是复杂的，这点在后续关于羞愧的段落会进一步讨论。但总结性的结论是，羞愧和后悔是源于个体对自己的行为失去控制，特别是当人们相信他们本可以控制事情朝向另一个结果发展时。可能每个学生都曾在考试失败后后悔自己没有好好复习或者没有检查出卷面上一个显而易见的笔误——"如果我好好复习/检查了，我本可以考得更好！"

心流理论与情绪

契克森米哈赖在 20 世纪 70 年代建立了心流理论。这是基于最初他对那些为了"快乐"而参加活动的人的研究——即使没有得到金钱或名誉作为奖励，有时人们也会积极投入一项活动中。这是为什么呢？他研究了艺术家、作家、运动员、国际象棋大师和外科医生等群体——他们中的大多数人是因为喜欢而从事他们的职业的。他惊讶地发现，人们享受的生活并不是轻松或者没有压力的。一项活动之所以吸引人，是因为在这些激烈的活动中参与者全身心投入了——他们的注意力被手头的工作牢牢吸引了。他将这种状态称之为心流状态，因为在他的研究中，人们将体验形容为"被像河流一样的当下包围并推动着"。心流状态因其能激发人们表现得比平时更优秀而备受追捧，但更重要的是，处于心流状态的人们是愉悦、享受的。契克森米哈赖总结道："我们生命中最美好的时刻不是被动的、接受的、放松的时光……最美好的时刻通常发生在一个人的身体或思想在自愿努力完成困难和有价值的事情时。"这几乎是最好的学习状态——在轻松愉快的氛围下，开心地完成一项有挑战的任务。有研究者发现，美国青少年在无聊的情况下（即他们的技能高于当前挑战所要求时）报告了高水平的幸福感。但另一方面，他们并没有为这些轻松的成就感到骄傲。这些研究结果对于我们在课堂动机方面的工作非常重要，因为它们强调了以高水平的挑战和学生参与为特征的教学策略并不一定会促成学生积极的学习体验,而且学业情绪是相当微妙的(例如,快乐但不骄傲)。

那么怎么达成心流状态呢?用一句话来总结就是:心流状态的产生取决于现有技能水平与即将面临的挑战的难度间的平衡(*Inducing flow is about the balance between the level of skill and the size of the challenge at hand*),所以关键在于任务难度与个体技能水平的平衡。一方面,当挑战难度大于一个人的技能水平时,这个人会变得焦虑、有压力。另一方面,当技能水平完全胜任挑战难度时,人们会感到无聊和分心。日常生活中的心流体验是创造力和幸福感的重要组成部分。事实上,它可以被描述为个人的幸福感或自我实现的一个关键方面。由于它本质上是有益的,你练习得越多,你就越寻求复制这些经验,这有助于促进充分地参与和幸福地生活。

中国学者的观点

有学者认为,情绪充予是特定刺激物与情绪活动在相互作用过程中形成的一种条件性联系,具体表现为该刺激物被情绪化地定性,以致其再现时可以引发相应的情绪活动及其反演结果,可以理解为"情绪与特定事件的绑定"(乔建中,1995)。在学生的学习过程中,情绪充予的现象普遍存在。如果在学生认知同化某些学习内容的同时被注入了相应的情绪,并且这一过程得以一定的重复或循环,那么这些学习内容就将与相应的情绪活动产生条件性的联系,亦即被充予了情绪。例如,小王每节数学课都能准确回答老师的提问并受到表扬,那么数学课就被充予了积极情绪,他一想起数学就开心。再比如小刚与英语老师有矛盾,英语考试和默写他也不擅长,那么久而久之"英语等于不开心"的链接就在小刚的脑海中形成了。

相关研究发现,某一学习内容一旦被情绪所充予,不仅会使学生在接触该学习内容时产生与原来相同的情绪活动和相应的情绪性联想,而且会动力定型般地激活与这种情绪活动相联系的认知评价、活动倾向和行动策略,具体表现为一种有组织的情绪性学习动机模式,并对学生的学习态度、动机倾向和认知方式产生较为恒定的影响。情绪充予之所以能导致学生学习动机的模式化,与其产生机制密切相关。情绪充予的实质是学生的情绪体验在发生上的转移,即起初在获得某种学习结果或学习"结束"时才产生的情绪体验,现在则在学习刚开始时或获得结果之前就会产生。这种转移有其深刻的内涵,它反映了学生学习动机的结构在内容和动力上的质的变化。

首先,情绪充予与学生学习自觉性的提高密切相关。学生之所以能对特定学习内容产生情绪充予,是因为他已从过去经验中清楚地意识到该学习内容及其学习过程对自己所具有的主观意义,并预见到自己行动的结果,否则他就不可能从一开始就对以后的结果产生情绪上的激动。其次,情绪充予与学生学习动机在时效范围上的扩大密切相关。情绪充予所导致的情绪体验从"结束"到开始的转移,意味着学生已能从过去和将来的角度审视现在的学习,并以此决定自己的动机策略。这种认识上的时间范围的扩大,对于学习动机的发展有着极其重大的意义。如果学生仅仅着眼于现在的情形,他的学习动机就会为各种外部的偶然变化和内部的冲动欲望所左右,表现出明显的情境性和无系统性;而当学生能结合过去和将来审视现在时,他就能超越具体情境,从更广的时间范围内评估当前学习对自己所具有的主观意义,进而使自己的学习动机在过去、现在和将来三个时间维度上相互联系并保持同等意义的效力。

◎ 常见的回避性学业情绪 ◎

焦虑

在理解情绪如何对表现、绩效相关的任务活动起作用时,焦虑是最受关注的变量之一,也是最常被报告的一种情绪,大约占所有情绪的 15% 至 25%。想要理解焦虑,往往绕不开恐惧,因为恐惧和焦虑有着较为相似的体验,但又有一些不同之处。当发生一件具体的事件时(例如看到一条近在咫尺的蛇,或者家长因为我们没有考好而要惩罚我们时),我们会感到恐惧。恐惧是对感知到的危险的反应,并且当危险消失时(蛇被抓走或者发现家长只是说教了我们几句)会迅速平静。而焦虑指的是更为广泛的预期,即个人对"某件不好的事情可能会发生"的期望。也就是说,当我们焦虑时,我们是在预判一些可能会对我们造成危险或威胁的坏事即将发生,但是因为这件事并不具体,我们并不知道它最终会在何时以什么样的形式对我们造成什么样的影响。这种从我们由预判起到事情最终发生中间所表现出的紧张感、焦虑想法和消极的生理反应综合在一起的认知、情感与行为,就被称为焦虑。

从进化论的角度来说,似乎没有哪一种情绪比恐惧更能帮助我们生存了。恐惧通过将我们的注意力关注到可能的危险上来帮助我们规避风险。而焦虑则是通过迫使我们去思考各种措施、紧急调动资源,企图帮助我们积极应战,阻止危险发生或尽可能降低危险对我们的伤害。但问题在于,现当代环境中的诸多威胁可能是不致命的,但它们却引起了过度的焦虑情绪,反而使我们无法直面最根本的问题。学业焦虑就是其中的代表。学业焦虑是指在学习环境中或与学习任务相关的担心、紧张或恐惧感。它可能来自考试、作业、某些科目(数学、阅读或科学)、与学业相关的社会压力(父母、同学)或者是对课堂上的学习或小组任务感到不安。在学习时感到一定程度的紧张是很常见的,甚至低程度的焦虑一定程度上会促进学习动机。然而,当这些焦虑感变得过度强烈以至于不利于学业成功时就要引起我们的警惕了。

1. 考试焦虑

在所有的学业焦虑中,考试焦虑可能是最常被提及也最常被研究的。考试焦虑被定义为围绕即将到来的考试或考试中负面评价的潜在后果的情绪、生理和行为反应(Zeidner, 1998)。2006 年,美国教育部 TestEdge 研究表明,61% 的美国学生有不同程度的考试焦虑,其中 26％ 为严重考试焦虑。其实,只要试图想一想在我们的文化中,考试可以如何一锤定音地决定考试者的未来,那么我们就能理解考试为什么会引起许多学生的焦虑反应了。许多孩子在生命的早期就变得以考试为导向,对考试感到焦虑。研究表明,当评估和测试消耗了一个人太多的精力和动力,或是评估和测试所要求的能力远高于自己拥有的智力或社会能力时,通常会引发考试焦虑行为(Reeve, Bonaccio 和 Charles, 2008)。

从考试前的担忧,到考试中的紧张,再到考完试后对成绩的焦虑都可以被统称为考试焦虑。我们或多或少体会过因为考试而忧虑、紧张、不安,并且研究证明,自我报告的考试焦虑与生理唤醒的焦虑是显著相关的,这证明学生体会到的考试焦虑确实会引起一系列由焦虑情绪所导向的行为。考试焦虑发生时,除了心理上感受到的烦躁与急迫,生理上也会有变化。常见的包括失眠,难以集中注意力,血压升高,心率加快,皮肤冒汗,呼吸加深加快,消化系统紊乱,记忆受阻,思维发呆等。如果长时间处于考试焦虑中还可能有持续性的影响,危害身心健康。也有学生有习惯性的考试焦虑,即一到重要考试则自动触发考试焦虑,有时这种焦虑甚至是无意识的。许多研究表明,考试焦虑与一系列消极变量之间存在相关关系,包括各种考试成绩、焦虑和抑郁的风险增加(Leadbeater 等,2012)、课堂成绩差(Segool 等,2013)、学习投入度降低(Bedell 和 Marlowe, 1995)等。

那么考试焦虑为什么会影响考试成绩,最广泛的解释是因为焦虑引发的自我相关的认知和干扰思维抢占了考生的注意力资源,而这些注意力资源本可以用于任务相关的心理活动。认知—注意理论用"干扰"说明考试焦虑和成绩之间的联系。当高考试焦虑的人置身于考试情境中时,可能会变得极其自我集中,因为考试焦虑的学生倾向于将各种各样的情况解释为评价性的,并对过去的失败和未来的负面后果作出高度的认知关注(Zeidner, 2010)。这种高水平的认知担忧和自我集中使考试焦虑者在任务和自我间分配了注意力,因而降低了成绩。有研究显示,在评估过程中,考试焦虑的学生情绪高涨,过度担心考试失败,受到认知干扰以及与任务无关想法的干扰,极易分心(Zeidner, 2010)。研究还发现,这些学生在编码、处理和检索信息的过程中表现出大量的信息处理缺陷(Cassady, 2004)。

另一种解释以学习技能缺乏理论为代表。高考试焦虑已被证明伴随着较低的学习技能和学术敏锐性(Reeve 等, 2008),许多考试焦虑的学生在考试技巧方面也有缺陷,准备不足被认为是评估情境中焦虑的主要催化剂(Zeidner, 1998)。但是该流派很难证明考试焦虑完全是由学习技能的缺乏带来的,实证研究似乎也不支持这一点。比如郭德俊等学者以 209 名高中学生为被试,采用现场实验法考察了学习与考试技能训练(SST)对认知主导型考试焦虑、生理唤醒主导型考试焦虑和学习技能缺乏型考试焦虑的作用效果。结果表明,SST 不能缓解这三种考试焦虑状态,但能显著提高三种不同类型考试焦虑者的考试成绩。

上述两种机制更多的是强调考试当时当刻的焦虑对于成绩的影响。当我们去探讨一个更为广泛的考试焦虑的概念时,就要考虑到引发考试焦虑的事件由许多不同的时间阶段组成,包括准备、对抗、预期和解决(Zeidner, 1998)。最近的研究表明,在学习测试周期的各个阶段,考试焦虑都与有害的认知和行为有关(Cassady, 2004)。比如在考试准备阶段,学生无法运用有效的学习技巧,无法对信息进行编码和存储、开发核心内容的概念表示,也无法监控考试准备情况。此外,在脆弱或低自我效能感的驱使下,他们倾向于采用表现回避目标。在测试表现阶段,学生会经历担忧、情绪化、焦虑障碍、记忆提取失败、注意力分散、线索利用率差和表现下降。考后等待阶段的煎熬与考试结果也会被带入下一轮考试的循环中,作为一种启动效应加深学生的焦虑。

"考试焦虑"的学生通常被视为一个统一的类别,但这其实是不对的。有些考生在考试中可能感到焦虑是因为考虑到失败的可能性,但其实他们对在学术任务上取得成功有很多期望;有些学生可能是学习或考试技巧较差;有些学生是因为他们的智力水平较低;也有些学生是完美主义的优等生,会对任何低于满分的成绩感到不满;而另一些学生感到焦虑是因为他们未能达到社会期望或害怕父母的惩罚。所以几乎所有的学习信念都能对考试焦虑产生影响。2021 年的一项关于考试焦虑的元分析指出,自尊是考试焦虑的一个显著且强有力的预测因子。当考试威胁到自尊时,焦虑就会出现。成就目标理论的相关研究也从侧面支持这一观点,研究表明,学习目标和表现趋近目标与考试焦虑无关,而表现回避目标则与考试焦虑显著相关(Elliot 和 McGregor, 2001)。另外,对考试难度的感知以及考试的高风险性质或后果也与更高的考试焦虑有关。当考试具有评估的性质、被学生知觉为困难的以及从未出现过的情况时,学生的焦虑水平最高。

2. 数学焦虑

数学焦虑是指数学相关活动的"紧张、忧虑或恐惧感"。元分析显示(Suárez-Pellicioni 等,2016),学生的数学焦虑与数学成绩之间存在中度负相关。除了数学成绩外,数学焦虑与一系列认知和动机结果之间也存在关联,包括学习数学的参与度和享受度较低、对数学的消极态度、避免与数学相关的学术和职业选择。

控制价值理论视角下,与价值观信念相比,控制信念(即能力信念)与数学焦虑的关系更为密切(Frenzel 等,2007)。李(2021)的研究发现,自我概念与数学焦虑的相关性最强。这可能是因为成就价值可能与数学焦虑在正面和负面两个方向上都相关。更具体地说,如果学生非常重视数学学习,他们在从事与数学相关的任务时可能会感受到积极的影响(例如,快乐和希望),尤其是当他们表现出色时。但当学生认为数学学习或成就对他们的学术和职业生涯有重要价值时,他们可能会对自己的表现感到更担心,在与数学相关的成就情境中也会更焦虑。这种担忧在能力信念水平较低的学生中更为显著。例如,如果学生认为学习数学对他们来说非常重要,但他们认为自己在数学方面能力不足,他们可能会害怕失败,并对数学学习感到焦虑。

3. 阅读焦虑

阅读——尤其是大声朗读——成为儿童焦虑的来源并不牵强。即使对于成年人而言,公开演讲也是第二大恐惧——仅次于死亡、疾病和事故等身体伤害。朗读的压力来自公开演讲结合现场解码准确率的性能压力,再加上老师和同学的评价压力,难怪当孩子们被要求在公共场合大声朗读时,即使那些没有阅读困难的孩子也会表现出血压升高和脉搏加快。除了阅读能力外,阅读时的负面情绪——特别是焦虑——正在受到越来越多的关注,特别是在低年级儿童群体内。正如兹博尼克(Zbornik, 2001)解释的那样,阅读焦虑是一种特定的、情境性的阅读行为恐惧症。与其他恐惧一样,阅读焦虑也会产生生理和认知反应。这些身体和认知反应也会相互作用,就像孩子想"我的手在颤抖"一样,或"我知道我的脸变红了,而这会进一步加重焦虑。一些用于评估学生阅读焦虑的问题包括(Zbornik, 2001):

- 当有人要求你大声朗读时,你会怎么想? 你在想什么?
- 当你被要求阅读时,你担心什么?
- 阅读时你的身体感觉如何? 你出汗了吗? 你的胃不舒服吗? 你头痛吗? 你感到紧张吗?
- 你是否觉得在自己阅读时,你似乎知道答案,但当你必须大声朗读时,你却记不住单词?

无聊

无聊是什么? 无聊是发呆,是走神,是转笔,是盯着表看还有多久下课。学生在学习中经常体验到这种情绪,但关于它的研究还相当有限。科学家们甚至无法对无聊下一种定义。它是一种情绪? 还是一种认知? 是一种类型的疲劳或者仅仅是兴趣的缺失? 这些回答似乎都不准确。但我们知道,无聊被描述为一种不愉快的情感状态,与低生理唤醒和认知刺激以及缓慢、单调的言语相关联(Harris, 2000)。它也与特定的主观体验有关,例如时间变慢("时间静止")以及行为认知脱离(例如,分心、白日梦)

（Goetz 和 Frenzel，2006）。无聊的特点是缺乏刺激与低唤醒相结合（Harris，2000）。更进一步，如果用情绪成分来解释的话，那么无聊由五个部分组成：情感（一种不愉快的、令人厌恶的感觉）、认知（改变对时间的感知）、动机（改变或退出活动的欲望）、生理（降低唤醒）和表达（表情怏怏，对当前事情没有关注，身体表现为离开做好准备或开始重复微小而无意义的动作）。

在教育环境中，无聊情绪会导致学习成绩的降低。经历无聊的认知后果是注意力障碍。学生在无聊时难以集中注意力，且更容易因为与任务无关的事情分心。作为一种消极情绪，无聊与同化任务处理策略（如阐述）呈负相关。虽然无聊很可能不会导致学生使用重复的学习策略，但这些重复策略可能会引起无聊。按照与前面讨论的情绪适应功能一样，无聊会导致较低的情绪与内在的动机、努力，以及最终逃避无聊情况的倾向。

佩库恩（2006）从控制价值理论视角出发，当个体认为成就活动缺乏重要性或主观价值时就会产生厌倦情绪。实证研究数据表明，对学习和成就相关内容、任务、情境和结果的主观价值（内在和外在）的感知与无聊程度呈现出明显的负相关（Goetz 等，2006；Pekrun 等，2010）。该理论还假设了主观控制和无聊感之间的曲线关系，如果一个人的控制感非常高（任务没有足够的挑战性）或非常低（任务要求超过一个人的能力）时，都可能会产生无聊的情绪。这种分类与契克森米哈赖（1975）的"心流"模型的假设稍有出入。后者认为只有当个人能力显著超过任务要求（即高感知控制）时才会发生无聊。不过，实证数据与理论不一致。高水平的控制感（如学业自我概念、自我效能感）似乎通常与较低的无聊水平相对应。这可能是由于成就活动的预期难度限制了过高的控制感和由此产生的厌倦感的程度。

关于无聊体验的诱因，佩库恩（2006）的控制—价值理论认为，社会环境的各个方面（例如，课堂目标结构、父母支持）可以通过影响学生的控制和价值信念而直接影响无聊的体验（例如，父母在特定领域的支持应增强该领域的主观价值，从而减少无聊）。

罗宾逊(Robinson, 1975)则提出了关于学业无聊的三类关键前因变量:(1)课堂活动的单调性;(2)学生认为课堂科目无用;(3)社会环境。关于第三点,该模型进一步补充,教师(例如,对学生发展和/或教学的兴趣,对指定的教学科目的兴趣)、学校环境(例如,可用的学习资源和设施)、同伴(例如,学科领域的价值)、家长(例如教育的证明价值;对孩子学业进步的兴趣)和家庭环境(例如,家庭学习资源)可以显著影响无聊体验。

困惑

与无聊一样,困惑在情感科学中的理论地位也是相当复杂的。对于困惑是一种情感、心境还是情绪的争论至今也没有明确的结果。但这不妨碍我们用情绪的四大因素对困惑进行描述。

首先,从生理层面来说,困惑是由某种形式的神经相互作用引起的,就像异常触发N400(一种负事件相关电位,刺激后开始400ms)的脑电图活动时的情况一样。其次,困惑是一种能被分辨出的独特的主观体验。然后,困惑有一种表达成分,即人类在困惑时面部都会产生皱纹这一特征。最后,有证据表明,对输入信息和现有知识之间不匹配的认知评估会产生困惑(D'Mello等,2014)。综上所述,困惑具备成为一种情绪的条件,因为它产生于神经相互作用,涉及身体反应系统,具有独特的感觉状态,具有表达成分,并且是认知评价的前提。困惑也可能被认为是一种认知情绪或知识情绪,因为它产生于以信息为导向的外部或内部知识评估。

困惑虽然使人抓耳挠腮,但却被认为是对学习有益的,因为它表明表征世界(即学生脑海中被建构出的世界)出了问题,这会使认知系统失去平衡,将注意力集中在异常或差异上,并激励学习者努力思考、解决问题和重组他们的认知系统,以解决困惑并回到平衡状态。这些活动激发了更深层次的加工,更持久的记忆表征,更成功的提取,并因此增强了学习。所以可能给学习带来负面影响的不是困惑本身,而是伴随其经历的认知活动带来的负荷以及"不允许困惑"的观念自我设限。研究证明了困惑对学习有益(Lehman等,2013)。在这个实验中,两位学生会对一个现象进行相反的叙述,然后由老师补充信息来纠正所有的谬误,最后让学生汇报他们的感受。实验的一个发现是,两位学生观点上的矛盾能够有效引起困惑。有趣的是,学习者在承认他们感到困惑时选择沉默,也就是他们不承认自己感到困惑,但是验证性的题目和其他指标都显示他们确实感到了困惑。而正如预测的那样,困惑缓和了观点矛盾对学习收益的影响。当学习者没有被矛盾所迷惑时,矛盾实验的学习收益在统计上等同于无矛盾对照实验。然而,对矛盾感到困惑的学生较对照组学生产生更高的学习收益,研究人员在多项知识选择测试和随后的迁移测试中都观察到了这种效应。其中一些测试包括识别案例研究中的缺陷,这些缺陷与三方会谈期间讨论的案例研究完全不同,但是困惑所带来的益处却有着相似之处。与控制组相比,最初提供正确答案但收到负面反馈的学习者报告了更多的困惑,在错误反馈后立即有更长的反应时间(处理不一致信息),并花费更多的时间学习解释性文本(更深的处理深度)。重要的是,与那些收到准确反馈(正确回答的积极反馈)的人相比,收到错误反馈的学习者表现出更高的学习收益。

总之,尽管困惑经常被认为是一种微妙的负面学业情绪,但目前的研究确实证明了困惑在一定程度上对学习有益。这与皮亚杰提到过的调节概念是一致的,因为学习者必须在一定程度上改变他们的心智模式,以解决他们的困惑。因此在面对困惑这一学业情绪时不妨多给自己一些时间。

羞愧

一个人会理所应当地认为自己无条件地掌控着自己。如果不是这样,人们可能会认为他是精神错乱的,而这是一种无法承受的自恋性打击。羞愧正是个体对自己的行为失去控制时自我评价的产物。因为羞愧是个体如何看待自己的结果,与尴尬相比,羞愧更多表现出的是自尊的受挫。比羞愧更糟糕的是羞耻感。羞愧者多少能够接受是自己犯了错并企图对这个错误进行哀悼,而羞耻则是由于儿童认为自己的行为、感受或行动不符合自己的标准、规则和目标,也不符合父母、同伴和老师的标准、规则和目标,进一步对自己存在的意义进行全盘的否认。羞耻感会导致孩子产生回避性行为,其身体表现包括低下头或垂下头、肩膀塌陷和避免眼神接触等。心理咨询普遍认为,羞愧/羞耻是最具有自伤倾向和毁灭性的情绪——通过摧毁自己来摆脱无法撤回的瞬间。

羞愧与归因有很大的关联。对于青少年来说,通过改变责任归因,羞愧感可以转化为对他人的责备,也就是我们常说的恼羞成怒。少年犯经常将自己的失败归咎于他人,而不是感到羞耻,他们会将自己的感情转化为攻击性(Gold, Sullivan 和 Lewis, 2011)。韦纳认为:当个体将成就结果归因于内部时,骄傲和羞耻的情绪是最大化的,而当个体将成功和失败归因于外部原因时,骄傲和羞耻的情绪则是最小化的。一个人对努力的感知在引导情绪反应方面很重要。例如,当能力强的学生将失败归因于缺乏努力时,他们会感到更加羞愧(Weiner 和 Kukla, 1970)。然而,科温顿和欧莱里奇(Covington 和 Omelich, 1985)认为,对能力的自我感知决定了自我价值和情绪反应。他们指出,努力和能力的确定性与不确定性是失败后情绪的诱发因素。例如,当一个学生付出了很大的努力,但在一项任务上失败时,他会感到更加羞愧。高努力和失败之间的联系意味着低能力,这会产生羞耻感。如果学生不确定他/她的低能力状态,就会产生所谓的失败回避。羞耻感的产生也取决于学生是否更倾向于采用表现目标。以表现目标为导向的学生如果在学校任务中失败,很可能会表现出羞耻感。同样,他们可能会高估自己的成功,类似于狂妄自大。以学习目标为导向的学生,如果没有完成学校的任务,就会专注于通过更多的练习或寻求帮助来提高成绩。这个区别在于表现目标导向的学生往往将任务表现与核心自我等同,而学习目标导向的学生对自己的评价可能是更加整体和客观的。此外,特纳(2002)通过对羞愧学业情绪的研究表明,对一部分学生而言,羞愧会使得他们对学习丧失信心,降低对自己的期望和自我效能;

而对另外一部分学生而言,他们可能会增加动机,并获得更高的学业成绩。

羞愧与害怕失败是相关的。与那些对失败恐惧程度较低的人相比,对失败经历的恐惧程度较高的人更容易感到羞耻。那些高度害怕失败的学生也表示,他们不太可能告诉父母他们的失败经历,而更可能告诉父母他们的成功经历。一些研究结果还发现,焦虑和羞耻的关系是错综复杂的(Pekrun 等,2006)。从本质上来看,它们分别对应着人在应激状态下的两种倾向,战(焦虑,为战斗做好准备)或逃(羞愧,想尽可能远离)。一些对学生的访谈研究也证明了这种矛盾性(Titz,2001)。研究者在一次重要的考试前,向三位大学生询问由焦虑引发的情绪冲动的动机、控制和成就理论。三个学生给出的答案分别是"宁愿逃避考试""不再有动力""只想结束这一切"。然而,其他参与者回答说"我想通过它……我不想考试不及格""我想尽可能好地解决测试""它(这种感觉)促使我将考试视为一种挑战"。最后,有一名学生以简洁的方式表达了他的矛盾:"你宁愿逃跑。但另一方面你想履行自己的义务——总体上是真正矛盾的感觉。"从最后这句描述里我们可以看出,虽然焦虑和羞耻所代表的核心是完全相斥的,但人很有可能在这两者之间摇摆,并且很有可能因此消耗了大量的精力从而转为第三种"僵化模式"——卷又卷不动,躺又躺不平,无力而不知所措。

∮ 对学业情绪的干预 ∮

培养自我调节能力

1. 与情绪重新成为伙伴

不知何时起,情绪成了"洪水猛兽",情绪稳定成了所有人的追求。当然,稳定的情绪有利于事物的推进,但是情绪绝对不是没有价值的。比起屏蔽情绪,不允许情绪出现起伏,更重要的是如何充分理解情绪带给我们的信息,以及如何避免情绪对我们的捆绑——心理学家将其称之为僵化。所谓的僵化就是指人被过于浓烈的情绪所淹没,以至于只能用全部的注意力反复体味和咀嚼情绪。情绪有把人拽离事实、并使人沉沦的能力。比如当你考试没考好时,你可能会先是难过,紧接着觉得羞愧、难堪,然后后悔自己为什么之前没复习,可能还会批判自己现在难过和后悔又有什么用,并最终定论自己是无能的。情绪又会激发更多的情绪,到最后我们会忘记我们难过和后悔的本意是想提醒自己考试很重要,下次要更好地复习。始终需要记得,情绪迭代对我们自身能量的消耗是始终存在的,这种消耗往往让我们忘记真正重要的事情并且停滞不前,或者是引诱我们做出过激的行为。

我们想要去管理自己的情绪,其实就是在改变我们应对情绪产生后一系列思维和行动的习惯。詹姆斯·克利尔(James Clear)的《掌控习惯》中提到,养成一个习惯的过程可以分为四个简单的步骤:暗示(cue)、渴望(craving)、回应(response)和奖励(reward)。我们将情绪一一对应上则是:暗示——是什么触发了我们的情绪;渴望——我们的情绪在提示我们什么;回应——我对这样的情绪状态进行了怎样的反应和行动;奖励——我的行为是否让我尝到了甜头。想要改变习惯就要从打破情绪循环开始。并且始终记得,获得和改变习惯都是用头脑在阻止惯性。这很难,不要急,你已经在路上了。

2. 不加批判地觉察情绪

无论你试图打破情绪循环的哪个步骤,觉察都是第一步。"知幻即离",当你能够看到情绪了,你就会意识到:诚然情绪表达了我们的一部分,但是情绪不等同于我们本身。将情绪独立出来可以帮助我们更好地觉察情绪。你可以想象自己的情绪逐渐抽离你的身体,凝聚成一个或多个形象;你也可以给它取一个名字,就像电影《头脑特工队》(Inside Out)里展示的那样。现在,试着和你的开心小人打个招呼。一开始,你可能和你的情绪并不是很熟悉:例如在大声吼叫之后才意识到自己在生气。没关系,只要你意识到了,你就可以和自己说:"嘿,生气小人,你出来了。"如此反复练习之后,你对情绪的觉察会越来越敏锐——也许在想要吼叫的瞬间发现它,也许在血脉上涌时就发现了,甚至可能在刚觉得自己不舒服、受到冒犯但还没来得及激动前就预感到"生气"马上就要出现了。这种方法我们称为情绪标记法。还有一种常用的练习情绪觉察的方式是写日记。你可以用任何喜欢的形式去记录自己的情绪,包括但不限于文字、图片、音乐。时间也是不固定的,你可以一天记录 3 次,也可以每天写日记,或者是在情绪波动非常大的特别日子里记录。和情绪逐渐熟悉的过程中要特别注意,不要批判。和情绪成为伙伴吧,也就是说你平时如何对待你的伙伴,你就知道如何对待你的"情绪小人"。当你的朋友很难过的时候,你不会说出"你怎么又伤心了""你不应该难过""你哭就代表你懦弱"这样的话,那么在你自己的情绪出现时,也请不要这样评价自己。

3. 认识到情绪传递的信息

越频繁地觉察自己的情绪,你就会对它越熟悉。你很可能会在其中发现一些规律,而这些规律恰巧就是情绪原来想要向我们传达的重点。情绪循环提示了我们有哪些信息是值得关注的。首先是暗示(cue),也就是什么刺激触发了我们的情绪。比如一到考试就激动得睡不着觉,那么考试就是这个情境中的暗示。在学习了学业情绪后你可能会对考试有更多的思考:我对于考试的激动究竟是恐惧、兴奋还是手足无措或者焦虑?我是在老师一宣布考试时间时就焦虑,还是到考试前一晚才开始焦虑?是发现自己看不进去书的时候开始焦虑还是考试铃响的时候焦虑?这一系列的追问可以帮助你细化,直到找到核心的暗示点。在我们还没有能力去深挖情绪的时候,逃避暗示点一定程度上可以帮我们远离情绪旋涡。接着是渴望(craving),这一步需要更多自我认知的能力。我害怕的是考试本身,是考试可能失败的结果,还是家长知道考不好的结果后对我过度的责罚?而这背后对应支撑着的,就是不同的信念:是对标准化测试的拒绝,是希望自己能够表现该有的水准,还是对家长的爱的渴望。本书对于回避性动机各角度的理论都能成为你挖掘自己渴望的视角。然后是回应(response)和奖励

(reward)。比如说因为害怕考试失败的结果,你可能会在开始考试前就焦虑"万一考不好怎么办"。这种焦虑让人很难受,所以要做些什么来应对它,这就是你的回应。你可能会通过刷手机来缓解焦虑,也可能通过复习笔记缓解焦虑。而奖励是指刷视频带来了片刻的轻松快乐,焦虑缓解了;看笔记可能给自己带来了更多的信心,焦虑也可能会缓解。所以下一次焦虑时,刷手机和看笔记都成了可选择的内容。

非常值得关注的是,通过理智的观察,有时你会惊奇地发现有的奖励甚至不是"好东西",比如说有的人会主动沉溺于痛苦之中。这是因为痛苦有它本身的功能,毕竟如果一个人感觉自己足够痛苦,那么他就有理由不用去努力了。而有的人则是认为痛苦是一种他更熟悉和安全的方式。

4. 情绪的流淌与缓和

情绪是需要出口的。就像在前面提到的,应激和情绪如果没有可维持的环境,那么它会很快消失,但是如果被压抑或者隐藏了,它就会成为一种心境。所以让情绪流动起来并逐渐缓和是必要的,下面介绍一些方法。

(1) 4—7—8 呼吸法

据英国《每日邮报》网站报道,美国哈佛一位名为安德鲁·威尔(Andrew Weil)的博士,研发了一种"4—7—8 呼吸法",能帮助人体减少紧张感。第一步是张大嘴巴呼气同时发出"呼"的声音。然后闭上嘴巴用鼻子轻轻吸气,在心里默数 4 秒。接着屏住呼吸 7 秒钟。之后用嘴深呼气,再次发出"呼"的声音,持续 8 秒。接着再一次吸气。将上述四个呼吸动作完整重复 3 次。通过深呼吸我们得以从情绪的漩涡中抽离,重新掌握对自己身体的控制。同时由于呼吸增加了血氧量,我们的副交感神经也会被激活,你会感觉到放松。所以"4—7—8 呼吸法"经常被用于焦虑与失眠的治疗。

(2) 转移注意

转移注意是大家都耳熟能详的一种方法,吃点好吃的、运动或者睡一觉对情绪的流动有非常大的益处。蝙蝠侠效应/公主学习法则是一种更有趣的转移注意的方法。

从情绪的角度说,通过全身心想象自己成为并扮演公主或者是蝙蝠侠,学生得以将注意力从自己身上移开,即抽离。当学生的心理与自己当前的状况产生距离时,这种距离促进了更客观、更宏观的评估(White 等,2016)。从认知的角度来看,这可以让孩子更清楚地评估他们的选择,进而灵活而谨慎地做出反应。因此,疏远可以提高儿童有选择地关注相关方面和不相关方面的能力。重要的是,坚持也可能是一个充满情绪的过程,朝着目标努力可能会引发负面情绪,例如无聊或沮丧。通过将注意力从自我身上移开,孩子可能会开始调节他们对情境中这些"热点"方面的情绪反应,并以更可控的方式做出反应。同时该方法还能一定程度上提升学生的自我认同和身份确认,提升他们的自我价值,在此就不展开叙述。

(3)心境的保持与稳定

人们可以通过多种方式来控制情绪。尽管我们经常有意识地调节自己的情绪,但有时我们也会无意识地调节自己的情绪。这样的调节可能会反映在心境上。在一项有趣的研究中,研究者在被试不知不觉的情况下预先激活了其特定情绪,目的是让被试控制或表达自己的情绪。其方法是让被试解读包含控制词(如抑制和稳定)或表达词(如冲动和易变)的句子。完成这项任务后,被试与一位不友好的实验者互动,这位实验者让他们完成一项令人沮丧的任务。正如人们所料,大多数被试表示,在完成任务期间他们感到愤怒,但那些事先启动控制词的人报告的愤怒程度低于那些启动表达词的人。一项后续的研究表明,启动控制词的人在经历令人沮丧的经历之后,其表现出的心血管活动少于那些启动表达词的人。就像生活中的其他目标一样,有效调节情绪的目标可以是有意识的、受控的,也可以是无意识的、自动的。这就意味着如果我们能长期使自己处于比较积极的心境中时,我们对于负面情绪的易感性也会减弱,也就是"更稳定"。

5. 情绪的行为

情绪从渴望中来,到回应中去。在回应与奖励中你可能会发现,有时候奖励是短暂的,比如在考试前焦虑地刷手机。这种行为通常是没有效果的,甚至会使人越来越害怕考试。但为什么人们会采用这种方法呢? 是因为它在一些方面也是有效的:这种奖励指向了情绪,但没有指向渴望。也就是说刷手机会使我的焦虑被快乐覆盖,但是没有解决找对考试仍然恐惧的问题。而这就是失败的情绪行为。我们的情绪本身是没有错的,但是所有的情绪都有其最终的目的,如果我们的行为没有指向这种目的,那情绪可能会愈演愈烈。学习情绪管理技巧重要的一部分就是去学习他人面对情绪时选择的行为的经验。找到能回应自己渴望的行为,拓展行为工具箱,并最终降低情绪浓度,这是每个人一生的必修课。

(1)应对考试焦虑

考试焦虑可能是所有学业情绪中困扰学生最多的情绪。已有研究表明:行为干预和认知干预均被发现对治疗广泛性焦虑症有效,联合疗法似乎最有效。下面就这一专题快速地介绍一些技巧。

第一,放松技巧可以有效地降低学生的考试焦虑。相关研究考察了普遍治疗方案的效果。拉尔森(Larson)及其同事发现,与未接受治疗的对照组相比,接受膈肌呼吸和渐进式肌肉放松指导的高中生,自我报告的考试焦虑水平显著降低(Larson 等,2010)。这一积极发现得到了教师报告的焦虑降低的支持,另外在单独放松治疗组的高中生中,没有自我报告焦虑的案例(Gregor, 2005)。这两项研究表明,在教授学生放松技巧的普遍预防项目中,治疗效果是积极的。具体技巧可参考"4—7—8 呼吸法"或冥想、肌肉放松训练等。

第二,认知行为疗法配合叙事联系的组合拳常用于缓解学生焦虑。它的本质是通过改变学生对于焦虑、人际关系和自尊的认知和看法来帮助学生重新面对考试焦虑。当我们面对同一个情绪刺激源时,拥有不同的认知会指导我们引发不同的情绪反应和行为。在面对焦虑时,除了了解情绪的心理知识,还需要知道我们人生的价值与我们的自尊不完全由成绩和考试决定。具体做法如下表所示。

	课程内容	课堂活动
第一课： 考试焦虑	1. 帮助青少年认识情绪的类型，情绪的功能 2. 针对考试焦虑，讲解认知行为三角 3. 探讨考试焦虑相关的不合理信念，以及考前焦虑的具体应对方法	a. 绘制"情绪晴雨表" b. 驳斥非理性信念 c. 情绪正念练习 d. 身体感受练习
第二课： 人际关系	1. 介绍亲子关系和朋友关系的特点，同伴关系中的压力 2. 讨论如何在同伴、亲子关系中进行有效的沟通	a. 绘制"人际圈图" b. 人际关系中的"三视图"
第三课： 自尊	1. 学习自尊的类型与特点 2. 探讨如何全面地看待自己，而不只是以成绩评价自己 3. 介绍更加全面地认识和评价自己的方法（改变负面自动思维，直面问题等）	a. 表达赞美与批评 b. 写出自己"有/无价值"的三条理由 c. 识别和挑战自动思维

第三，暴露疗法也是一种很好的方法。埃格博丘库和奥博多（Egbochuku 和 Obodo，2005）发现，经过系统脱敏干预后，接受考试焦虑干预的高中生的考试焦虑水平低于未接受干预的学生。系统性脱敏治疗包括在暴露于恐惧刺激（即测试）期间使用放松技术，以产生反条件作用，最终削弱刺激和恐惧反应之间的关系。因此，该干预计划本质上结合了单独放松技术与暴露技术的使用，进一步支持单独放松与其他行为和/或认知技术的使用，以减少学生的考试焦虑。用通俗的话来说就是多考试，并且每次考试时都使用上面提到的放松技巧和认知调整，长久以往就习惯了。而在日常生活中我们还能做到的训练就是将每次的作业视为一次考试，给自己设定一些时间和及格线。作业没有严格的惩罚机制，使用这样的方法可以在代价较小的情况下反复训练考场心态。

第四，生物反馈疗法是一种相对较新的干预方式，涉及使用生理自我监测设备，为使用者提供典型无意识身体过程的实时信息，即心率、肌肉张力、体温（Bradley 等，2010）。感受身体由于紧张带来的变化可以帮助我们降低焦虑与紧张。比如说在候考时倾听自己的心跳或是感受自己的脉搏都是快速降压的好方法。

（2）应对数学焦虑

支持学生数学能力信念和提高他们数学兴趣的多种教学策略可以有效地帮助学生减少数学焦虑。首先，如果学生认为他们能在数学方面做得很好，他们则倾向于对与数学相关的活动不那么焦虑。成功经验、社会说服和替代经验已被证明是学生能力信念的主要来源（Bandura，1997）。学生的成功经验是数学能力信念最有影响力的来源，但与在数学课上获得更多成功的学生相比，在学习数学时表现出更多挣扎和失败的学生，其数学自我效能感往往较低。为了帮助学生在数学学习中更频繁地获得成就，教师必须将任务分解为更小的目标，这样学生就能够根据更小的目标衡量自己的进步。教师和家长的口头说服也有助于提高学生学习数学的信心。当家长和老师传达学习数学的积极信息，并口头鼓励学生通过努力取得成功时，学生对数学的能力信念增强（Butz 和 Usher，2015）。替代经验可能是学生能力信念的另一个重要来源（Wentzel 和 Brophy，2014）。学生们倾向于认为，当他们观察到其他人克服困难并在数学学习中表现出进步时，他们可以在数学上取得成功。例如，当教师在课堂上传达他们自己的高水平数学学习能力信念时，这种信念可以传递给学生。除了成功经验、口头鼓励和替代学习之外，研究者还发现了其他因素，即包括数学课堂中的教学和情感支持也会影响学生的数学动机情感信念。当学生认为他们从老师那里得到了足够的帮助，并且他们的老师在数学教学方面有很高的能力时，他们会报告较高水平的能力信念和较低水平的负面影响（Butz 和 Usher，2015）。学生更有可能在情感支持的课堂环境中培养学习数学的信心，教师关心学生的需求并与他们建立积极的关系，这反过来可以缓解他们学习数学的焦虑。

此外，提高数学学习兴趣可以降低学生的数学焦虑。研究人员讨论了不同的教学策略，以激发和维持学生学习数学的兴趣。课堂上学习任务或活动的具体特征，包括新颖性、意义、动手活动、小组活动和社会联系，可以吸引学生的注意力，为学生提供参与的机会,并激发学生参与学习活动的兴趣(Hidi,2001)。此外,教师的特点,包括平易近人、友好和对学生的了解,是维持他们对某些学习任务的短期兴趣和提高他们与数学领域相关的整体情感体验的重要支持。当教师对学习数学表现出兴奋,并教导学生犯错误是学习经验的建设性部分时,学生不太可能感到焦虑和害怕数学课(Frenzel等,2010;Wentzel 和 Brophy,2014)。

构建积极的师生关系与课堂氛围

1. 教师热情

有很多研究说明了教师的情感反应在学术或认知水平以及人际关系水平上的重要性(Patrick 等,2001),其中研究共同关注的教学特征是教师的热情、幽默和对学习的热爱。教师热情最初源于早期研究者对于教师特质的描述,如布罗菲和古德(Brophy 和 Good,1986)将其描述为一种"激情的、有能量的"教师状态。基于观察,研究者们逐渐将教师激情量化为具体的教学行为,并提炼出了关键的因素,例如有动机的教学风格、幽默的语言等。默里(Murray,1993;2007)为热情教学的行为成分提供了最有启发性的见解。他们使用质性的研究方法,让第三方从 60 项教学条目的角度观察三种事先被评价为"低、中、高质量"教师的教学视频并探索性地归纳教师的不同特质,其中,"热情"特质的指标包括语音语调、手势行为、面部表情等 11 项指标。凯勒(Keller,2018)的综述中将这种教师热情描述为"表现性教师热情"(displayed enthusiasm)。基于默里等人的贡献,后续有研究者通过实验操纵教师教学中的非言语表达来研究教师热情,但是结果并不总是一致的,因此研究者们认为不能将教师热情局限于一种非言语表达或教学手法。

与"表现性教师热情"并列的是"体验性教师热情"(experienced enthusiasm)。这源于昆特(Kunter,2008;2013)以情感成分重新定义的教师热情,"反映了教师在其专业活动中通常体验到的享受、兴奋和愉悦程度"。这种定义下的教师热情非常接近于埃克尔斯和威格菲尔德(2002)期望价值理论中关于内在价值(兴趣价值)的描述,只不过热情更偏向于情感的成分而缺少了内在动机中的认知成分,但在相关量表题目中两者的表现似乎非常接近。研究有关"体验性教师热情"的学者在研究中还区分了两种形式的经验性热情,即与主题(subject)相关的热情,教师可以对自己所教的学科感到兴奋;以及与教学(teaching)相关的热情,教师对教学本身(如与学生互动)感到兴奋;两者不一定同时出现在一个人身上(Kunter 等,2008;2011)。虽然弗尔德曼(Feldman, 2007)和昆特等(2008)开发的工具既包括对学科的热情,也包括对教学过程的热情,但两者都报告了学生感知教师热情的单维因素。此外,安(Ahn, 2021)的研究还发现两种热情在学生感知度中有所区别。不过进一步确定这两种热情是否有区别、如何区别,以及它们是否会产生不同的教师和学生结果很有必要。

中国的研究也发现课堂因素对学业不良青少年和普通青少年学业情绪的影响相同,是青少年积极高唤醒学业情绪的来源(董妍等,2013)。对学业不良青少年来说,教师在改善其学业情绪的过程中起重要作用。通过在课堂因素中加入教师情绪一项访谈内容,结果发现教师情绪能够影响学业不良青少年的学业情绪,特别是当教师在课堂上表现出积极情绪的时候,学业不良青少年也能够感受到更多的积极学业情绪。左斌(2002)等人的研究也表明师生互动过程中,教师的情感会传递给学生,学生不仅能感受到教师的情感,而且会产生与教师同样的情感。

2. 师生关系与教师积极支持

几乎每个学生都体会过喜欢或讨厌的老师对我们学习的影响,有时老师带来的感受甚至会超过学习本身。为了喜欢的老师,学生可以付出更多的努力,而面对不喜欢的老师,可能连带着这门课程都学不下去了。而一项荟萃了 65 个研究的元分析也证实了师生关系对学生学术情绪确有影响(Lei 等,2018)。师生关系的亲密性越高,越有利于学生在与教师的交往中获得精神支持和心理满足,从而促进其正确认识自我,尤其有利于发掘学生的学习潜能,更有利于学生形成积极的学业情绪。这一方面在提醒教师特别注意在课堂外与同学们的相处和关系维护,另一方面也需要引起学生对于学习责任感的思考:我的学习是为了什么? 是否值得因为不良的关系而放弃?

积极的教师支持包括积极的情绪,其与学生动机密切相关(Patrick 等,2003)。不同的师生关系会形成不同的课堂氛围,研究者区分了三种不同的课堂氛围:(1)持续的积极和支持性,(2)持续的消极和非支持性,以及(3)模糊的(即有时为支持性,有时为非支持性)课堂氛围。令人惊讶的是,在模糊的课堂环境中,学生的回避行为、破坏行为和作弊行为的水平几乎与持续的消极和非支持性课堂环境是相同的,这表明一致和积极的情感氛围对激励的重要性。

3. 教室课堂建设

动机下降的趋势与个人的生理成熟以及学校和课堂环境因素有着密切的关系。米奇利对 2 000 名从小学升入初中后第一学年的学生进行研究发现,学生对教学的期待和对学习赋予的价值等动机方面的变化,与升入初中前后课堂环境的变化有密切的关系。绝大多数学生升入初中后对课堂环境的体验较差,如师生关系消极,学生参与决策的机会较少,因此学生对自己学习的表现、学习潜力以及对教学的价值观等评价都比小学差。相反,那些对环境知觉较好的学生的教学期待和价值观却没有变化或有积极的变化。这在提示我们课堂氛围可能更倾向于成为一个学生学习动机上的扣分项。

特纳和迈耶(2002)的研究结果支持了不同目标下的课堂环境氛围对于学生的消极情绪和自我设限的影响。他们对比了两个课堂,一个被学生们认为是强调综合素养的课堂,另一个被认为是只强调学习成绩的课堂,企图揭示班级环境是怎么对学生报告的负面情绪或回避行为产生影响的。通过使用问卷调查、课堂观察和话语分析,研究者发现,尽管在这两个班级中,学生对课堂目标结构的感知是相似的,但学生对失败后的负面情绪的感知和对自我规避策略的使用却明显不同。教师对学生幸福感(well-being)的支持对于学生的消极情绪和使用回避策略至关重要。进一步的分析发现,两位教师似乎都在认知上为学生的理解提供了支架,并为学生的自主性提供了支持。然而,他们的情感支持模式却有明显的不同。在其中一个教室中,教师积极回应的频率较低,消极回应的频率较高。在这个课堂中,当有学生回答不上来问题时,老师可能一直在告诫:"我认为你最好不要浪费大家时间,你是不是在等待别人想出答案。"而在另一个教室里的学生一直经历着积极的情感支持,比如老师会说:"好吧,这是很好的尝试,这节课会过得很有趣。猜猜我们要做什么?"即使学生们沮丧地呻吟,她还是积极地继续说:"你们会在解题过程中得到乐趣的,看看你能发现什么。"

我们呼吁所有教师都要重视对于课堂氛围的建设。有研究发现,在学期末测得的教师支持模式与开学第一天观察到的互动模式是非常一致的,这表明这些心理环境是很容易建立和维持的。在上面提到的研究中发现,在开学的第一天,情感支持的模式差异就已经显现。例如,低情感支持的课堂会存在一个等级系统,在这个系统中,积极的行为会得到不同于其他同学的特权。老师会说:"我关注的是成绩,在我的课堂里,好学生可以离开他们的座位,坐在他们想坐的地方。"然而,在高情感支持的教室里,老师会花时间阅读班级名册,以确保她知道每个学生的名字。在这样做的时候,她对每个学生都做了个人评论,如:"好的,我记得以前看到过你。你喜欢微笑,真好!"这些细微的语言可能正是学生们评价课堂氛围的关键线索。

营造安全的家庭环境

在家庭心理治疗中经常会提到的一句话是,孩子对父母虽然不一定是顺从的,但一定是忠诚的。当自己与家长的想法、感受有冲突时,孩子的第一想法往往是接受家长的情绪、质疑自己,然后才是反抗。所以家长的情绪稳定性对于孩子的成长非常重要。一方面,好的家庭情绪是一种良性示范,可以给孩子提供正确看待情绪的视角与处理情绪的方法;另一方面,家长不能接受的情绪往往会被孩子感受到,并且会激发孩子新一轮的情绪反应,最终在不断的相互激荡中,情绪会愈演愈烈。此外,现有研究发现,情绪也是有代际遗传的。一种解释是,在婴儿时期,孩子对于情绪的理解来源于对家长情绪的投射性认同:当婴儿笑的时候,他也许并不知道笑是开心的意思,但是他发现只要他一笑妈妈就笑了,所以他会知道笑是被鼓励的;同理,我们也经常看到当婴儿摔跤时,他的第一反应可能是先会愣住,但是当家长紧张地过来询问、安慰时,他就会"哇"地一声哭出来。情绪是非常私人化的东西,也是每个人自己的课题。但这种原始情绪上的同调为家长帮助孩子建立新的情绪循环提供了一种突破的窗口。

1. 倾听

戴尔·卡内基(Dale Carnegie)曾说过:"当对方尚未言尽时,你说什么都是无济于事的。"积极倾听在任何场合都是重要的技能,在亲子沟通中也不例外。倾听是父母能为孩子做的第一件事情。倾听是与孩子连接情感、表达理解和尊重的方式,也能向孩子展示来自父母的关心和支持,以及家长乐于聆听他。从自我决定理论的角度,这种连接是孩子感受到依恋与安全感的重要来源,也是他们修复自身能力感的能量来源。

在倾听中,首先是要让孩子被完全倾听。这需要一个安全的稳定的环境。在孩子反复哭闹的时候,父母的厌烦、焦急与无可奈何是非常容易被激发的。当父母也急躁的时候,可能无法很好地倾听孩子的情绪,而是选择立刻给孩子提供解决问题的建议以期结束当前对话。因此在倾听时,适当的沉默可以给双方一定的空间。家长可以先缓慢地走到孩子身边,尽量保持与孩子目光齐平(蹲下或者坐下),轻轻地将手搭在孩子的肩膀上或者手背上,深呼吸后温和地开口问出第一句话:"亲爱的,怎么了?"

其次是使用开放式的提问让孩子自由地谈论他们的问题和情绪,无论大小,无论对此看法是否同意。当有人对我们讲话的时候,中心思想是要重视倾听者的想法与感受,注意语言中的细节与潜在信息,而不是怀着评判的模式去聆听他们。家长需要明确在倾听中他们的首要目标是帮助孩子缓解当前情绪,而不是在这一时刻和他们辩论或讲道理。在解决情绪问题时，我们最需要去"倾听"的其实是情绪的来处与去处——即情绪的原因与目的。我们需要看到孩子的情绪是为什么爆发的，他的情绪又揭示了他怎样的想法和诉求，这之后才是正确引导孩子合理处理情绪。前两者是后者的必要基础。

给对方反馈表明我们正在倾听，让对方知道我们理解与关注他的想法与感受。反馈的方式可以是概括性的发言，或是重复刚才他说的话来确保理解，或是当他谈及一个具体的情绪时，可以表达我们正在和他共同感受这个情绪的同理心。这并不是说当孩子哭泣的时候我们就要跟着哭泣。而是我们作为父母去体会那个使得他哭泣的场景和事件，并允许这个场景引发我们自己心灵和情绪的变化。

最后让我们来一起做一个小测试吧。当你的孩子的手指被割破了一个小小的口子，并开始嚎啕大哭，这时你会说：

A. "这不是什么大伤口。"

B. "别哭了！没那么疼的。"

C. "你的手指真的很疼对吗？"

也许 A 和 B 都在描述一种现实层面的事实，但却不是孩子的心理事实。在倾听时，我们要特别注意区分这两者，并尽量给孩子的心理事实留出空间。所以这种时候，C 的回答会更好。

2. 接纳与安抚

依恋理论指出，家长（最早的实验更多会强调母亲）能给孩子提供的最重要的两个功能是"安全基地"与"安全港"。前者指的是在儿童探索的过程中为儿童提供一个可以暂时休息的"充电站"，在充完电后可以继续出发冒险、探索更广阔的世界；后者指的是在孩子遇到无法处理的威胁时，能够有安全的"避难所"，而不必在他做不到时强撑着战斗或是逃离。家长的接纳与安抚正是"安全港"建立的基础，其重要性不言而喻，这不仅是对于学业情绪来说，对孩子整个成长历程来说，更是如此。

说回到学业情绪。学习对每个人来说本是与生俱来的——我们要通过学习才会说话,通过学习才会拿筷子,通过学习才能爬、走、跑、跳。没有哪个孩子会说"我不想学走路",这就说明我们对于学习这件事本身是没有厌恶情绪的。那是什么让我们难过? 是考不好,是不被老师家长同学认可,是一切体系指向的将学习与成绩和自尊捆绑所带来的灾难性后果。那么,当我们在谈论对学业情绪的接纳时,我们不得不首先请家长扪心自问:我能接受失败吗? 如果我的孩子成绩不好我还爱他吗? 如果家长无法接受自己的这些情绪,又如何能接纳孩子的情绪。打个比方,如果暴风雨来临时,帆船看到港口破烂不堪,它还能安心地靠岸吗? 而所谓接纳就是认可学业情绪的存在,并认为这是正常的。孩子考不好,难过或者发脾气是正常的,这是因为他们真的在乎,而他们没能取得好的结果。我常惊讶于家长对于孩子的质疑,家长似乎就是不相信孩子会因为考不好而难过,也不相信他们打游戏或冷漠是在防止自己过度伤心。

在改变观念的基础上,共情一共有五个层次:(1)没有共情,指的表现出对孩子情绪的完全不理解、不接受;(2)关注事件,指的是关注事件的流程与前因后果,陪同孩子梳理事件发生的全过程;(3)关注情绪,指的是对孩子当前情绪感受的认可,认为孩子的情绪是事出有因并且普遍的;(4)关注想法,指理解孩子的观念和他们看待自己事件与情绪的观念;(5)不仅仅共情到意识层面,还共情到潜意识的层面,这一部分在家庭中的操作比较难。任何共情性的反应都可以被认为是一种接纳与安抚。其实无论表现形式如何,安抚唯一的核心就在于向孩子表达:没关系,别怕,我在这,没什么大不了的,我们下次继续。

3. 阿尔法功能

精神分析大师威尔弗雷德·比昂(Wilfred Bion)认为人的情感分为两种:忍受得了的情感是 α 元素,忍受不了的情感是 β 元素。β 元素不能被思考、被定义,在人的心理空间也没有位置。那是一种强烈的、未成形的情感,具有旺盛的能量和破坏性。如果得不到缓解,可能会让人陷入绝望,甚至疯狂。我们生活中常常说我控制不住要吼孩子,控制不住要摔东西,这就是β元素。α元素是我们可以用思维整理,用语言表达,用意识压抑的元素,总之我们自己有很多办法可以处理它。一个人要想健康地、愉快地生活,就需要把自己的β元素转换成α元素,这是一种非常重要的心智功能,可以被称为"阿尔法功能"。

婴儿时,我们是不具备阿尔法功能的。比如当一个1个月大的婴儿感到饥饿时,他无法处理这种难受的、不能处理的β元素。于是他需要通过大声哭泣来吸引养育者的注意。一般来说,一个好的养育者在这时就能发现他是因为饿了在哭,就会给他喂食。而这样一来,他饥饿的感受就被处理了,成了一种α元素。逐渐长大了,等婴儿知道什么是饥饿,怎么去处理这种感受之后,我们会慢慢模仿学习内化父母照顾我们的方式,最终能够照顾好自己。在我们成长的过程,几乎所有情绪的应对都需要这样一个学习内化的过程。

β元素的危害无处不在。一个三岁的孩子刚刚进入幼儿园,面对新的环境,他可能会出现焦虑、不适应,而表现出来的就是每天早上去幼儿园时都会哭泣、吵闹、发脾气。下午妈妈去接的时候也会哭,不停地说自己不想再去幼儿园了,在家里也不想吃饭了。我们可以看到的是,孩子彼时的情绪处于极度不稳定的状态,面对新的环境,他难以适应,于是,他内心的β元素不断积攒,继而被这种情绪控制,而没有心思去跟其他孩子玩耍,融入幼儿园的环境。事实上不仅是孩子,我们大人也如此,当我们碰到一件无法想清楚的事情时,内心就会不停地回荡关于想不明白的事情与无法释怀的情绪。而在这个时候,一位优秀的养育者将会涵容孩子的情绪,她会在每一次接孩子放学的时候,看看孩子在幼儿园怎么样,当孩子吵闹的时候,母亲不会批评指责他,而是在一边认真地听他讲话,了解孩子的情绪和他发生了什么。这种时候,母亲的内心可以去思考并容纳孩子这部分适应不良的情绪,即母亲的无意识是自由的,她的无意识可以对接孩子的无意识内容,在孩子哭闹时,她也能感受到那种无助与困境,但同时,母亲依然可以思考,在那个时刻,她反馈给孩子一些与孩子认知有所不同的情绪定义与解释："妈妈知道你不想上幼儿园，是因为你还不认识那里的小朋友，环境让你感到陌生，你在那里很孤单是吗？你很想让妈妈陪你待在一起，是吗？"此时母亲可以先放下自己的需要，去了解孩子的情绪，经过自己的理解后，给孩子传达他的期待，他遇到的困难是什么？用比昂的说法，这就是转化，即母亲将孩子无法思考的 β 元素，通过母亲的 α 功能转化为 α 元素。这时，孩子就能吸收到了他可以理解的东西，就可以继续思考。还比如孩子半夜醒来，抱住妈妈说："妈妈，我做了一个噩梦，梦见一个怪物在追赶着我们。"妈妈通常会说："别怕，梦是假的，妈妈在你身边。"但这并不是一个好的回答，孩子可能会将妈妈的话体验为"妈妈否定了我的情绪，她觉得我的情绪也是假的"。一个具有 α 功能的妈妈的回答是："你刚才做了一个噩梦，你一定感到很害怕。"这就是一个将 β 元素转化为 α 元素的例子，告诉孩子夜里睡着了感知到的可怕的东西是"噩梦"，也将孩子不能承受的情感概念化，赋予其一个名字——"害怕"。心理学将这个过程称为情绪命名。孩子下次再做噩梦的时候就知道发生了什么，也就能够去处理了。

　　本章中我们从情绪的概念出发，逐步了解了学业场景中的情绪——学业情绪的定义、对动机的影响、常见的回避性情绪以及应对学业情绪的方式。通过本章的介绍，我们揭开了学业情绪的神秘面纱，也能够理解它对学习的重要性。情绪就像水，像河流，我们很难控制或者改变它，更多的是需要感受它，引导它。情绪没有好坏，如果我们能清晰地知道每一种情绪的来处与去处，并且我们有信心能和它好好相处，那么我们将会从或积极或负面的情绪中倾听出更多来自身体、来自本我的声音。他们最终还将跟随"我"一起，迎接每一个挑战。

第七章 结语

　　动机是一切行为的核心,是教育科学关注的核心议题。根据方向性的差异,动机可以区分为趋近性和回避性两类,其中回避性动机会诱发不良的学习行为,降低学习投入,进而影响学生整体的学习与发展。当前的教育环境下,学校、老师和父母等社会各个层面都在强调学业成绩的提升,不可否认这些努力收到了显著的成效。根据国际经济合作与发展组织(OECD)统筹的国际学生评估项目(PISA)2018年的结果,由北京、上海、江苏、浙江组成的中国部分地区联合体在数学、科学和阅读成绩上都在79个国家和地区中高居第一。与出色的学业成绩形成强烈对比的是中国四省市学生的学习动机及其对学校的归属感和满意度均较低。而当被问及"30岁时希望从事的工作"时,PISA调查结果显示,中国仅有16.8%的学生希望从事科学类事业,位于参与调查的国家(地区)的中下游。这些强烈的反差值得引起学校和社会的关注。青少年学生学习发展的一个普遍趋势是在基础教育阶段中期出现学业适应不良的现象,教育学和心理学的研究一直致力于探究学生在这一成长阶段的心理变化发展机制。最新研究表明,学生对学习的回避性动机是导致不良学习习惯、损害学业成绩的关键因素,因此全面科学地解读分析回避性动机的形成和发展机制可以成为诠释学生学习不良发展趋势的突破口。万事皆是相辅相成的,只有深入地了解学生不良学习动机的形成发展和影响机制,我们才能够有的放矢,用更好的方式促进学生的学习和发展。

社会上时不时会出现所谓"什么样的学生才是'好学生'"的讨论。好学生的标准固然是多样化的,但从教育的角度来说,我们一直都希望培养具有可持续发展潜力的学生。或者说,我们希望培养出具有"学习力"的学生。学习力意指为塑造个体终身学习而形成的包括个体学习能力、情感、动力、态度、价值观以及持续发展的综合素养。学习力不仅包含学科领域知识,也包含了社会情感能力、学习动机、学习方法以及自我调节等多维度的能力。学习力是促进学生深度学习、培养其核心素养发展的重要机制,是指作为学习主体的学生通过广义上的教育(校内和校外教育)所习得的能力总体。1965 年,系统动力学创始人弗雷斯特(Forrester)教授首次提出学习力的概念:一个人的学习态度、学习能力和终身学习的总和。在此基础上,学习力的概念被进一步细化为学习动力、学习毅力和学习能力三个核心要素。学习动力体现了学习的意愿和目标;学习毅力反映了学习者的意志;学习能力则来源于学习者掌握的知识及其在实践中的应用。只有同时具备了三要素,才能形成真正的学习力。

让我们来给出一个更形象些的比喻。学习就像是一条没有终点的赛道,从出生的那一天起,所有人就以各种不同的方式在学习的这条赛道上前进。基础教育阶段是这条赛道上的高速赛段,每一位青少年学生都像是一部赛车,朝着高考这一目的地疾驰前进。什么样的赛车才能够在这样一场长期的比赛中获胜呢?发动机、轮胎、汽油,一样都不能少!学习能力就像是发动机,发动机决定了赛车的马力,学习能力也决定了学习基本的速度和效率。就像世界上不会存在两辆发动机完全相同的赛车,不同学生的学习能力也截然不同。发展心理学的研究告诉我们,人的基本智力水平很大程度上是由遗传基因所决定的。那么天生的发动机能力上的差异就决定了这场比赛最后的输赢吗?答案是否定的。因为,学习不是一场短途的竞速赛,而是一场拉力赛。想要赢得拉力赛的最终胜利,耐磨的轮胎也是必要条件,而学习毅力就是赛车的轮胎。学习是一项艰苦而持久的活动,过程中会遇到各种各样的困难和挫折,学生必须要有足够的毅力和韧性才能坚持下去。我们常说，跑得最快不一定能跑得最远，因为过程中会有"风雨雷电"，需要轮胎足够"耐磨"才能保证赛车顺利达到赛道的终点。发动机和轮胎像是赛车的硬件，但是只满足硬件条件，赛车也是没有办法获胜的，因为还需要汽油，而学习动力就是赛车的汽油。再强劲的发动机，再耐磨的轮胎，如果没有汽油，那驾驶员也只能"望车兴叹"。保证学生在学习的过程中一直充满动力，就好比保障赛车在比赛时油箱里一直满油，这看似不涉及赛车的硬件，却是决定整部赛车是否能够正常运转的关键。而且，我们还需要注意到要给孩子"加对油"，就像汽油车不能加柴油，用错了方法"加错了油"，就极有可能诱发孩子的回避性动机，让孩子的学习不进反退。

　　基于当代学习动机理论，从自我决定、思维模式、价值认知、成就目标和学业情绪这五大不同的理论角度出发，本书详细剖析了学习情境中回避性动机的核心构念、它们各自的形成发展机制及其影响学习的心理机制，并介绍了相应的教育和心理干预措施，旨在让学校、父母和学生更好、更全面地了解学习动机的多样性并帮助教育工作者促进学生学习、优化学习环境设计。当前社会强调提高学生的趋近性动机（比如提高学习能力和学习兴趣），无论是学校环境还是家庭环境，无论是教师还是父母，绝大多数的关注点都放在了如何提高学生的学业成绩上。但凡事都存在两面性，趋近性动机决定了学生发展的上限，回避性动机则决定了学生发展的下限。回避性动机是一种以负面对象为中心的调节行为，它包括将注意力集中在可能带来负面结果的事物上，以避免它们发生。虽然回避性动机可以帮助人们避免危险和消极结果，但是它的负面影响也是显而易见的。在教育环境中，回避性动机可能表现为学生害怕犯错误、害怕承担挑战性任务、害怕失败，等等。这些情况可能导致学生产生学习疏离，不愿尝试新的想法，甚至逃避课堂和学校。因此，教师、父母和社会大众都需要了解回避性动机，以帮助学生克服这种动机对他们的影响，从而帮助他们更好地学习和成长。可以说，理解回避性动机的目的是更好地促进学生学习。

　　回避性动机可能源于学生内在的自我怀疑和不自信、外在的环境压力和负面评价,以及任务本身的难度和无趣味性等因素。因此,教师和家长需要尽可能为学生创造安全、支持和有意义的学习环境,帮助他们建立自信和自尊。另外,回避性动机可能通过拖延、偏离学习任务、缺乏学习目标等形式表现出来。教师和家长需要及时识别这些表现形式,与学生沟通交流,并帮助他们制定明确的学习目标和计划,提高他们的学习参与度。想要有效地应对回避性动机,还需要注意一些误区和挑战。一些教育工作者可能会把回避性动机简单地归咎于学生的懒惰或缺乏动力,而忽视了内在和外在因素的复杂交互。因此,教育工作者需要以开放的心态和严谨的方法,认真研究学生的表现和情况,找出问题的真正根源,并采取有针对性的应对措施。同时,学生本人也可以在理解回避性动机的基础上,采取积极的措施,提高学习参与度。首先,学生可以认识到自己的回避性动机,了解它的表现形式和影响因素,寻求帮助和支持。其次,学生可以积极参与课堂和学校活动,与同学和教师建立良好的关系和沟通,建立自信心和自我效能感。再次,学生可以制定明确的学习目标和计划,采用积极的学习策略和方法,克服自己的弱点和困难,提高自己的学习成绩和能力。最后,理解回避性动机的重要性需要我们重视和关注学生的全面发展和成长,注重培养学生的自主性、创造性、合作性和责任感,鼓励他们充分发挥自己的潜能和能力,实现自己的人生价值和意义。我们应该构建一个充满机遇、挑战和包容的学习环境和文化,为学生提供多样化、个性化的学习体验和机会,让他们成为具有批判思维、创新精神和自主动力的全面人才。

本书参考文献,请扫描下面的二维码查阅。